Gotthilf Gerhard Hiller
(Herausgeber)

Du könntest mein Vater sein

Wozu eine Kurzgeschichte
das pädagogische Denken provoziert

Gotthilf Gerhard Hiller
(Herausgeber)

Du könntest mein Vater sein

Wozu eine Kurzgeschichte
das pädagogische Denken provoziert

Zum 65. Geburtstag
von Erich Warsewa

Armin Vaas Verlag

Der Herausgeber dankt
dem Fachverband für Behindertenpädagogik (vds),
Landesverband Baden-Württemberg
und dem Förderkreis Reutlinger Lehrerbildung e.V.,
die durch einen Druckkostenzuschuß
zum Erscheinen dieser Festschrift beigetragen haben.

Der Wiederabdruck von Jess Mowry „Crusader Rabbit"
in diesem Band (S. 9-16) erfolgt mit freundlicher Genehmigung
des Wilhelm Goldmann Verlages, München
© der englischen Anthologie: 1994 by Jay McInerney
© der deutschsprachigen Ausgabe: 1995 beim Wilhelm Goldmann Verlag,
München, in der Verlagsgruppe Bertelsmann GmbH

1999
© Armin Vaas Verlag 89129 Langenau-Ulm
Umschlagbild: Konstantin Hiller, Reutlingen
Porträt (Seite 2): Fotostudio Florian Riedel, Reutlingen
Abbildungen Seite 17, 27, 77, 113, 143: Ulrich Franz, Reutlingen
Druck und Bindung: AZ Druck und Datentechnik, Kempten

ISBN 3-88360-128-4

Inhalt

Vorwort	Seite 7
Jess Mowry Crusader Rabbit	9
Gotthilf Gerhard Hiller Notizen zu Jess Mowry „Crusader Rabbit"	19
Ralf Brandstetter „Ich möcht's gern sein."	25
Elisabeth Braun „… warf … sie zu den anderen …" – Wegwerfmenschen	28
Waltraud Falardeau Auf der Suche nach dem mütterlichen Vater – Sagen- und Märchenmotive in der Kurzgeschichte „Crusader Rabbit"	32
Thomas Gabbe „Wird ganz schön arg werden, was?" – Oder: Crusader Rabbits in Hamburg	36
Klaus Giel Über den Kitsch in der Pädagogik	41
Rudolf Giest-Warsewa „Wir haben nicht genug Sprit, um wieder zurückzukommen, oder?" – Eine Fortsetzungsgeschichte mit und ohne „happy end"	45
Bernd Götz „… und du hast diesen Crusader Rabbit nie gesehen, weißt gar nich', wie er ausschaut?" „Ich glaub, er hatte ein Schwert und kämpfte gegen Drachen." – Über die verborgenen Seiten des Heroischen	51
Ingeborg Hiller-Ketterer und Christine Stein Good bye, Johnny, fare well	66
Thomas Hofsäss „Wenn du beschließt, daß dir was anderes wichtiger ist."	68
Hansjörg Kautter „… weder achtete er darauf, noch schaute er beiseite, als der Junge die Nadel einführte"	72
Gerhard Klein Was machen wir mit dem Kind?	75
Klaus-Dieter Kübler Den Blick öffnen auf das, was offen bleibt – „… weder achtete er darauf, noch schaute er beiseite …"	78

Friedrich Kümmel
Der Ort des Menschen   Seite 84

Walther Munz
„Ich ... hab gar nicht gewußt, daß es so was gibt."   90

Werner Nestle
„Auf keinen Fall Mitleid!"
Punks kommentieren die Kurzgeschichte „Crusader Rabbit"   93

Jörg Petry
Mein Jeremy   98

Bernhard Rank
„Wird ganz schön arg werden, was?"
Ein Beispiel für literarischen und pädagogischen Realismus   100

Herbert Schaible
Über die Nachkommen von Crusader Rabbit und ihre Rezipienten   105

Hans Schell
„Was machen wir denn jetzt?" – Empathisch handeln!   109

Volker Schmid
Smarte Wunschpädagogik?   116

Joachim Schroeder
Nur schmutzige Jeans und Schuhe? –
Die Welt der Objekte in einer „Kultur der Armut"   123

Ursula Stinkes
„Ich weiß nicht." –
Versuch ungeregelter Überlegungen zur Ethik der Reversibilität 129

Jürgen Strohmaier
„Warste hier schon mal?" – Kleine Topologie des Vaters   134

Rainer Trost
„Geruch des Lebens" –
Gedanken zum Problem des Verstehens von gelebtem Alltag   138

Hans Weiß
„Wenn du beschließt, daß dir was anderes wichtiger ist." –
Oder: Ist das dann „Resilienz"?   144

Hermann Wenzel
„Ich glaub, er hatte ein Schwert und kämpfte gegen Drachen." –
Annäherung an ein anderes Vaterbild   149

Hans Siegfried Wiegand
„... schön arg"   155

Autorinnen und Autoren   157

Vorwort

„An einem Sonntagnachmittag im Mai 1995 wurde im Radio ‚Crusader Rabbit', eine Kurzgeschichte von Jess Mowry (vgl. S. 9-16 in diesem Band) vorgelesen. Sie hat mich sofort fasziniert. Ich habe mir den Text beschafft und seither immer wieder gelesen, alleine und mit Studierenden, auch mit Jugendlichen im Berufsvorbereitungsjahr. Ich möchte eine Reihe von Interpretationen, Kommentaren, gescheiten Anregungen und Einfällen zu diesem Text zusammentragen und sie in einem kleinen, mit Illustrationen ausgestatteten Buch im März 1999 veröffentlichen, sein Titel: *Du könntest mein Vater sein – Wozu eine Kurzgeschichte das pädagogische Denken provoziert*. Was mir selbst an dieser Erzählung aufgefallen, zu welchen Recherchen, Überlegungen und Fragen sie mich bislang provoziert hat, das habe ich in den beigefügten Notizen (S. 19-21 in diesem Band) skizziert.

Meine Bitte und mein ‚Schreibauftrag' an Sie lautet daher wie folgt: Notieren Sie möglichst knapp und bündig, was Ihrem pädagogischen Blick auf diesen Text bemerkenswert erscheint. Die Form, die Sie dafür wählen, bleibt Ihnen überlassen. Vom Aphorismus bis zur philologisch-kritischen Interpretation, vom eher systematisch angelegten Beitrag zu einem pädagogischen Teilaspekt bis hin zu Gegen- und Anschlußgeschichten ist alles willkommen. Gut fände ich, Sie könnten als Überschrift Ihres Beitrages eine Formulierung wählen, die der Kurzgeschichte entnommen ist."

Diese Sätze stammen aus dem Brief, den ich im Herbst 1998 an Kolleginnen und Kollegen, an Freunde, an Schülerinnen und Schüler von *Erich Warsewa* geschrieben habe, damit ein *Geburtstagsgeschenk* für ihn zustandekommt: „Im März 1999 wird er 65 Jahre alt. Mit Ablauf des Wintersemesters 1998/99 beendet er zugleich seine Tätigkeit als Professor für Lernbehindertenpädagogik an der hiesigen Fakultät. Wer ihn kennt, weiß daß er in ungewöhnlich origineller Weise zentrale Themen der philosophisch-pädagogischen Anthropologie in weitgespannten Horizonten diskutieren kann. Ebenso eindrücklich stellt er mit den Methoden einer verstehenden Soziologie die fatalen Mechanismen der Benachteiligung und Ausgrenzung von Menschen dar, die nicht ins Bild vom leistungsstarken, wohlangepaßten und konformen Bürger passen. Den Übersehenen und Ausgegrenzten, den Schwachen und Schwierigen gilt seit jeher seine besondere Aufmerksamkeit, auch deren Vitalität, Einfallsreichtum und Lebensmut. Daß wir ihm mit dem geplanten Buch eine besondere Freude machen können, ist deshalb mehr als wahrscheinlich. Nicht nur für Fachleute gedacht, soll es möglichst viele Leser jenseits der (sonder-)pädagogischen Fachdiskussion erreichen."

In kürzester Zeit kamen gut zwei Dutzend Beiträge zusammen: an- und aufregende Beispiele dafür, wie ganz unterschiedlich dieser Text berührt und wie die Autorinnen und Autoren vom gleichen Ausgangspunkt zu pädagogischen Fragestellungen und Perspektiven gelangen, die in den akademischen Diskursen so nur selten erörtert werden.

Reutlingen, im Januar 1999
Gotthilf Gerhard Hiller

Jess Mowry
Crusader Rabbit

„Du könntest mein Vater sein."

Jeremy stand bis zur Hüfte im Müllcontainer, knietief im Abfall, die Arme bis zu den Ellenbogen dreckverschmiert vom Rumwühlen, und warf drei Bierdosen auf den buckligen Asphalt.

Raglan stellte sie in einer Reihe auf, Ringverschluß nach unten, und trat sie unter seinem verschlissenen Nike-Turnschuh zu flachen Scheiben, dann warf er sie zu den anderen in den halbgefüllten Leinensack. Schließlich richtete er sich auf und musterte den Jungen im Müllcontainer. Es war nicht das erste Mal.

„Yeah. Könnte ich sein."

Jeremy machte keine Anstalten herauszuklettern, obwohl der Gestank, in dem er stand, ihn wie eine braun-grüne Wolke zu umgeben schien und emporstieg wie die schimmernden Hitzegeister aus den Deckeln der anderen Müllcontainer in der engen Gasse. Der Junge trug nur zerlumpte Jeans, die großen Airwalks an seinen nackten Füßen waren irgendwo unten vergraben, und sein drahtiger, staubfarbener Körper glänzte vor Schweiß.

Nicht zum erstenmal dachte Raglan, daß Jeremy ein schönes Kind sei; dreizehn, kleine Muskeln, die sich unter der straffen Haut abzeichneten, große Hände und Füße wie die Pfoten eines Welpen, und ein schwarzer Wuschelkopf. Ein Ring blitzte golden und grell in seinem linken Ohr, und ein rotes schweißgetränktes Tuch hing locker um seinen Hals. Seine Augen leuchteten wie Obsidian, waren aber jetzt geschlossen, die Augenringe darunter verblichen, und seine Zähne blitzten stark und weiß, während er keuchte.

Raglan hätte eine größere Ausgabe des Jungen sein können, doppelt so alt, was man aber nur an der Größe sah, und ohne Ohrring. Auf seiner Brust war ein alter Messerschnitt; ein tiefer, mit einer hohlen, wulstigen Narbe.

Der Morgennebel von Oakland war schon vor Stunden verdunstet und hatte die Gasse kochend in Teer und fauligem Gestank zurückgelassen, aber Raglan keuchte und schwitzte nicht. Drei Container mußten noch durchstöbert werden, und die Recyclingstelle am anderen Ende der Stadt würde bald schließen, aber Raglan fragte:

„Willste eine rauchen?"

Jeremy beobachtete durch die gesenkten Lider, wie sich Raglans Augen veränderten ... nicht, daß sie weicher wurden, sie wanderten vielmehr Lichtjahre weit weg. Jeremy zögerte, während seine langen Finger den rostigen Rand des Müllcontainers immer wieder umklammerten und losließen.
„Yeah ... nein. Ich denke, es wird Zeit für mich."
Seine Bewegungen waren steif und ungeschickt, als er herauszuklettern versuchte, und der Müll zog naß an seinen Füßen. Raglan nahm den Jungen, der glitschig war wie ein Seehund, unter den Armen und hob ihn über den Rand. Der Junge stank, aber das kam hauptsächlich daher, daß er den ganzen Tag gewühlt hatte. Zusammen gingen sie zurück zum Lastwagen.

Es war ein alter Chevy, Dreivierteltonner, so verrostet und zerbeult wie die Müllcontainer. Er hatte Bordwände aus splittrigem Sperrholz. Das Führerhaus war vollgestopft mit Zeugs, für Selbstversorger ausgerüstet wie ein Landrover auf Safari oder eine Raumkapsel. Sogar jetzt noch, nach zwei Monaten, überraschte es Jeremy manchmal, was Raglan unter dem Sitz oder aus dem Haufen Durcheinander über dem Armaturenbrett hervorholte ... Toilettenpapier, Comics oder eine 45er-Automatik. Raglan leerte den Inhalt des Leinensacks in eine beinahe volle Mülltonne auf der Ladefläche, lehnte sich dann gegen den hinteren Kotflügel und begann, sich eine Zigarette aus Bugler Tabak zu drehen, während Jeremy die Tür öffnete und seinen abgenutzten alten Erste-Hilfe-Kasten unter der Fußmatte hervorholte.

Die Hand des Jungen zitterte leicht, aber er versuchte, sich Zeit zu lassen, als er seine Sachen auf dem Trittbrett ausbreitete: eine kleine steinerne Flasche, aber mit grau-braunem Pulver am Boden statt der Crack-Kristalle, einen Wattebausch, Kerzenstummel, einen verrußten Löffel und eine Spritze, deren Spitze durch ein Stück Styropor geschützt war. Auf dem Boden des Führerhauses, beim Schalthebel, stand eine große Plastikflasche aus einem billigen Drugstore, die einmal „frisches Quellwasser aus klaren Bergströmen" enthalten hatte. Raglan füllte sie gewöhnlich an den Wasserschläuchen von Tankstellen auf, und das Wasser schmeckte immer nach Gummi. Jeremy nahm auch sie heraus.

Raglan drehte seine Zigarette zu Ende, zündete sie mit einem Bic an und gab das Feuerzeug dem Jungen, dann fing er an, eine neue zu drehen, während er rauchte. Seine Augen waren immer noch weit weg.

Während er herumhantierte, schaute Jeremy zwischendurch einmal auf.

„Ich weiß deinen alten Namen. Hab ihn auf deinem Führerschein gesehen. Warum wirst du Raglan genannt?"

Der Rauch rieselte langsam aus Raglans Nasenlöchern. Er lächelte beinahe.

„Mein Dad hat irgendwann angefangen, mich so zu nennen. Es soll aus irgend 'nem alten Comic sein, als er noch klein war. Crusader Rabbit. Hab nie so 'n Heft in der Hand gehabt. Der Freund des Hasen war ein Tiger. Raglan T. Tiger. Vielleicht war's so was wie die Ninja Turtles ... erlebten Abenteuer, und so. Das is lange her."

„Ach so."

Jeremy setzte sich auf das Trittbrett, mit dem Rücken gegen die Seite der Ladefläche. Er wickelte einen Streifen Schlauch von einem alten Autoreifen um seinen Arm. Es war schwierig, es einhändig hinzukriegen. Er schaute wieder auf.

„Äh ..."

„Okay."

Raglan kniete sich hin und zog den Streifen fester an. Seine Augen waren wieder ganz weit weg, weder achtete er darauf, noch schaute er beiseite, als der Junge die Nadel einführte.

„Du hast gute Venen. Deine Muskeln drücken sie richtig raus."

Jeremy kaute auf seiner Lippe.

„Früher hab ich immer daneben gestochen ... lange her. Und manchmal hab ich mittendurch gestochen."

„Yeah. Is' mir auch passiert. Lange her."

Der schlanke Körper des Jungen war einen Moment lang angespannt, dann lehnte er sich locker und mit einem Seufzer gegen die Ladefläche, die Augen geschlossen. Aber beinahe sofort öffneten sie sich wieder und suchten nach denen Raglans.

„Jetzt macht es mich nur noch normal."

Raglan nickte, reichte Jeremy die andere Zigarette und zündete das Feuerzeug an.

„Yeah. Bei zwei am Tag is' das alles."

Jeremy zog den Rauch ein, hielt ihn lange an, dann blies er ihn in Ringen aus.

„Nächste Woche wird's nur noch einer sein."

Er schaute fest in Raglans Augen.

„Wird ganz schön arg werden, hm?"

„Yeah."

„Hm, und wann hört man auf, es zu wollen?"

Raglan stand auf, schnappte sich die Flasche und nahm ein paar Schlucke. Verkehr rumpelte vorne an der Gasse vorbei, und die Abgase strömten von der Straße herein. Fliegen summten in Schwärmen über den Müllcontainer. Eine Ratte wischte vorbei, ohne es besonders eilig zu haben.

„Wenn du beschließt, daß dir was anderes wichtiger ist."

Jeremy begann, seine Sachen wegzuräumen. Die kleine Flasche war leer. Die meisten Dosen von heute würden für eine neue morgen draufgehen.

„Du mußt mein Vater sein, Mensch. Sonst wär' dir das doch scheißegal, oder?"

Raglan warf seine Zigarette auf den Gehsteig, schnappte sich den Sack von der Bordwand und ging auf die anderen Müllcontainer zu.

„Ich weiß nicht."

Er hätte hinzufügen können, daß der Junge keine Woche mehr zu leben gehabt hätte, als er ihn auflas ... Typen in Jeremys Alter würden das für „geil" halten ... fast etwas, womit man prahlen konnte. Warum? Weiß der Teufel. Raglan wußte nicht mehr viel davon, wie es ist, wenn man dreizehn ist, aber daran erinnerte er sich genau.

Eigentlich hatte es wenig Sinn, die übrigen Container noch durchzustöbern; es war die schlimmste Gegend der Stadt, und der Müll von armen Leuten war erbärmlich ... alles bereits bis auf die Knochen abgenagt, verrostet oder verrottet oder hoffnungslos zusammengeschlagen, und nicht das geringste von Wert darunter. Jeremy folgte ihm, er bewegte sich wieder wie ein Kind.

Ein paar Schritte voraus riß Raglan einen Deckel so schwungvoll auf, daß er gegen die rußige Ziegelwand knallte. Fliegen stoben in Schwärmen davon. Einen Moment lang schaute er nur auf das, was oben auf dem Müll lag. Er hatte so was schon früher gesehen, aber das war etwas, woran er sich nie gewöhnt hatte. Seine Hand bewegte sich auf Jeremys Schulter zu, um den Jungen zurückzuhalten.

Aber Jeremy sah das Baby trotzdem.

„Oh ... Gott."

Es kam als Seufzer raus. Jeremy drückte sich eng an Raglan. Raglan legte seinen Arm um ihn.

„Ich hab davon gehört ... die anderen Typen reden manchmal darüber. Aber ich hab mir nie vorgestellt ..."

Die dunklen Augen fanden die Raglans.

„Warum so was?"

Raglans Augen waren wieder weit weg, richteten sich auf den kleinen, honigbraunen Körper, die perfekten kleinen Finger und Zehen, den ganzen wunderschönen Jungen, ohne ihn wirklich wahrzunehmen.

„Ich weiß auch nicht."

Jeremy schluckte.

„Was machen wir denn jetzt?"

Raglans Augen wurden hart. Erst dachte er an die Bullen und die üblichen Fragen, dann an einen einfachen Anruf von einer Telefonzelle aus. Da war eine bei der Recyclingstelle; das wäre das beste.

Die Zeit wurde knapp. Der Tank des Checy war zwar fast voll, aber sie mußten noch was zu essen kaufen und Jeremys Dosis, und die Büchsen waren für sie das einzige Bargeld. Trotzdem sagte er:
„*Was willst du tun?"*
Jeremy schaute noch mal auf das Baby. Automatisch scheuchte er die Fliegen weg
„*Was machen sie ... mit ihnen?"*
Er drehte sich zu Raglan um.
„*Ich meine ... gibt's da so 'ne Art kleinen Sarg ... und Blumen und so?"*
Raglan nahm seinen Arm von dem Jungen weg.
„*Sie werden verbrannt."*
„*Nein!"*
„*Die, die sie finden. Manchmal kommen sie einfach auf die Müllhalde, und die Bulldozer vergraben sie. Du warst ja schon auf der Müllhalde."*
„*Nein! Verdammt! Halt's Maul, du Wichser!"*
Jeremys Fäuste ballten sich, dann schoß eine Hand zu seiner Hosentasche, in der er sein Schnappmesser trug.
Raglan schwieg eine Weile, die Augen auf etwas weit jenseits der zerbröckelten Ziegel und des Betons gerichtet. Schließlich legte er seine Hand wieder auf Jeremys Schulter.
„*Okay."*
Er ging zurück zum Lastwagen. Jeremy beobachtete ihn von der Seite des Müllcontainers aus und scheuchte die Fliegen weg.
Raglan blieb an der Ladeklappe stehen. Hinter dem Führerhaus lag eine alte Leinenplane. In nebligen oder regnerischen Nächten breitete er sie über die Bordwände aus, so daß sie ein Dach bildete. Er könnte ein Stück davon abreißen ...
Raglan erinnerte sich an eine Nacht die Woche zuvor. Sie hatten den Lastwagen in einer dunklen und ruhigen Seitenstraße in der Nähe von einem Schrottplatz geparkt. Es war neblig gewesen, und die Plane bildete ein gemütliches Zelt, unter dem sie Decken ausgebreitet hatten. Er war mit der Flasche losgezogen, um Wasser für den Kaffee am nächsten Morgen zu holen. Er war erst kurz vor Mitternacht zurückgekommen und kurz vor dem Lastwagen stehengeblieben. Die Federn hatten leise in einem bestimmten Rhythmus gequietscht. Er lächelte in die neblige Dunkelheit und erinnerte sich an den Blick des Jungen ein paar Stunden zuvor, als sie an ein paar dreizehn- oder vierzehnjährigen Mädchen vorbeigefahren waren, die an einem Rasensprenger gespielt hatten. Sie hatten nur kurz abgeschnittene Shorts angehabt und nasse, enganliegende T-Shirts. Raglan hatte gewartet, bis alles ruhig war im Lastwagen, und dann diesen nassen erdigen Geruch in

der Nachtluft wahrgenommen ... den Geruch des Lebens. Es war ein gutes Zeichen.

Salziger Schweiß brannte nun in Raglans Augen, und er blinzelte in das brutale Sonnenlicht, das zwischen den Gebäuden herunterbrannte. Die Plane war ölverschmiert und stank. Er ging um das Führerhaus herum und zog eines seiner zwei schwarzen T-Shirts hinter dem Sitz hervor.

Der alte Chevy war ein Laster für die Stadt ... für die Innenstadt, und seine Fahrten mußte man in Blocks rechnen, nicht in Meilen. Er rußte stark, die Heizung leckte, und die Reifen waren völlig abgefahren. Im rechten vorderen Kotflügel waren zwei Einschußlöcher. Aber jetzt schaffte er mit Hängen und Würgen 90 Stundenkilometer, ratterte zuerst über die Bay Bridge nach San Francisco hinein, dann über die Golden Gate nach Norden. Er hatte einen Radiokassettenrecorder, alt und ohne Knöpfe ... Stereoanlagen ohne Knöpfe wurden fast nie gestohlen, weiß der Teufel warum ... aber Jeremy schaltete ihn jetzt nicht ein und spielte auch nicht seine Lieblingskassette. Schweigend rollte er Zigaretten für Raglan und sich selbst und versuchte, nicht an das kleine Bündel da hinten zu denken. Sogar als Raglan in der Nähe von Novato die Autobahn verließ und auf einer engen zweispurigen Landstraße nach Westen fuhr, starrte der Junge nur durch die verschmierte Windschutzscheibe, ohne etwas zu sehen, die Augen jetzt wie die Raglans, obwohl sich offene Landschaft mit grünen Hügeln vor ihnen ausbreitete.

Es war früher Abend, das goldene Sonnenlicht fiel schräg ein, als Raglan abbremste und die Straßenseiten vor ihnen mit Blicken absuchte. Die Luft war frisch und sauber, roch nach Dingen, die lebendig waren und wuchsen, und schmeckte nach dem Ozean, der irgendwo in der Nähe war.

Da war eine ungeteerte Straße, nicht mehr als zwei parallele Spuren mit einem Streifen Gras und gelbem Löwenzahn dazwischen. Sie führte auf weitere niedrige Hügel zu, durch Felder mit hohem Gras und den bunten Blüten von wildem Senf. Raglan lenkte den Lastwagen vom Asphalt herunter, und sie bewegten sich langsam im dritten Gang auf die Hügel zu. Jeremy beobachtete, wie die Felder vorbeizogen, dann drehte er sich zu Raglan um.

„Warste hier schon mal?"

„Lange her."

„Ich ... hab gar nicht gewußt, daß es so was gibt, echt ... ohne Menschen und Autos und Zeugs. Es ... gefällt mir."

„Yeah."

Die Straße führte in eine kleine Schlucht zwischen den Hügeln, und ein winziges Flüßchen floß schäumend heran. Eine Weile folgte die

Straße dem sprudelnden Wasser, dann bog sie ab und wand sich nach oben, und der Lastwagen brummte im zweiten Gang hoch. Die Straße wurde schmaler, als sie weiter hinaufführte, und endete schließlich genau auf der Spitze des Hügels. Raglan hielt an und machte den Motor aus. Ungefähr dreißig Meter weiter vorn fiel eine Klippe zum Meer hin scharf ab, das irgendwo unten gegen die Felsen brandete und widerhallte.

Jeremy schien zu vergessen, warum sie gekommen waren. Er rannte zum Rand der Klippe, wie es jeder Junge gemacht hätte, so nah wie möglich, dann stand er einfach da und blickte hinaus aufs Meer. Gegen die Motorhaube gelehnt, schaute Raglan zu ihm hinüber.

Der Junge streckte seine Arme einen Moment lang weit aus, den Kopf zurückgeworfen, dann blickte er hinunter auf seine schmutzigen Jeans und Schuhe. Raglan schaute noch einen Augenblick hin, während sich der Junge auszog und nackt vor dem Meer und der Sonne stand. Dann ging er zur Ladeklappe. Eine alte viereckige Zementschaufel und ein Set Armeewerkzeug zum Ziehen von Schützengräben, das er benutzte, um Bauplätze aufzuräumen, lagen da.

Jeremy kam zu ihm, schweigend, aber mit funkelnden Augen. Raglan sagte nichts, doch er lächelte kurz, bevor er die Schaufel und das kleine Bündel nahm. Jeremy zog seine Jeans wieder an und folgte dem Armeewerkzeug.

Das Gelände stieg weiter vorne noch einmal zu einer Kuppe an, von der aus man das Meer sah. Sie kletterten hinauf. Raglan zerschnitt mit seiner Schaufel die dicke, süßriechende Erde in Blöcke, dann gruben sie beide. Die Sonne war beinahe verschwunden, als sie fertig waren, und obwohl die Luft abkühlte, glänzte Jeremy wieder vor Schweiß. Aber er pflückte ein paar von den wilden Senfblumen und dem Löwenzahn und legte sie auf den kleinen Erdhügel.

Weit draußen auf dem Wasser wurde die Sonne immer größer und röter, als sie sank. Raglan machte in der Nähe des Lasters ein Feuer, und Jeremy holte die Decken; er war wieder einmal überrascht, als Raglan zwei verstaubte Dosen Campbell-Suppe und einen halben Liter Jack Daniels irgendwo aus dem Führerhaus hervorzauberte. Ein bißchen später, als es dunkel war und ruhig und das warme Essen in ihnen drin, saßen sie Seite an Seite am Feuer, rauchten und nippten vom Whiskey. Das Meer unten dröhnte sanft.

„Is' das hier campen?" fragte Jeremy.

„Yeah. Schätze schon."

Jeremy langte Raglan die Flasche rüber, dann schaute er zum Lastwagen.

„Wir haben nicht genug Sprit, um wieder zurückzukommen, oder?"

Raglan starrte in die Flammen.
„*Hm, nee. Aber vielleicht gibt's hier ja irgendwo was, wo sie Dosen annehmen.*"
„*Hm, und du hast diesen Crusader Rabbit nie gesehen ... weißt gar nich', wie er ausschaut?*"
„*Ich glaub, er hatte ein Schwert und kämpfte gegen Drachen.*"
Jeremy starrte auch ins Feuer.
„*Wird ganz schön arg werden, was?*"
„*Yeah.*"
„*Du bist mein Vater, oder?*"
Raglan legte seinen Arm um den Jungen und zog ihn nah an sich heran.
„*Ich möcht's gern sein.*"

Aus: Jay McInerney (Hg.): Cowboys & Cadillacs, Goldmann Taschenbuch 42565, Deutsch von Ina Hübner, München 1995, Seite 189-198.
Die Orginalausgabe erschien unter dem Titel „Cowboys, Indians and Commuters" bei Viking, a division of the Penguin Group, Penguin Books Ltd., London.

... die Recyclingstelle am anderen Ende der Stadt würde bald schließen, aber Raglan fragte: „Willste eine rauchen?"

Gotthilf Gerhard Hiller

Notizen zu Jess Mowry „Crusader Rabbit"

Der Autor und sein Text

Der Sozialarbeiter Jess Mowry, 1960 in Mississippi geboren, lebt seit seiner Kindheit in Oakland. Er gehört – so liest man – zur alternativen Literaturszene Kaliforniens. In deutscher Sprache sind von ihm zwei Bücher erschienen: „Oakland Rap" (eine Sammlung von Erzählungen) und „Megacool" (ein Roman). Sie wurden Anfang der neunziger Jahre bei Rowohlt als Taschenbücher veröffentlicht; mittlerweile sind beide vergriffen.

Auch „Crusader Rabbit", 1990 geschrieben, ist mittlerweile im Buchhandel nicht mehr verfügbar. Von Ina Hübner übersetzt, war der Text zunächst Teil einer 1992 von Stefana Sabin herausgegebenen Anthologie „Kalifornien erzählt", die bei Galrev in Berlin erschien. 1995 wurde die Erzählung in das von Jay McInerney herausgegebene Goldmann-Taschenbuch „Cowboys & Cadillacs" (S. 189-198) aufgenommen.

Spuren und Aspekte

**Männlichkeit diesseits mittelschichtiger Diskurse –
Die umgekehrte Adoption**

An drei „Repräsentanten" dreier „Generationen" wird dargestellt, was Leben in einer unmenschlichen Umgebung für Jungen und junge Männer bedeutet, aber auch, wie sie füreinander da sind, um gemeinsam dem Leben standzuhalten. – Wie kommen „Männlichkeit jenseits aller Normalität" und „Jungenarbeit" in dieser Erzählung zum Vorschein?

1. Da ist Jeremy, der 13jährige, drogenabhängig, herausgefallen aus allen familiären Bindungen, beharrlich damit befaßt, Raglan zu seinem Vater zu machen. „Du könntest mein Vater sein" (S. 9). – „Du mußt mein Vater sein, Mensch. Sonst wär' dir das doch scheißegal, oder?" (S. 12). – „Du bist mein Vater, oder?" (S. 16). – Was bindet diesen Jungen an Raglan, einen etwa 26jährigen Müllsammler?

2. Da ist Raglan, selbst früher drogenabhängig: „Is' mir auch passiert. Lange her" (S. 11), die „größere Ausgabe des Jungen ..., doppelt so alt" (S. 9). – Warum hat er Jeremy „aufgelesen" (S. 12); und was macht seine Attraktivität aus; wodurch fasziniert er den Kleinen?

3. Und da ist schließlich jener namenlose, tote männliche Säugling, den die beiden in einem Müllcontainer entdecken: den „kleinen, honigbraunen Körper, die perfekten Finger und Zehen, den ganzen wunderschönen Jungen" (S.12).

Eine sehr präzise, aber keine defizitorientierte Beschreibung des Milieus! Also auch keine Förderpädagogik üblichen Zuschnitts. Wohl aber die Botschaft, daß gerade in diesen äußerlich elendesten Verhältnissen, aus denen die bürgerlich-professionelle Pädagogik sich offensichtlich längst zurückgezogen hat, eine praktische Pädagogik und Ethik ebenso widersprüchlich wie beeindruckend wirksam ist; wirksam durch Tatverständigung, die sehr wohl um ihre brüchige Verbindlichkeit weiß: Auf das wiederholte Drängen von Jeremy, Raglan möge sein Vatersein akzeptieren, antwortet dieser: „Yeah, könnte ich sein" (S.9), „Ich weiß nicht" (S.12), „Ich möcht's gern sein" (S.16).

Die Vater-Sohn-Bindung, ein vom Jungen zu entdeckendes Verhältnis – jenseits aller Genealogie – auf dessen Bestätigung durch den Älteren der Jüngere drängen muß? Und gibt es (bekömmliches) Vatersein möglicherweise nur im Konjunktiv?

Milieukonforme Drogentherapie – diesseits des Expertentums
Vor „zwei Monaten" (S.10) hat Raglan den Jungen kurz vor dem sicheren Tod aufgelesen: „keine Woche mehr zu leben" (S.12). Im Kontrast dazu der tote Säugling, dem niemand mehr helfen kann. – Warum kümmert sich Raglan um ihn, warum hat er seither Jeremy einfach einbezogen in seine Arbeit und in sein Leben im Chevy? Raglan akzeptiert kommentarlos, daß Jeremy Drogen braucht, (mehrfacher Hinweis auf dessen Schwitzen, sobald er angestrengt arbeiten muß (S.9,10,15). Obwohl unter Zeitdruck, bietet er ihm eine Pause an („Willste eine rauchen?" S.9). Und – vielleicht nur deswegen? – läßt Jeremy sich auf ein Entwöhnungsprogramm ein: „Jetzt macht es mich nur noch normal." ... „Yeah. Bei zwei am Tag is' das alles." ... „Nächste Woche wird's nur noch einer sein." ... „Wird ganz schön arg werden, hm?" „Yeah" (S.11). „Wird ganz schön arg werden, was?" – „Yeah" (S.16). Offen, ungeschminkt, unpädagogisch knapp pflichtet Raglan den Befürchtungen Jeremys bei. So einen Vater braucht und wünscht sich Jeremy; und er will, daß Raglan genau diese Aufgabe übernimmt.

Geistesgegenwart und Erlebnispädagogik
Für Jeremy inszeniert Raglan die Beerdigung des toten Säuglings. Er begreift intuitiv, daß dies jetzt unumgänglich ist. Unter ökonomischen und logistischen Gesichtspunkten handelt er völlig unsinnig: „Trotzdem sagte er: Was willst du tun?" (S.13). Gegen die Prioritäten des Alltags (Essen kaufen, Dosis besorgen) und gegen die Formen offizieller, „normaler" Problemlösung (Verbrennen/Müllhalde) akzeptiert Raglan die trivial-konventionellen Wünsche des Jungen („so 'ne Art kleinen Sarg ... und Blumen und

so"), erspart ihm zunächst jedoch nicht die Konfrontation mit der brutalen Normalität. Das Entsetzen des Jungen und seine Warnsignale angesichts unerträglicher Unmenschlichkeit: „Nein! Verdammt! Halt's Maul, du Wichser!" (S.13) sind Grund genug, dessen Sehnsucht nach einer anderen, besseren Alternative ganz konkret zu erfüllen: „Ich ... hab gar nicht gewußt, daß es so etwas gibt, echt ... ohne Menschen und Autos und Zeugs. Es ... gefällt mir" (S.14). – Als Vater handeln, heißt das, sofort und radikal von allen vernünftigen Zwängen des Alltags absehen zu können, wenn ein Kind zu verstehen gibt, daß viel auf dem Spiel steht und es jetzt etwas ganz anderes braucht?

Planende Fürsorge, die immer wieder neu zu überraschen vermag
Raglans alter Chevy, „vollgestopft mit Zeugs" ... „wie ein Landrover auf Safari oder eine Raumkapsel" (S.10) ist der mobile Mittelpunkt eines autarken (Über-)Lebens, in das Jeremy – immer wieder staunend – einbezogen wird. Und er selbst hat sich bereits in diese Welt eingenistet, mit „seinem abgenutzten, alten Erste-Hilfe-Kasten" (ebd.) und seiner „Lieblingskassette" (S.14). Im übrigen kann er sich – wie selbstverständlich – darauf verlassen, daß auch für ihn da ist, was Raglan zur Verfügung hat (Toilettenpapier, Comics, 45er-Automatik, Bugler-Tabak, Wasserflasche, Kaffee, Leinenplane, Decken, Whiskey, Campbell-Suppendosen).

Raglan weiß zwar stets, was bis wann zu erledigen ist; in die entsprechenden Überlegungen wird Jeremy jedoch nie direkt einbezogen. Vermeidet Raglan jede Belehrung, nicht nur, weil er merkt, daß Jeremy am meisten durch Teilhabe und Beobachtung lernt, sondern auch deshalb, weil er zu seinem Planen-Müssen ein so reflexives Verhältnis braucht, daß er seinen Realitätssinn immer dann ausschalten und seine Pläne über den Haufen werfen kann, wenn es die Situation des Jungen verlangt?

Selbstverständlicher Körperkontakt – und selbstverständlicher Respekt
Einerseits: Raglan faßt Jeremy an und hebt ihn aus dem Container (S.10), er zieht den Gummischlauch fester um seinen Arm (S.11). Er versucht, Jeremy vom Anblick der Leiche fernzuhalten; und als dieser sich entsetzt „eng an Raglan" (S.12) drückt, legt er seinen Arm um ihn (ebd.). Er läßt ihn los, als er ihm sagt, was normalerweise mit toten Babys passiert, die man im Müll findet. Und erneut legt er seine Hand auf Jeremys Schulter, als ihm klar ist, was jetzt geschehen muß (S.13). Und als sie schließlich Seite an Seite am Feuer sitzen (S.15), legt Raglan noch einmal den Arm um den Jungen und zieht ihn nahe an sich heran, während er ihm (endlich) sagt, er möchte gerne sein Vater sein.

Andererseits: Raglan erweist sich als sensibler Beobachter mit präzisem Erinnerungsvermögen: Spontan hält er sich zurück und bleibt in der nebligen Nacht kurz vor dem Lastwagen stehen, um Jeremy nicht zu brüskieren, der unter der Plane mit sich selbst beschäftigt ist.

Anschauung: Augen-Kontakte und Augenblicke

In dieser Erzählung haben die Augen der Personen, ihr wechselseitiges Sich-Beobachten, die Beschreibung ihrer Blicke und ihrer Blickkontakte zentrale Bedeutung.

Während Raglan den Jungen eingangs – und wie es heißt: „nicht das erste Mal" (S. 9) – offen mustert, beobachtet Jeremy „durch die gesenkten Lieder" (S. 10) wie sich die Augen Raglans ab dem Moment verändern, als dieser bemerkt, daß Jeremy seine Dosis braucht: „... nicht daß sie weicher wurden, sie wanderten vielmehr Lichtjahre weit weg" (ebd.). Und sie bleiben weit weg, während Jeremy seine Vorbereitungen trifft (ebd.). Gleichwohl nimmt Raglan wahr, daß der Junge dabei zweimal zu ihm aufschaut. „Seine Augen waren wieder ganz weit weg, weder achtete er darauf, noch schaute er beiseite, als der Junge die Nadel einführte" (S. 11), heißt es im entscheidenden Moment, als sich der Junge den Schuß setzt. Danach hat dieser kurz „die Augen geschlossen. Aber beinahe sofort öffneten sie sich wieder und suchten nach denen Raglans" (ebd.). Und als Jeremy ihm verspricht, daß er in der kommenden Woche mit nur noch einem Schuß pro Tag auskommen und von ihm hören will, daß dies „ganz schön arg werden" wird, schaut der Junge „fest in Raglans Augen". – Im weiteren Verlauf der Erzählung wird immer deutlicher, daß und wie der Erzähler das innere Handeln seiner Figuren über den Ausdruck ihrer Augen und ihrer Blickkontakte verdeutlicht.

Was bedeutet all dies für die pädagogische Praxis, gar für die Lehrbarkeit von Erziehung? Läßt sich der pädagogische Blick, das Hinsehen und Mustern, aber auch das simultane „Weder-darauf-Achten-noch-Beiseiteschauen" erlernen? Und wie schafft man es, seine Augen auf etwas „weit jenseits der zerbröckelten Ziegel und des Betons" (S. 13) zu fixieren? Worauf?

Wechselseitig erotische Faszination / Pädagogischer Eros

Nicht zum ersten Mal – so liest man – hat Raglan Gefallen an dem „schöne(n) Kind" (S. 9), das er fotografisch genau beschreibt (seine Jeans und Schuhe, seinen Körper, seine Muskeln unter der straffen Haut, seine Hände, Füße, Haare, seinen Ohrschmuck, sein Halstuch, seine Augen und seine weißen Zähne (ebd.).

Auch Jeremy beobachtet Raglan genau: die Narbe auf seiner Brust wird detailgenau beschrieben (ebd.).

Und Raglan schaut „einen Augenblick" hin, als Jeremy sich auszieht und „nackt vor dem Meer und der Sonne" (S. 15) steht. Als der Junge kurz darauf zu ihm kommt, „schweigend, aber mit funkelnden Augen" (ebd.) sagt Raglan nichts, doch er lächelt kurz.

Welche Bedeutung hat die – häufig verleugnete – (nicht nur gleichgeschlechtliche) erotische Dimension der Zuneigung für das Zustandekommen und die produktive Ausgestaltung pädagogischer Verhältnisse?

Ein Comic-Mythos als subjektive Theorie – wirksamer als pädagogische Diskurse?

Warum gibt Mowry seiner Erzählung diesen Titel?
In „The illustrated encyclopedia of cartoon animals" von Jeff Rouin (New York u.a. 1991, S.59) findet man die folgende Auskunft (diesen Hinweis verdanke ich Bernhard Rank und dessen Expertenumfeld):

> Crusader Rabbit, ein kleiner, langohriger Hase, war der Star der ersten Cartoon-Serien, die speziell für das amerikanische Fernsehen produziert und erstmals von 1949 bis 1951 ausgestrahlt und bekannt wurden. Es handelte sich um jeweils fünf Folgen von je vier Minuten Dauer, die stets im spannendsten Moment zu Ende waren. Ab 1957/58 wurden sie erneut gesendet und waren fast zehn Jahre lang populär. Die Geschichten gab es dann auch in einer gedruckten Fassung (Dell's 4-Color Nr. 735 und 805).
> Zusammen mit Ragland T. Tiger seinem Begleiter kämpften die beiden gegen verschiedene Feinde, unter anderem auch gegen einen zweiköpfigen Drachen. Das kleine, tapfere Häschen war nicht nur stets der clevere Drahtzieher, er hatte auch die bemerkenswerte Fähigkeit, Alltagsgegenstände in Waffen zu verwandeln: Bierflaschen aus einer Mülltonne machte er zum Beispiel zu einem Fernglas. Rags, der Tiger, hingegen, war von roher Stärke und besaß nur begrenzte magische Kräfte. Doch auch so war er nützlich, um die Abenteuer erfolgreich zu bestehen.

In Mowrys Erzählung erfährt man dazu lediglich, der Vater von Raglan habe seinen Sohn nach dem Freund von Crusader Rabbit genannt (S.11). Raglan selbst kennt die Comic-Geschichten nur vom Hören-Sagen (S.11, 16). Nie hatte er selbst ein Heft in der Hand. Welchen Erklärungswert, welche handlungsleitende Relevanz hat dieser offensichtlich kaum mehr rekonstruierbare Mythos für Raglan und für Jeremy?

Von welchen – medial vermittelten – subjektiven Theorien (und „Scripts") sind Vater-Sohn-Beziehungen und andere pädagogische Verhältnisse heute und hierzulande bestimmt? Sind medial tradierte Mythen am Ende gar wirksamer, weil (rational)/emotional (un-)/verbindlich und somit bekömmlicher als pädagogische Theorien und Maximen?

Pädagogischer Kitsch?

Was kommt dabei heraus, wenn man diese Kurzgeschichte als „typisch" amerikanisch-pädagogischen Kitsch begreifen wollte? Was ist pädagogischer Kitsch? Und wieviel davon braucht man, nicht nur in der alltäglichen Praxis, sondern vielleicht auch in der Lehreraus- und -fortbildung?

Ralf Brandstetter

„Ich möcht's gern sein."

Irgendwie beeindruckend.
Ich lese die Geschichte ein zweites, ein drittes Mal. Kleine Entdeckungen, viele Fragen. Raglan und Jeremy, Jeremy und Raglan – eine „Vater-Sohn"-Geschichte, die in meinem mittelschichtsorientierten Weltbild so gar keine Entsprechung findet. „Du könntest mein Vater sein" – das habe ich zu einem guten Freund auch schon 'mal gesagt. Der Satz bezog sich allerdings weniger auf sein Verhalten mir gegenüber sondern vielmehr auf die Tatsache, daß er einundzwanzig Jahre älter ist als ich. Doch Jeremy hat sicher recht: „Echte" Väter zeichnen sich weder durch einen bestimmten Altersabstand noch durch die genealogisch eindeutige Zugehörigkeit aus. Beide Kriterien sind weder notwendig noch hinreichend. Ich frage mich, wie viele „Väter" es in meinem Umfeld gibt, denen ich eben nicht „scheißegal" bin und die mit stoischer Ruhe in der Achterbahn des Lebens neben mir sitzen – und gehe schlafen.

„Guten Morgen, Herr Brandstetter."
„Guten Morgen, zusammen."
   Sie sind vollzählig. Zu unwirtlicher Zeit sitzen noch etwas verträumt elf Jungen im Alter von 14 bis 16 im süßverzierten und neongefluteten Klassenzimmer. Oh, Lord, what a morning! Nach einer kurzen Besprechung bewältigen sie die Aufgaben des neuen Tages mehr oder weniger freiwillig, während ich ihre Gesichter betrachte, ohne sie anzusehen. Ich denke an Raglan. Parallelensuche. Klaro – die Tigerhasengeschichte direkt auf meine augenblickliche Situation zu übertragen, das gelingt nicht. Im Gegensatz zu diesen Jungs hätte Jeremy jederzeit gehen können. Doch die Rollen in unserer kleinen Zwangskolchose wären eindeutig, wenngleich ich eine analoge Erwartung meiner Schüler („Du könntest mein Vater sein") bis gestern irgendwie befremdend und albern gefunden hätte. Mein Blick nach innen stellt sich scharf. Ich erinnere mich an prekäre Situationen, in denen ich mich tatsächlich raglanwürdig verhalten habe. Da waren trotz der Turbulenzen auch Toleranz, Ruhe, Festigkeit, Respekt und Souveränität im Spiel. Ich denke an Begebenheiten, in denen ich mit Andi, Alex, Abdullah und Co. auch bewußt das Tanken für den Rückweg vergessen hatte. Irgendjemand hat mir 'mal gesagt, gemeinsames Laufen schweiße zusammen. Den Weg zu kennen und dabei auf das Wesentliche zu achten, sich nicht durch scheinbare Sachzwänge irritieren zu lassen, doch, ich muß sagen, ab und an klappt

das schon. Väterchen Ralf. Ha! Ich bin offen gestanden kurz davor, mir auf die Schulter zu klopfen. Nur ein imaginärer „Daddy-calm-down-Finger" kann mich gerade noch davon abhalten.
Costa reißt mich aus meinen Gedanken. „Ich bin fertig." Er grinst mich an. Unwiderstehlich. Manchmal, wenn das Licht besonders günstig steht, leuchten auch seine Augen „wie Obsidian". Ich grinse zurück. Gleiche Wellenlänge – toll. „Zeig 'mal. In Ordnung, ich bin zufrieden. Du kannst jetzt mit der Diktatvorbereitung beginnen." – „Keinen Bock auf den Scheiß." – Ich stutze. Pädagogisches Taktieren, empathisches Argumentieren. Costa bleibt hart. Er läuft zum Computer und spielt sein Spiel. Mein Blick wird weich und wandert Lichtjahre weg. Ich versuche, weder darauf zu achten, noch beiseite zu schauen. Ich warte darauf, daß sich die neue Dimension einstellt. Doch es tut sich nichts. Mir schwillt der Kamm. „Costa!!!"
Lichtjahre sind manchmal nur ein Wimpernschlag. Statt tigermäßiger Lockerheit folgt verkrampfte Kommunikation. Statt ihn gewähren zu lassen, statt mich von den Alltagszwängen loszusagen, statt um das aktuell und zukünftig Wesentliche zu wissen, statt hochsensibel seine Gefühlslage zu erspüren – folgt banale Klassenzimmerrealität: Ich kaue ihm Lösungen vor, bestimme streng seinen Weg und gehe damit baden. Raglan kommt mir plötzlich wie ein Übervater vor. Mich beruhigt nur, daß auch er etliche Widersprüche nicht auflösen kann.
Auf der Fahrt nach Hause fällt mir diese Szene mit Costa noch einmal ein. An der Ampel vor mir will der Vater in mir aussteigen, als ich ihm im letzten Moment noch zurufe: „Mensch, echte Väter können doch auch 'mal Fehler machen, oder? Wenn die Basis stimmt, kann gegenseitiges Interesse so schnell nicht kippen." Die Türe klappt zu. Von innen. Manchmal gelingt mir das „Weder-darauf-achten-noch-beiseite-schauen" perfekt, manchmal überhaupt nicht. „Echt-väterlich" sich zu verhalten, braucht Training. Auch Tiger müssen lange und ausdauernd üben.
Jetzt sitze ich an meinem Schreibtisch mit einem Buch in Händen, das mir nach längerer Zeit wieder in die Finger gekommen ist: „Das Magische Auge" von Tom Baccei zeigt dreidimensionale Illusionsbilder, deren Wahrnehmung mich immer wieder mit Erstaunen und Freude erfüllt. In der Anleitung zur Betrachtung der vordergründig abstrakten Bilder ist dort folgendes zu lesen:

> „Für manche Menschen bedeutet es zunächst eine große Anstrengung, das Sehen mit dem magischen Auge zu entwickeln – aber alle bestätigen, daß sich die Mühe auf jeden Fall lohnt. (...) Lassen Sie die Augen entspannen, und starren Sie einfach geradeaus. Gewöhnen Sie sich dabei an den Gedanken, das Bild zu betrachten, ohne es anzusehen. (...) Hat man es einmal geschafft, wird es immer einfacher und geht schließlich wie von selbst. (...) Es ist eine große Herausforderung, einen Schritt in die beinahe übersinnlich scheinende, kaum faßbare Wirklichkeit dieser Darstellungsweise zu wagen. Und wie es auch bei den meisten anderen Experimenten im Bereich der Magie der Fall ist, hat schon bald die Faszination von uns Besitz ergriffen und läßt uns nicht mehr los."

Irgendwie passend. Ich lege das Buch neben mein Bett – zu Übungszwecken.

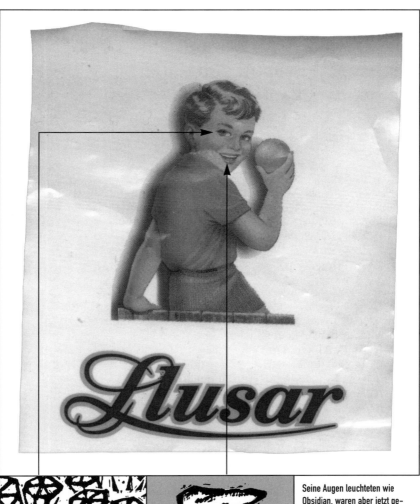

  Seine Augen leuchteten wie Obsidian, waren aber jetzt geschlossen, die Augenringe darunter verblichen, und seine Zähne blitzten stark und weiß, ...

Elisabeth Braun

„… warf … sie zu den anderen …" – Wegwerfmenschen

Eine Geschichte als Ausgangspunkt, dazu eine strukturalistische Analyse von Teilaspekten zu Beziehungen von Menschen untereinander, leicht ist es nicht, da noch Eigenes anzufügen. Dann fällt mir aber ein Lied ein, dessen Text von Hans Manz stammt.

Wegwerfmenschen

Wegwerfsachen
Kennst du die Wegwerfsachen? Man kann sie aus Karton
oder Papier, aus dünnem Blech oder Plastik machen.
Man kriegt sie heut an jedem Ort:
Darin ist Milch, darin sind Eier,
darin sind Äpfel, darin ist der Butt,
und sind sie verbraucht, wirft man sie fort:
Hinein ins Feuer, hinein in den Eimer,
hinein in die Tonne, hinein in den Schutt.

Und Wegwerfmenschen, kennst du sie auch?
Sie stehen und liegen herum nach Gebrauch.
Man trifft sie heute an jedem Ort:
Einer ist krank, einer ist alt,
einer ist schwach, einer zuviel,
und sind sie verbraucht, schickt man sie fort:
Hinaus vor die Tür, hinein in die Anstalt,
hinaus auf die Straße, hinein ins Asyl:
Wegwerfmenschen.

Aus: M. G. Schneider: Sieben Leben möcht ich haben. Lahr 1975.

Bis jetzt habe ich noch keine Gelegenheit gefunden, mit irgendwem dieses Lied, so wie es gedacht ist, als einen Wechsel aus gesprochenen und gesungenen Partien, zu „singen", obwohl in der sonderpädagogischen Arbeit das Thema „Wergwerfmenschen" in den verschiedensten Brechungen auftaucht.

Der Grund dafür ist schnell klar zu machen: Nicht, daß dieses Lied unsingbar wäre, es ist der Inhalt, der zum Widerspruch herausfordert und das Singen verbietet. Denn dann, wenn es „ernst" wird, reicht ein Lied nicht aus, um Existenzfragen von jungen Menschen in schwierigen Lebenslagen zu lösen. Kulturelle und künstlerische Produktionen müssen sich ohnehin meistens mit dem Verdacht der Unverbindlichkeit und politischen Belanglosigkeit auseinandersetzen. Doch im Hinblick auf die vorgegebene Geschichte liefert das Lied ein wichtiges Stichwort: *Wegwerfmenschen*.

1. „… keine Woche mehr zu leben gehabt …, als er ihn auflas …"

In der Kurzgeschichte tauchen zunächst jede Menge „Wegwerfsachen" auf, das ist logisch, wenn es sich um eine Geschichte von zwei Jungen handelt, die im Müll arbeiten. Weggeworfenes wird nach Noch-Brauchbarem durchsucht, eine Tätigkeit, verbunden mit dem niedrigsten Status. In dem oben angeführten Lied wird das Wegwerfen von Müll auf Menschen übertragen, und auch dazu gibt es die Parallele in der Erzählung. Auf mehreren Ebenen gibt es „Weggeworfene": Die arme Bevölkerung in diesem Stadtviertel, der nicht vorhandene Vater, die beiden Jugendlichen selbst, das tote Baby …, alles Menschen, die sich als Wegwerfmenschen bezeichnen lassen (müssen). Dabei stehen sie für unsere gesellschaftliche Situation insgesamt, eine Gesellschaft, die die Ausgegrenzten braucht, damit sie sich selbst um so deutlicher abheben kann; das Bild einer degenerierten Gesellschaft am Ende eines Jahrhunderts, wie sie auch in Th. Becketts „Endspiel" auftaucht? Das Bild des Jungen im Müllcontainer erinnert daran.

2. „Warum so was?"

Als mich Anfang November 1998 die Aufforderung erreicht, mich zu dieser Erzählung zu äußern, wird in Stuttgart ein Kind ausgesetzt aufgefunden; es wird mit dem Namen Martin (weil am Martinstag gefunden) und mit Unterbringung versorgt.

Wenige Tage später liest man von einem zweiten Fall. Die beiden Mütter werden unter Aufbietung aller kriminalistischer Raffinesse gesucht, die ungeheuerliche Tat wird zum Impuls, Fahndungsverläufe zu inszenieren. Aber natürlich ist jedem Insider klar, daß es dabei nicht um das menschliche Hilfsangebot an verzweifelte Mütter geht, sondern um die juristische „Rache", egal, aus welcher Lage heraus diese so handelten.

„Warum so was?" Es ist anzunehmen, daß „so etwas" nur jemand tut, der keine andere Lösung sieht. Unser Strafrecht und unsere Versorgungssysteme lassen im Augenblick noch keine anderen Auswege zu. Es gibt sie nicht mehr, die mittelalterlichen Klosterpforten, die ein straffreies Aussetzen und damit ein Überleben garantierten.

Bis hierher habe ich mich den Assoziationen zu wenigen Stichworten der Geschichte überlassen und bin zu einer sehr emotional eingefärbten vorläufigen, dazu recht resignativen Bilanz gekommen. Es gibt sie, die Wegwerfmenschen im tatsächlichen und übertragenen Sinn, und da hilft im

Normalfall auch nicht die in der Geschichte angedeutete pädagogische Beziehung. In den seltensten Fällen ist ein pädagogisches Netz oder ein „Vater" vorhanden. – Dennoch, die Situation von „Menschen im Müll" läßt mich nicht los.

3. „... der Lastwagen brummte im zweiten Gang hoch. Die Straße wurde schmaler, als sie weiter hinaufführte ..."

Für meinen Geschmack endet die Geschichte etwas einlinig. Die angedeutete Vater-Sohn-Beziehung signalisiert, es könnte individuelle Lösungen für solche Lebensschicksale geben. Darin besteht für mich der „pädagogische Kitsch" der Erzählung, darin sehe ich die Gefahr der utopischen, um nicht zu sagen falschen Lösung. So schön und romantisch es wäre, die vielen „Väter" kann niemand besorgen. Solche Beziehungen sind Idealfälle, aber möglicherweise doch viel zu selten.

Nicht ohne Absicht habe ich jedoch diesen Abschnitt mit einem topografischen Bild überschrieben. Bei aller Begeisterung für die ideale Beziehung der beiden Jungen zueinander, habe ich lange nach einer generalisierbaren, weil machbaren Alternative für einen, *meinen* Schluß der Erzählung gesucht.

Meine Geschichte soll in der Jetztzeit enden und zwar mit dem Ausblick auf ein Projekt, in dem ein realistischer Ansatz von Frauen das Leben der Menschen im Müll verändert hat:

Nehmen wir das Beispiel der ägyptischen Millionenstadt Kairo. Dort ist die Müllentsorgung eine Sache der privaten Müllabfuhr. „Der klapprige VW-Bus verläßt die Straße und quält sich durch den Schlamm vorwärts. Fünf Minuten immer geradeaus, dann sind wir da ... Der ätzende Gestank liegt über allem, die Augen tränen, das Durchatmen wird zur Qual. Überall Berge aus Dreck ... Das ist Moytamadea, eine Müllstadt am Rande Kairos. Schätzungsweise 40 000 Menschen leben in Kairo vom Müllsammeln. Man nennt sie Zabalin, von Zibal, was soviel wie Abfall bedeutet ... Die Zabalin sorgen dafür, daß die Millionenmetropole nicht in ihrem Müll erstickt. Jeder braucht sie, und jeder verachtet sie." Die Zabalin wohnen mitten im Müll. ... „Frühmorgens ziehen sie mit ihren Eselskarren zum Müllsammeln. Glücklich, wer in einem der reicheren Viertel arbeitet – da wird nicht nur Wertloses weggeworfen." Allerdings gibt es seit sechzehn Jahren das Selbsthilfeprojekt der Ordensfrau, Schwester Maria Grabis, für die Frauen und Familien, die im Müll leben. Eine der ersten Ideen, die in die Tat umgesetzt wurden, war eine Schule, ... denn Bildung ist oftmals der einzige Weg, der aus der Müllstadt herausführt. Dazuhin können heute Familien, die selbst mithelfen, sich sogar ein eigenes Haus erbauen. Acht Stunden Müll sammeln und sortieren und zwei bis drei Stunden täglich auf der eigenen Baustelle arbeiten. „Wer das ein Jahr lang durchhält, hat sich ein Haus verdient und nebenher noch einen handwerklichen Beruf erlernt." (Alle Zitate aus „Sonntag aktuell", 18.10.1998, S. 21.)

Perspektiven für ein „Leben im Müll"
Dieses Leben im Müll als Herausforderung ist mir seit einigen Jahren bekannt. Am untersten Ende der Statusskala stehend, sind koptisch-christliche Frauen im islamischen Kairo dazu gezwungen, mit ihren Familien im Müll zu wohnen und zu arbeiten. Das Auswerten der schon mehrfach durchsuchten Müllreste ist die einzige Möglichkeit, ein Überleben zu sichern. Durch die Arbeit und das Wohnen auf der Müllhalde werden aber die dort Beschäftigten selbst zu einem Teil des Wegwerfgutes.

Doch selbst in dieser Situation finden sie gemeinsam eine Möglichkeit, etwas zu lernen, dann einen Handel mit selbstgefertigten Produkten zu beginnen, darüberhinaus eine Straße anzulegen und nun auch noch eigene Wohnhäuser zu erstellen.

Es mag weit hergeholt erscheinen, und die Interpretation der vorgegebenen Erzählung ist längst verlassen. Dennoch soll dieses Projekt eine Art Gegenfolie zur Geschichte bieten: Frauen, die Kindern eine Chance geben, die ihre Lebenssituation aktiv in den Griff zu bekommen suchen, die auch im Müll einen produktiven Anfang machen, wären für mich die idealen Figuren zur Fortsetzung der Erzählung in der konkreten Wirklichkeit. Es wäre dann nicht nur die in Anlehnung an medial vermittelte Utopien entwickelte Partnerbeziehung, sondern der generelle Wille, die Situation zu ändern, die als Lösung in den Blick kommt.

Waltraud Falardeau

Auf der Suche nach dem mütterlichen Vater
Sagen- und Märchenmotive in der Kurzgeschichte „Crusader Rabbit"

Könnte die Kurzgeschichte „Crusader Rabbit" ein modernes Märchen sein? Auf Anhieb ordnet man sie in die Kategorie jener amerikanischen Erzählungen ein, in denen ein junger Mensch in Not auf einen älteren gutmütigen Menschen trifft, der zu helfen bereit ist. Erst beim zweiten Blick fallen charakteristische Motive aus Legenden, Sagen und Märchen ins Auge. In diesen Literaturformen geht es wie in Kurzgeschichten um die Auseinandersetzung mit der Wirklichkeit, um die Bedrohung des Menschen durch äußere und innere Mächte. Bestandteil in mythologischen Erzählungen sind darüber hinaus der Einbruch des Irrationalen und die symbolische Ebene. Ebenfalls dazu gehören das Aufzeigen von *möglichen* Verhaltensweisen und alternativen Lebensmodellen sowie der Aufbruch zu neuen Ufern. Insofern beinhalten Märchen, Sagen und Legenden auch Zukunftsvisionen.

In „Crusader Rabbit" ist der dreizehnjährige Jeremy bedroht. Ein verhängnisvoller Fluch scheint über ihm zu liegen, ein böser Zauber. Ähnlich wie Dornröschen sticht er sich – nicht mit einer Spindel, sondern mit der „Nadel", und ähnlich wie die Prinzen in „Dornröschen" in Dornen festhängen, umklammert ihn seine Drogensucht.

Nun bricht etwas Neues in Jeremy auf. Er will von der „Nadel" loskommen, will nicht mehr weitermachen wie bisher. Der Wunsch, eine zerstörerische Abhängigkeit hinter sich zu lassen, ist der erste Schritt zur Erlösung. In der Mythologie bedeutet Erlösung, sich aus einer wesensfremden Situation, einer wesensfremden Form zu befreien, um das Selbst, die wahre Natur, durchbrechen zu lassen. Damit Jeremy den zweiten Schritt machen und sich wirklich befreien kann, braucht er einen schützenden Helfer, einen „Engel", der ihm den Weg bahnt. Das ist Raglan.

Warum gerade er?
Wer ist Raglan überhaupt?
Oberflächlich gesehen ist er ein Außenseiter wie Jeremy, der sich am Rande der Gesellschaft ein Auskommen geschaffen hat. Aber aus welchen Fernen kommt er? In welche Fernen verschwindet er, wenn er „ganz weit weg" ist? Ist er ein geheimnisvoller mythischer Held, ständig im Kampf mit

allen möglichen sichtbaren und unsichtbaren bösen Drachen? Oder kommt er aus „Lichtjahre" entfernten Räumen? Vielleicht ist er ein im Müll wühlender verkleideter Engel?

Raglan ist vieles, die geheimnisvolle Sagen- und Märchenfigur ebenso wie der wortkarge Großstadt-Cowboy, ein Überlebenskünstler, gelassen und zupackend, nicht das Schwert Excalibur, statt dessen die Zigarette in der Hand und den Colt in seiner „Raumkapsel", dem Lkw. Er ist der futuristische Held, aus geheimnisvollen Fernen kommend, in unendliche Fernen blickend. So wie er ist, mit seinem ungewöhnlichen, zukunftsweisenden Verhaltensrepertoire, zieht er die Sehnsüchte des Jungen auf sich.

Wie ist Raglan?

Alle Märchen verdeutlichen, daß die spezifischen Merkmale eines Helfers für den bevorstehenden Entwicklungs- oder Erlösungsweg des Hilfesuchenden grundlegend und *not-wendig* sind. Können Raglans Eigenschaften Jeremy helfen, seine Not zu wenden und die Drogensucht zu überwinden? Jede Sucht ist eine fehlgeleitete Sehnsucht. Wonach sehnt sich Jeremy, das vorzeitig zur Selbständigkeit gezwungene Kind? Welche Eigenschaften braucht und sucht er in dem Erwachsenen, der eher sein Bruder als sein Vater sein könnte?

Jeremey sehnt sich nach einer positiven männlichen Identifikationsfigur, nach einem väterlichen Menschen, der keine autoritären patriarchalischen Züge zeigt, sondern verläßliche Sorge, Achtung, Nähe, Wärme und Intimität verspricht. Anders ausgedrückt: Um von seiner Drogensucht loszukommen, braucht Jeremy einen väterlichen und mütterlichen Menschen und einen Geburtshelfer und Engel zugleich. Die Aufgabe, nicht nur den körperlichen, nein, auch den seelischen Hunger und Durst des verwaisten Kindes zu stillen, ist riesig. Es grenzte an ein Wunder und wäre „märchenhaft", würde eine reale Person beständig und verläßlich so auf Jeremys Bedürfnisse eingehen, wie Raglan es tut – ohne den Jungen enttäuscht fallenzulassen oder seine Anhänglichkeit zu mißbrauchen.

Die unter realistischen Gesichtspunkten begründeten Zweifel an Raglans Absichten und Fähigkeiten sollten nicht daran hindern, eine Vision aufblitzen zu sehen, eine *mögliche* Verhaltensweise. Der Autor hat der Vision eines alternativen Mannes Gestalt gegeben. Raglan ist der Entwurf eines ganzheitlichen, eines androgynen Mannes, der nicht nur männliche und väterliche, sondern auch weibliche und mütterliche Züge und Verhaltensweisen zeigt. Diese offenbaren sich zum Beispiel in seiner Sanftheit, in der Sorge um Nahrung und Vorräte – die traditionell Müttern zugewiesen wird – sowie in seiner Bereitschaft, den Jungen ohne Ekelgefühle oder Angst vor Nähe zu berühren. Hier ist das Bild mit der Mülltonne besonders wichtig. Wenn Raglan den stinkenden, glitschigen Jungen aus der Mülltonne zieht, denken wir zwangsläufig an eine Mutter, die ihr verschmutztes Kind ohne Abscheu in den Arm nimmt. Die Mülltonne erinnert außerdem an das Brunnenmotiv in mythologischen Erzählungen. Etwas oder jemand steigt oder fällt in den Brunnen, sitzt in der Tiefe fest, kann nicht allein heraus und ist auf jemanden angewiesen, der oder die ihn herausholt. Die Rettung aus dem Brunnen symbolisiert eine Geburt. In unserer Geschichte veranschaulicht die Mülltonnen-Szene eindrücklich die „Geburtshelfer"-Funktion Raglans.

Ein kritischer Moment in der Beziehung zwischen dem Jungen und dem Mann ist das tote Baby in der Mülltonne. Jeremy ist erschüttert. Das tote Baby konfrontiert ihn nicht nur mit der Brutalität einer entfremdeten Gesellschaft, es symbolisiert gleichzeitig auch seine eigene Gefährdung. Auf den aggressiven Ausbruch des Jungen reagiert Raglan anders, als von den meisten Vätern zu erwarten ist. Er fühlt und erkennt die Not, die dahinter liegt, und er überläßt es Jeremy, was getan werden soll. Der wünscht sich eine richtige Beerdigung für das Baby. Die Entscheidung Raglans, dazu ans Meer zu fahren, ist pädagogisch sinnvoll. Aber angesichts des ramponierten Fahrzeugs, des Geld- und Spritmangels ist sie irrational und ein Wagnis.

Reisen haben in der modernen amerikanischen Literatur („on the road again") einen entscheidenden Stellenwert. Auch in Sagen und Märchen sind sie ein zentrales Motiv. Hier stellt die Reise immer ein Wagnis, eine Gefährdung, dar. Gleichzeitig ist sie ein Aufbruch zu neuen Ufern, eine Lockung und Verheißung. In Jeremys Fall ist die Reise *not-wendig,* wie der mütterliche Vater, der Geburtshelfer und „Engel" Raglan intuitiv weiß: Sie bahnt die nächste Station auf dem Weg der Erlösung an.

Jeremy nimmt mit allen Poren die unberührte menschenleere Natur in sich auf, die frische saubere Luft, die Dinge, die riechen, lebendig sind und wachsen. Er findet hier die Verheißung eines alternativen Lebens, ein Gegenbild zum Müll, zum Gestank, den Abgasen und der Gewalt in der Stadt. Kontraste gehören zu den Grundprinzipien von Märchen. Der beherrschende Kontrast dieser Erzählung ist zweifellos der zwischen Entfremdung, Tod und Verfall einerseits und einer lebensvollen Aufbruchstimmung andererseits.

Ist es ein Wunder, daß Jeremy, zutiefst berührt und versunken im Anblick des Meeres, seine schmutzigen Kleider auszieht, als wolle er sich häuten und sein altes Selbst abstreifen? Wasser ist ein weibliches Symbol, es symbolisiert das Leben schlechthin, die Verwandlung, die Wiedergeburt, das Unbewußte. Es hat magische Qualitäten, reinigt Leib und Seele. Dann stellt der Junge sich nackt, wie er auf die Welt gekommen ist, vor die untergehende Sonne. Die Sonne ist ein männliches Symbol, das Symbol des Bewußtseins, und das Feuer der Sonne symbolisiert ebenfalls die Reinigung.

Das Ende der Kurzgeschichte wird von der wohltuenden Versorgung durch Raglan und dem hautnahen Kontakt mit den Elementen Erde, Luft, Wasser, Feuer bestimmt. Diese Erfahrungen wirken entspannend und heilsam auf den Jungen. Sie lassen die kosmische Ordnung anklingen und erinnern an das verlorene Paradies, in dem der Mensch aufgehoben und in Einheit mit der Natur und dem Göttlichen lebte, in dem Bewußtes und Unbewußtes noch ungeschieden waren, der Mensch noch ganz war, männlich und weiblich in einer Person. An diesem Ort kann Jeremy das Tote begraben und in dem Bewußtsein, „daß es so was gibt", neu geboren werden. Vielleicht wird ihm die Begegnung mit der Natur und mit sich selbst wichtiger als das Ersatz- und Fluchtmittel Droge. Wie Raglan weiß, ist man nur dann bereit, fatale Abhängigkeiten abzustreifen, wenn man intensiv spürt, daß etwas Neues aufbricht, das einem mehr bedeutet als die alte Gewohnheit.

Der Prozeß des Loslassens, des Aufbruchs und der Häutungen ist keine einmalige Lebenserfahrung. Er währt ein Leben lang. „In uns ist täglich Sterben und Geburt" (Rilke). Der Anstoß dazu muß von innen kommen, dann finden sich, wie die Mythologie zeigt, helfende Mächte in der Außenwelt. Diese lassen dem Hilfesuchenden häufig drei Wünsche oder drei Fragen offen. Die magische Zahl Drei ist die Zahl der Dynamik und Wandlung. Dreimal spricht Jeremy Raglan auf sein mögliches Vatersein an, dreimal, in steigender Intensität: „Du könntest", „Du mußt", „Du bist". Und endlich läßt der Autor den ganzheitlichen Mann Raglan die erlösenden Worte sagen: „Ich möcht's gern sein."

Ja, die Erzählung „Crusader Rabbit" ist nicht nur eine Kurzgeschichte mit typisch amerikanischem happy end, sie ist auch ein Märchen.

Thomas Gabbe

„Wird ganz schön arg werden, was?"
Oder: Crusader Rabbits in Hamburg

Ende April 1997
Als ich nach Hamburg zurückgekommen war, stieß ich ein paar Tage später auf Jeff. Er war inzwischen total heruntergekommen. Ich sah schon den Tod in seinen Augen. Schmutzig, abgemagert, schwarze Augenränder, eitrige Wunden an den Beinen, völlig übermüdet. Ich nahm ihn einfach mit in meine Wohnung, obwohl mir klar war: Jeff geht wieder weg, wenn die Entzugserscheinungen kommen. Noch ehe er ausgeschlafen hatte, ging ich deshalb zu Paul, meinem Nachbarn und Freund; ihm schilderte ich die Lage. Er packte verschiedene Tabletten zusammen, die er aufgrund seiner eigenen Krankheit im Haus hat. Gemeinsam gingen wir in meine Wohnung zurück. Es traf mich ein kleiner Schock. Dort waren in der Zwischenzeit Martin und Frank eingetroffen, die mich zum ersten Mal spontan und unangemeldet besuchen wollten. Jeff hatte ihnen die Türe aufgemacht. So rasselten sie also voll in diese Situation hinein. Ich vergaß darüber ganz, die beiden mit Paul bekannt zu machen. Das ergab sich von alleine.

Paul redete auf Jeff ein, so daß dieser fast den Tränen nahe war. Und auch Frank bemühte sich um ihn. Mir selbst fiel in diesem Moment gar nichts ein, mir fehlten die Worte. Wir machten aus, daß wir Jeff in die Wohnung von Paul bringen, weil er besser ausgestattet ist und mehr Platz hat. Martin und Frank verabschiedeten sich.

Als wir drüben waren, entdeckten wir an Jeffs Beinen eine weitere Wunde, an der noch ein alter Verband festklebte. Als wir ihn lösten, kam ein großes, tiefes Loch zum Vorschein. Jeff selbst erschrak beim Anblick des Abszesses. Er hätte damit sofort ins Krankenhaus müssen, doch Jeff wollte das nicht. Ich versuchte, im Basis-Projekt jemanden zu erreichen, doch dort lief nur der Anrufbeantworter. Dann rief ich Frank und Martin an.

Tags darauf kam Martin und brachte Verbandsmaterial und was man sonst so braucht, auch eine Riesentube Beta Isodona, eine jodhaltige Salbe. Dann kam eine stressige Zeit. Auch unter uns kam es natürlich zu Spannungen. Der eine meinte, Jeff müsse unbedingt ins Krankenhaus, und so weiter und so weiter. Paul brachte Antibiotika, dann Beruhigungstabletten gegen die Entzugserscheinungen und auch etwas, damit Jeff nachts schlafen konnte. Martin kaufte mit mir Lebensmittel für 100 DM. Zwischendurch rief ich wieder im Basis-Projekt an, doch Rudi war nicht da. Jeff hat weder einen Ausweis noch eine Versichertenkarte; er ist bei keinem Amt registriert. Einem anderen Mitarbeiter erklärte ich die Lage. Aber es hieß nur: „Bring ihn ins Krankenhaus!" – In den folgenden Tagen setzten wir die Tabletten dann nach und nach ab. Zweimal täglich wechselten wir die Verbände. Langsam ging es Jeff wieder etwas besser. Doch schließlich wurde die ganze Sache für Paul zur Belastung. Da nahm ich Jeff wieder in meine Wohnung. Danach ging ich nochmal rüber zu Paul. Wir unterhielten uns ziemlich heftig. Er sagte, Jeff müsse in eine Therapie, irgendwo auf dem Land. Aber wie bewegt man Jeff dorthin?

Dann kamen die Diskussionen mit Frank über Sinn und Unsinn einer solchen Therapie. Ein anderes Problem war das Geld, das Martin und Frank für uns ausgaben. An der Bushaltestelle sagte ich mal zu Frank: „Natürlich wäre eine Therapie besser. Doch du zweifelst ja auch daran. – Ich zweifle aus dem Grund, weil ich weiß, daß Jeff niemals dorthin zu bewegen ist; und zwingen kann man ihn zu nichts." Was mir vor und nach diesen Diskussionen einfiel, das habe ich aufgeschrieben.

Anfang Mai 1997
Weil Paul auch weiß, daß man Jeff zu nichts zwingen kann, hat er natürlich auch ein bißchen Angst um mich. Gerade, weil er sieht, mit welcher Energie ich mich diesmal um ihn kümmere. Und weil er mich kennt, malt er sich schon aus, daß ich diese Wohnung auch wieder verliere oder wieder total ausraste. Auf der anderen Seite wünscht auch er sich einen Freund, der sich um ihn kümmert. Man kann sich vorstellen, aus welchen Gründen. – Am Schluß fauchte ich ihn an: „Ich lasse Jeff nicht verrecken. Und wenn alles schief geht, habe ich von Hamburg die Nase gestrichen voll, denn ich sehe dabei nicht zu." Ich sagte, es sei mir scheißegal, ob ich diese Wohnung auch wieder verliere. Ob ich das ernst meine, weiß ich selber noch nicht, weil ich noch nicht weiß, wie die Geschichte ausgeht. Ernst meine ich auf jeden Fall, daß ich Jeff nicht beim Verrecken zugucke. Wie ich das verhindern kann, weiß ich auch nicht.

Gestern abend wollte er wieder weg. Das ahnte ich schon, als wir mit dem Essen kamen und er sich frischgemacht hatte. Ich kenne ihn gut. Irgendwann später fragte er mich, ob ich noch ein paar frische Socken hätte. Das ist seine Art, mich diplomatisch darauf vorzubereiten. Als ich ihn fragte, wozu, sagte er, er wolle in die Stadt und komme morgen wieder. Er hatte Rückenschmerzen und war total nervös.

Ich brauchte alle Überredungskunst, um Jeff davon abzubringen. Ich sagte: „Mit dem Bein laß ich dich einfach nicht weg. Oder ist es dir lieber, daß ich einen Krankenwagen rufe?" Natürlich würde ich das niemals tun; aber er ist sich da nicht ganz sicher. Machte ich das tatsächlich, dann wäre sein Vertrauen in mich gebrochen. Außerdem: im Krankenhaus könnten die ihn noch weniger zum Dortbleiben bewegen. Aber hier hat er außer dem Fernseher ja auch nichts, um sich zu beschäftigen. Und so treibt es ihn irgendwann wieder in die Szene.

14. Mai 1997 – Aus einem Brief an Frank

Gestern konnte ich Jeff zum Hierbleiben überreden. Heute kommt er vielleicht schon wieder auf den Weggeh-Trip. Gestern brauchte ich eine halbe Stunde, bis er sich wieder entspannte. Diese Phasen dauern nicht sehr lange, auch das sagte ich ihm. – Wenn die Phase heute kommt und er sich mit nichts ablenken kann, wende ich wieder alle meine Überredungskünste an. Aber es kann dann auch so kommen, daß *er* nicht aufgibt, *mich* zu überreden. Und wenn dann der Satz fällt: „Du kannst mich doch hier nicht einsperren", dann muß ich ihn gehen lassen. Ich mag ihm kein Gefühl der Enge vermitteln. Und wenn ich ihn nicht aufhalten kann, dann kann ich ihm nur helfen, indem ich ihn gehen lasse, ihm den Hausschlüssel in die Hand drücke, weil er dann wenigstens noch seinen Verband hier wechseln kann und ich ihn so vor der erneuten, völligen Verwahrlosung bewahre; und das solange, bis mir eine andere Lösung einfällt.

Ich werde dazu auch andere um Rat fragen; aber ich weiß, welche Antworten ich bekomme. Sie laufen darauf hinaus, Jeff durch den Tod zu verlieren. Wenn jemand andere Ratschläge gibt, dann ist das schön und gut; aber wie steht's mit deren Verwirklichung? Und die Leute, die sich wirklich Mühe geben, verlieren mit der Zeit die Geduld und wenden sich von Jeff ab. Das Ende vom Lied ist, daß man auch *mir* nur noch den Ratschlag gibt, mich abzuwenden, um meine eigene Sicherheit nicht zu gefährden.

Aber dann fällt mir wieder die Stelle aus dem Ersten Brief des Johannes, Kapitel 3, ein: „Wenn aber jemand dieser Welt Güter hat und sieht seinen Bruder darben und schließt sein Herz vor ihm zu, wie bleibt die Liebe Gottes in ihm? Meine Kindlein, lasset uns nicht lieben mit Worten noch mit der Zunge, sondern mit der Tat und mit der Wahrheit." Was also tun, frage ich mich, und denke daran, daß ich früher mal notierte: Sollte ich ihm sagen, daß ich mir mein eigenes Märchenreich erschaffen will, erstens, um etwas zu geben, was ich selbst nie bekommen habe, und zweitens, um etwas gegen das Elend auf der Welt zu tun?

Vielleicht kannst Du nachvollziehen, daß man sich in unserer Umwelt mit solchen Gedanken immer am Rande einer Nervenklinik befindet, erst recht, wenn man solche äußert und vollends, wenn man versucht, mit solchen Überlegungen auf etwas aufmerksam zu machen. Sehr schnell wird einem dann religiöser Wahn eingeredet. Und dagegen gibt es ja Pillen.

15. Mai 1997 – Fortsetzung des Briefes an Frank

Jeff ist natürlich wieder gegangen. Ich bin der Meinung, was wir getan haben, war dennoch nicht umsonst. Aber genutzt hat es nicht allzuviel. Und auf längere Sicht? Ihr habt jetzt mal gesehen, wieviel Energie das kostet, und daß es nicht ohne Spannungen selbst zwischen den Freunden abgeht, die sich Sorgen um Jeff machen und ihm wirklich helfen wollen.

Wir haben ja viel über ihn diskutiert. Als ich Jeff kennenlernte, war er nicht so gleichgültig wie jetzt. Das Heroin verändert den Charakter enorm. Für mich ist das die schlimmste Droge, weil sie auch die Seele angreift. Was ich noch immer an ihm schätze, das ist seine Ehrlichkeit. Nicht in Worten, sondern weil er unter den Süchtigen insofern eine Ausnahme ist, als er nichts klaut und auch sonst in keiner Weise kriminell ist. Jeff ist nicht der Typ, der einer Oma die Handtasche entreißen würde. Solches Verhalten habe ich, seit ich ihn kenne, nie an ihm festgestellt. Und ich kenne ihn schon seit damals, als ich in die Hügelstraße einzog. Als ich dort noch keine Möbel hatte, bastelte er aus Kartons einen Tisch für mich: ein erwachsenes, kleines Kind war Jeff schon immer. In seiner Welt kommt er zurecht. Doch in der Welt der Papiere und Ämter ist er total hilflos. Nicht aus Mutwilligkeit! Diese Welt ist für Jeff völlig fremd, und außerdem hat er natürlich auch keinen Bock darauf. Ein Muß gibt es für ihn nicht; lieber geht er vor die Hunde.

Ende Mai 1997 – Notiz für Frank
Ich habe noch einmal Jeffs Verband gewechselt und ihn ins Basis-Projekt begleitet. Nach einigen Stunden, ich sitze an der Schreibmaschine, höre ich ihn draußen schon meinen Namen rufen, dann erst klingelt er. Ich mache die Türe auf und Jeff stürmt voller Freude in den Flur. Er wedelt mit einem Schlüssel: „Rat mal, woher ich gerade komm! Ich kann wieder in die Übernachtungsstelle …"

Daß Jeff weg wollte, war eigentlich schon länger klar. Als wir uns verabschiedeten, sagte ich ihm: „Ich laß dich nicht im Stich, egal was kommt." Nach diesem Satz atmete er auf; er war wieder frei.

Die Kombination unserer aller Hilfe muß gewirkt haben, sonst wäre er jetzt nicht im Basis. Was wir getan haben, muß ihn berührt haben, sonst hätte er nicht diesen Schlüssel. Er hat ja auch etwas dazu getan; und darüber war er so stolz wie ein Kind, das seiner Mutter mal beim Abtrocknen hilft, ohne daß sie davon etwas weiß. „Morgen", sagte ich zu ihm, „treffen wir uns im Basis zu Kaffe und Kuchen. Dann bring ich die Medizin mit."

Anfang Juli 1997 – Aus einem Brief an Karl
Ich versuche immer, aus verschiedenen Sichten zu denken. Die eine Sicht ist die, zu der man angesichts der realen Verhältnisse immer mehr *gezwungen* wird. Die andere Sicht ist die aus dem festen Glauben an einen Gott der Liebe. Aus der ersten Perspektive verstehe ich viele, selbst solche, die nicht mehr helfen wollen, weil sie sich zu oft ausgenutzt fühlen. Aber darunter gibt es auch Leute, die mich ständig vollquatschen, warum ich Jeff überhaupt noch helfe. Darunter sind nicht wenige, die – obwohl sie ihn sich ja selbst ins Haus holten (nicht ohne Gegenleistung, versteht sich) – sich dann darüber aufregen, daß Jeff ihren Kühlschrank leerfrißt. Selbst über ein Paar Socken, die er braucht, regen sie sich auf: „Jeff fünfmal da, fünf Paar Socken weniger!" Als Jeff immer weiter abgestiegen war, klar waren da seine Socken immer mülleimerreif, wenn er irgendwo mal unterkam. – Man beobachtet, wie aus gutmütigen Menschen Egoisten werden und aus Egoisten Schweine. Sie werden so, wie sie früher nie werden wollten.

Ich möchte einfach nicht von irgendwelchen Leuten irgendwann mal hören, Jeff sei nicht mehr da. Ich weiß, wie schwer es auch für ihn ist, vom Heroin wieder loszukommen. Ich bin stolz auf ihn, weil er es will. Es ist aber nicht sicher, daß das so bleibt und daß er es schafft. Vorgestern ist Jeff erneut auf Tour gegangen. Zuvor schon war er ein paar Tage weg. Aber er war noch clean, als er zurückkam.

Das Wichtigste ist, so glaube ich, daß es einen Ort gibt, an den man immer wieder zurückkommen kann. Das ist schon viel wert. Man kann gute Tips geben. Die Realität sieht aber so aus, daß tatsächlich nur ein sehr dehnbares aber trotzdem reißfestes Netz von wahren Freunden es schafft, auf längere Sicht etwas Positives zu bewirken. Wenn es nach Paul ginge und auch nach vielen anderen, sollte ich meine Freundschaft mit Jeff beenden, da sie befürchten, das könnte mich selbst wieder runterreißen. Solche Gedanken sind nicht abwegig. Ich kann sie nachvollziehen. Mit einem Unterschied: Ich mache nicht allein Jeff für seine Lage verantwortlich, sondern auch diejenigen, die ermöglichen, daß eine Stadt wie Hamburg von Drogen überschwemmt wird, und diejenigen, die kein vernünftiges Konzept haben, um die harten von den weichen Drogen zu trennen. Im Grunde geht es Jeff so ähnlich wie mir und wie so vielen anderen: Er hat keine Lust mehr auf eine Umwelt, die ich ja zur Genüge in meinen Texten und Briefen beschreibe. Eine Perspektive hat Jeff noch weniger als andere, die auch keine sehen. Er versucht eben auf seine Art so lange zu atmen, wie er das noch kann. Ich bin bestimmt der Letzte, der Jeff den Vorwurf macht, daß er sein Leben nicht auf die Reihe bringt.

Es gibt Menschen, ohne die meine Texte niemals entstanden wären. Einer davon ist Jeff, ein anderer ist Mipi. So hat seine Mutter ihn gerufen, als er noch ein Kind war. Zusammen mit dem drei Jahre älteren Bruder ist der heute 23jährige nach Trennung und Scheidung seiner Eltern bei der Mutter aufgewachsen. Er selbst erzählt: „Für meinen Vater war mein Bruder immer der Tolle, und ich war immer der Versager. Auch meine Mutter hat sich anfangs mehr um meinen Bruder gekümmert. Dann fing ich an, Mist zu bauen, um im Scheinwerferlicht zu stehen. Und als das nicht so klappte, fing ich an, Drogen zu nehmen: Als ich elf war, probierte ich zum ersten Mal Hasch, mit vierzehn zum ersten Mal Heroin, dann kamen auch Kokain, Barbiturate, Benzodiazepine, Codein und LSD dazu. – Die Grundschule mußte ich zweimal, die Hauptschule fünfmal wechseln. Ab der fünften Klasse fing ich an, die Schule zu schwänzen. Einen Hauptschulabschluß habe ich nicht erreicht, weil ich in der neunten Klasse von der Schule flog. Ich habe weder eine Lehre gemacht, noch habe ich Berufserfahrung. Bis jetzt lebe ich von der Sozialhilfe. Mit 21 kam ich zunächst einen Monat in U-Haft, im Jahr darauf mußte ich fast drei Monate in den Knast. Vier Entzugsversuche, zwei mit stationärer Unterbringung in der Psychiatrie, zwei in der Form einer ambulanten Therapie, habe ich hinter mir, alle mit Rückfall." Mipi wurde kürzlich erneut zu einer Haftstrafe verurteilt. Er muß sie demnächst antreten. – Wird ganz schön arg werden.

# Klaus Giel

Über den Kitsch in der Pädagogik

Anmerkungen zu Jess Mowry „Crusader Rabbit"

> *Kitsch wird von dem in Südwestdeutschland gebräuchlichen Ausdruck „Kitsche" hergeleitet, der ein beim Bau, bei der Unterhaltung und Reinigung der Straßen verwendetes Gerät bezeichnet, das ... zum Abziehen des Schlammes von der Straße gebraucht wird. Die soßig-braune Farbe des mit der Kitsche geglätteten Schlammes war der Anlaß der Bedeutungsübertragung (Historisches Wörterbuch der Philosophie, Band 4, I-K).*

Wenn sie verfilmt wäre, wäre die Geschichte ein einziger Anlaß zum Wegschauen. Sie spielt im Milieu von Müllsammlern, wühlt in demütigendem Schmutz und findet ihren krönenden Abschluß in der makabren Darstellung des Fundes einer Baby-Leiche im Müllcontainer. Die Leiche wird von den beiden Protagonisten der Geschichte bei schräg einfallendem „goldenen (Abend-)Sonnenlicht" feierlich bestattet.

Man wird, mit vollem Recht, einwenden, daß das Wegschauen eine für das Bildungsbürgertum typische Reaktion sei. Und: wer wegschaut, hat nichts zu sagen. Damit wäre von mir aus alles gesagt, wenn die Geschichte nicht in einem präzis angebbaren Sinne der Bildungstradition angehörte. So mag denn auch die Frage „Was will das Graun bedeuten?" (Eichendorff) zugelassen sein.

Der „Crusader Rabbit" – „a sort of crusading Don Quijote" –, auf den der Titel unserer Geschichte anspielt, ist eine Comic-Serie, die in die Tradition des Schelmenromans und der pikaresken Erzählung gehört. In der Gestalt des Lazarillo de Tormes (1554) war dieser Typus zum erstenmal mit einem klaren Profil an die literarische Öffentlichkeit getreten. Die Tradition des pikaresken Romans hat auch in der Gegenwartsliteratur prägnante Gestalten hervorgebracht (bei Brecht, Grass u.a.). Eine volksnahe Ausprägung hat das Genre in dem türkischen Karagöz (und seinem griechischen Pendant) gefunden.

In den Abenteuern und Streichen, mit denen uns diese Gattung belehrt und ergötzt, wird die etablierte Gesellschaft, die Wohlanständigkeit auf die Schippe genommen. Der Picaro brilliert in der Regel mit einer durch keine Konvention eingeschränkten Intelligenz. Mit einer dermaßen frei entfalteten Intelligenz wird die in Kultur und Konvention übergangene und maskierte conditio humana freigelegt: die Intelligenz verbindet und bindet sich ohne weitere Vermittlung an die Bedürfnisse. Der Karagöz wird von einem unstillbaren Hunger geplagt, der seiner Intelligenz die Sporen gibt. Und so wie der mit einer unansehnlichen Statur und einem riesigen Buckel ausgestattete Karagöz ist auch der „Ur-Rabbit" unscheinbar; versteht es aber glänzend , aus seiner Hasennatur Kapital bei seinen Mogeleien zu schlagen.

In Mowrys Geschichte erinnert nur noch der Name „Raglan" an den Crusader Rabbit. Der Raglan in unserer Geschichte weiß nur noch vom Hörensagen, daß dieser Name, ein Übername also, den sein Vater ihm gegeben hat, einer Geschichte entnommen ist, die er selber nicht kennt. So wird mit diesem Namen der Beginn unserer Geschichte in eine ferne Vorgeschichte verlegt: Bis zu seiner Begegnung mit dem Jungen hat Raglan keine eigene, erzählenswerte Geschichte. Was vor dieser Begegnung liegt, bleibt im Dunkel und ist ohne jede Bedeutung. Zugleich wird mit dem Namen Raglan jede Beziehung zum Crusader Rabbit und in eins damit die pikareske Erzähltradition getilgt. Während der Rabbit, wie alle anderen Schelme, auf der Erde agiert, wo nichts vollkommen ist und das Überleben weder in physischer noch in moralischer Hinsicht leichtfällt – resisto, ergo sum! –, hängt Mowry seine Geschichte in den Himmel der reinen Wesenheiten. Der intellektuelle Charme der Schelmengeschichte wird zu gefühlsseligen Nebelschwaden verdampft, die sich bedeutungsschwer auf die Erzählung legen. Diese Behauptung läßt sich belegen und begründen.

Mowry erzählt Episoden aus dem Leben von outcasts, die versuchen, jenseits der bürgerlichen Ordnung, ihrer Institutionen, ihrer Moral und ihrer Schranken, eine Vater-Sohn-Beziehung – ab ovo gleichsam – aufzubauen. Ein Heim ist in der Gestalt eines altersschwachen Chevy vorhanden, was fehlt – läßt man die mütterliche Komponente unberücksichtigt – ist das Bindung stiftende Element, das sicherer ist als die schwankenden Emotionen, und eine Beziehung zu gründen und zu tragen vermag, die über den Tag mit all seinen Widrigkeiten hinausreicht. In der „normalen" bürgerlichen Familie ist dieses den Wandel der Zeit überdauernde Element in der Generationenfolge gegenwärtig. Der Bestand der bürgerlichen Familie ist durch die Zugehörigkeit der Toten gewährleistet: Geburt und Tod sind darin auf höchst diffizile Weise miteinander vermittelt.

Dies, daß die Toten zur Familie gehören, bildet, nach meiner Lektüre, den fruchtbaren Moment in Mowrys Erzählung. Die gemeinsame, verbindend-verbindliche Geschichte der beiden Protagonisten beginnt mit dem Fund der Leiche. Nach der Bestattung erst läßt Raglan sich auf die wiederholte Frage „Du bist mein Vater, oder?" mit der verbindlicheren Antwort ein: „Ich möcht's gern sein."

Wir erleben hier also so etwas wie die Urzeugung der Familie. In die bürgerliche Familie wird man – der Heideggersche Ausdruck trifft hier die Sache – hineingeworfen. Die Familienzugehörigkeit wird man seiner Lebtag nicht los. Dagegen werden wir in unserer Geschichte Zeuge von so etwas „Unnatürlichem" wie einer Vaterwahl, die allerdings durch einen Eingriff von außen abgesegnet, sanktioniert werden muß. Da die Götter nicht mehr bemüht werden können, muß ein grausiger Zufall her, um dem Bund die nötige Weihe zu geben. Mit der Adoption des Toten wird aus einer emotional-erotischen Beziehung eine den Tag überdauernde verbindlich-verbindende Geschichte: eine reine Familie nach dem Muster der Heiligen Familie.

Die äußeren Umstände der outcasts erscheinen von hier aus gesehen als Grundvoraussetzung für die anfänglich-voraussetzungslose Stiftung der Vater-Sohn-Beziehung. Das echte und reine Vater-Sohn-Verhältnis, der „Vatersinn" (Pestalozzi) ist, wenngleich er sich in der gesellschaftlichen Realität zu erfüllen hat, nicht auf die gesellschaftlich vorgezeichneten sozialen Rollen zurückzuführen. Vatersinn, das ist vielmehr eine Ausprägung der humanitas, ein im Religiösen fundiertes humanes Ethos. So jedenfalls stellt es sich in einer von Pestalozzi (Abendstunde eines Einsiedlers) und Fröbel (Erneuung des Lebens fordert das Jahr 1836) entwickelten Begrifflichkeit dar. Im „Menschen als Vater" greifen die heilenden, einheitstiftenden Kräfte, die die entzweite Menschheit in uns mit sich selbst versöhnen, in das Leben ein. In Mowrys Geschichte erweckt die Annahme der Vaterschaft durch Raglan im Jungen die begründete Hoffnung, von der Spritze loszukommen.

Wenn man die Geschichte in dieser Lesespur zu Ende bringt, will sie uns bedeuten, daß in den Konventionen und Überlieferungen der „erstarrten" bürgerlichen Gesellschaft echte Vater-Kind-Beziehungen entweder gar nicht oder nur in verzerrter Form möglich sind. Von dieser Überzeugung war noch die Reformpädagogik der zwanziger Jahre durchdrungen, die ihren Reformwillen aus den Quellen der pädagogischen Klassik geschöpft hatte. Dies gilt ganz besonders für die sozialpädagogische Richtung in der Reformpädagogik. Das Credo, nach dem Karl Wilker das Berliner Erziehungsheim „Lindenhof" führen wollte, hat er in den folgenden Sätzen zusammengefaßt: „Wer immer wieder erleben muß, wie die Gesellschaft es ist, die Menschen um Menschen vernichtet, weil sie herzlos Menschenrechte und Menschenwerte mit Füßen trampelt ..., der kennt die Sehnsucht dieser Entrechteten, eine neue Gesellschaft zu bilden. Und eben weil sie die Abgründigkeiten des Lebens kennen, eben darum steckt in ihnen eine viel stärkere Lebenskraft."

Daß unsere Geschichte vor der Ahnengalerie ehrwürdiger Gestalten rekonstruiert werden muß, zeigt, daß sie gut gemeint und von edler Absicht durchdrungen ist. Aber sie ist auch nur das: gut gemeint. Die Absicht, mit der hier edles Menschentum gezeichnet wird, wird nicht mit entsprechendem künstlerischem Können und mit intellektueller Kraft eingelöst. Es bleibt bei dem „gut gemeint", dem charakteristischen Merkmal des Kitsches.

In dem Ausdruck „Vatersinn", wie Pestalozzi und Fröbel ihn gebrauchten, wurde der begriffliche Gehalt der Auseinandersetzung mit der geschichtlich-sozialen Wirklichkeit, die zur Ausbildung der Kleinfamilie geführt hatte, herausgestellt. In der im Religiösen verankerten Sorge um das

Wohl des Kindes hat man das Integrationspotential des Familienlebens zu finden geglaubt. So wurde im Begriff „Vatersinn" etwas vom „Eigensinn" des Pädagogischen freigelegt, das sich nicht von gesellschaftlichen Funktionen herleitet, wenngleich es von höchster gesellschaftlicher Bedeutung ist. Als theoretischer Hintergrund, vor dem man den Eigensinn des Pädagogischen auszulegen versuchte, zeichnete sich in der Klassik das Projekt einer „Pädagogischen Anthropologie" ab. Pestalozzi und Fröbel wußten allerdings noch, daß das humanum nicht von der conditio humana abzulösen ist. Mit anderen Worten: Sie hatten die abgrundtiefe Zweideutigkeit alles Menschlichen stets im Blick behalten. Die Vaterschaft als Lebensform (Ethos) ist, salopp ausgedrückt, nicht ohne die dunklen Seiten des Vaterseins zu haben: dem Vitalneid, der sich im Autoritätsanspruch maskiert, den Projektionen der eigenen Lebensentwürfe, der verfehlten zumal, auf die Kinder, und die patriarchalische Herrschsucht, die, zum Wohl der Kinder, ihnen die Luft zum Atmen nimmt. Allgemeiner gesagt: Die Klassiker wußten noch, daß die Strahlkraft der humanitas sich vor den Abgründen des Inhumanen entfaltet, die dem Glanz erst seine Tiefe verleihen.

Der Kitsch dagegen macht das Humane platt, flächig. Er löst sich zum einen ab von den Abgründen der Zweideutigkeit und repräsentiert die unvermischt-reine Menschlichkeit. Und zum anderen enthält der Kitsch keine begriffliche Entfaltung einer originären Auseinandersetzung mit der vorgefundenen Wirklichkeit. So stellt er das menschliche Wesen in seiner abstraktesten Form dar. Deshalb kann man sich auch ohne jede Anstrengung mit dem Kitsch identifizieren; oder genauer: man kann sich darin in seinem höheren Sein genießen. Darin liegt nun freilich auch etwas Positives: Es ist der Kitsch, der im Gedränge des Alltags die Ahnung von einem den Tag überdauernden Entwurf des Menschseins wachhält; in einer Weise allerdings, die den Entwurfcharakter der Menschenbilder verdrängt und verdeckt. Der Kitsch präsentiert fertige Bilder, in denen man sich nur eben vorfinden kann. Man findet sich aber vornehmlich in seinen Gefühlen vor: der Kitsch aktualisiert sie in einer sich selbst in Bildern affirmierenden Weise, einer Weise, in denen die Gefühle von der Realität abgeschnitten sind. Die Selbst(vor)findung im und durch den Kitsch verpflichtet zu nichts: das eben ist das „Schöne" daran.

Die Darstellung des Menschseins im Kitsch ist immer schon auf Vorgefundenes bezogen, die Kopie eines versunkenen Originals. So bleibt auch der Kitsch in der pädagogischen Literatur auf originäre Entwürfe des Pädagogischen – die „Klassiker" – angewiesen. Im Wachhalten der Erinnerung an originäre Entwürfe hat er eine durchaus positive Funktion, indem er die Möglichkeit der erneuten Auseinandersetzung offenhält. Im Kitsch wird, so gesehen, die „dürftige Zeit" des pädagogischen Denkens überbrückt.

Es sind im wesentlichen anthropologische Entwürfe des Pädagogischen, die des Kitsches bedürfen, um nicht in Vergessenheit zu geraten, Entwürfe, die die Erziehung als eine Vielfalt von Formen begreifen, in denen sich das Humanum entfaltet: als „Vatersinn" zum Beispiel.

Rudolf Giest-Warsewa

„Wir haben nicht genug Sprit, um wieder zurückzukommen, oder?"

Eine Fortsetzungsgeschichte mit und ohne „happy end"

Jeremy war am Feuer eingeschlafen. Als er am Morgen aufwachte, war ihm kalt. Die Nähe und Wärme Raglans, der tief und gleichmäßig neben ihm atmete, reichte nicht mehr für beide. Hier auf den Hügeln war es ganz anders als in der Stadt. Sie stank früh am Tag genauso wie am Abend, und als Jeremy seine dreckigen Schuhe anzog, war ihm klar, daß sie bald dorthin zurückmußten. Gern wäre er noch eine Weile dagesessen und hätte, ohne etwas denken zu müssen, auf den Tau im hohen Gras gestarrt, in dem sich hundertfach die Morgensonne brach. Doch sein Stoff war alle, und er wußte, in ein paar Stunden wäre es kaum noch auszuhalten.

Sie waren mit dem letzten Tropfen Sprit hier hochgefahren, und der alte Chevy hatte an den steilsten Stellen schon erste Aussetzer. Im Führerhaus war noch der große Glasballon, aus dem Raglan und er vor ein paar Tagen den billigen griechischen Wein getrunken hatten. Die paar Liter Benzin, die er fassen könnte, würden hoffentlich reichen, um zur nächsten Tankstelle zu kommen. Geld hatte er keins, doch irgendwie würde es schon klappen, und Raglan, der noch tief schlief, würde sicher stolz auf ihn sein.

Mit der großen Flasche in der Hand machte sich Jeremy auf den Weg die Hügel hinab zur Hauptstraße. Er wußte nicht, wie lange er schon gelaufen war, als er sich müde und leicht zitternd an den Wegrand setzte.

„Irgendwo muß es doch eine Tankstelle geben!" Aber außer den Feldern und Wiesen, die ihm gestern noch so gefallen hatten, war nichts zu sehen. Doch, ganz weit, dort wo die Straße mit dem Himmel zusammenzustoßen schien, sah er plötzlich ein Auto, das näher kam.

Jeremy stellte sich mitten auf die schmale Fahrbahn. Der Fahrer hielt an und kurbelte die Scheibe herunter. „Wo kommst'n du her?" „Von da oben. Uns ist der Sprit ausgegangen. Kann ich bis zur nächsten Tankstelle mitfahren? Muß Benzin kaufen." Er zeigte auf den Glasballon. „Komischer Reservekanister. Aber von mir aus. Steig ein!" Jeremy war froh, es sich bequem machen zu können. Zu Fuß wäre er nicht mehr weit gekommen.

„'ne Tankstelle kommt erst im Tal. Zehn Meilen ungefähr. Was machste denn hier oben?" „Campen – mit mei'm Vater. Eigentlich ist er's nich' richtig, so wie 'n normaler Vater. Wir ziehen seit 'ner Weile zusammen durch die

Gegend, jobben so rum." „Und deine Eltern?" „Weiß nich'. Übrigens ..., ich, ich hab kein Geld. Könnten Sie mir was geben, nur für den Sprit? ... Raglan freut sich, wenn ich mit dem Benzin komme."
Ihn strengte das Sprechen an. Er schlotterte, kalter Schweiß stand auf seiner Stirn. Der Fahrer wurde mißtrauisch und musterte den Jungen aus den Augenwinkeln. Erst jetzt fiel ihm auf, wie schmutzig der Junge und wie zerrissen seine Kleidung war. Und er sah auch die Einstiche an seinem linken Arm. „Ey, was ist los mit dir?"
Jeremy antwortete nicht. Er lehnte seinen Kopf an die Seitenscheibe. Seine Augen waren nur noch kleine Schlitze, die die vorbeihuschenden Häuser, Autos und Menschen kaum noch wahrnahmen.
Plötzlich fuhr er hoch. „Verdammt, da war doch grad 'ne Tankstelle!" Mühsam drehte er seinen Kopf und sah nur noch die großen Preisziffern hinter einem Gebäude verschwinden. „Mann, wieso halten wir nicht?!" Er wurde wieder etwas klarer. „Ich brauch' Benzin. Lassen sie mich sofort raus!"
„Du brauchst keine Angst zu haben. Ich will dir nur helfen, und ich glaube, daß du mehr brauchst als ein paar Liter Benzin."
Wäre jetzt bloß Raglan da, dachte Jeremy. War eine bescheuerte Idee, alleine loszuziehen. Zum ersten Mal seit sie zusammen waren, fühlte er sich wieder so einsam und hilflos wie damals, ehe Raglan ihn zu sich genommen und er endlich einen Vater hatte.
„So, da sind wir." Der Fahrer deutete auf das große Haus schräg gegenüber. „Eine Freundin von meiner Frau arbeitet hier. Ich denke, du hast 'ne Menge Probleme, die man hier besprechen sollte." Schnell war er ausgestiegen und um sein Auto herum zur Beifahrertür gegangen. Er hatte Angst, Jeremy könnte abhauen. Doch diese Sorge war unbegründet. Als der Mann die Tür öffnete, saß Jeremy wie gelähmt auf dem Sitz.
Raglan, dachte er, Raglan, komm, hilf mir.
Jeremy hatte kaum noch die Kraft, um aus dem Wagen zu steigen, doch die Glasflasche hielt er fest umklammert. Der Mann mußte ihn auf dem kurzen Weg zum Gebäude stützen und ziehen. In Jeremy flackerte noch einmal letzte Gegenwehr auf, denn er spürte: alles was jetzt passiert, entfernt mich immer weiter von meinem Vater. Sie gingen durch die breite Eingangstür, deren Glasfüllung gerissen war, wie ein verzweigter Blitz oder wie die Risse in den Mauern der Abbruchhäuser, in denen er jahrelang übernachtet hatte. Jeremy konnte gerade noch das große Schild mit dem Wappen der Stadt erkennen – das gleiche wie auf den Polizeiwagen, vor denen er schon so oft getürmt war. Darunter stand: „Behörde für Jugend und Soziales."
Während der Mann versuchte, sich in der düsteren Eingangshalle an einer großen Orientierungstafel mit verschiedenen Stockwerken, Zimmernummern, Bezeichnungen und Abkürzungen, die er nicht verstand, einen Überblick zu verschaffen, lehnte Jeremy mit Knien wie aus Gummi an einem Geländer im riesigen Treppenhaus. Er sackte in sich zusammen, wurde immer kleiner, ganz langsam, wie in Zeitlupe. Er wäre schließlich

nach vornübergekippt, wenn ihn nicht der Knall einer zugeschlagenen Tür aus einem der langen Flure wie Donnerhall erreicht und vor der Bewußtlosigkeit bewahrt hätte.

Kurze, schnelle Schritte näherten sich. „Suchen Sie etwas?" Die kleine, ausgemergelte Frau fixierte mit kaltem Blick den Mann. Jeremy hatte sie noch nicht bemerkt.

„Ja. Ich habe unterwegs diesen Jungen aufgelesen. Zuerst dachte ich, er sei ein normaler Anhalter. Unterwegs hat er mir dann ziemlich wirres Zeug erzählt von einem Vater, der eigentlich gar nicht sein Vater ist. Ich glaube, es geht ihm ziemlich schlecht. Schauen Sie doch."

Erst jetzt nahm die Frau Jeremy wahr, der zusammengekauert auf einer Treppenstufe saß, das Gesicht verborgen in den Armen, die er um seine Knie geschlungen hatte. „Wenn ich so viel getrunken hätte, ginge es mir auch nicht gut", meinte die Frau und zeigte auf die leere Flasche.

„Aber mit der wollte er doch Benzin holen. Sogar um Geld hat er mich dafür gebeten, weil er keins hat."

„Sie sind wohl auch einer von der gutgläubigen Sorte. Sobald der Geld hat, kauft er sich die nächste Flasche oder noch ganz andere Sachen. Es tut mir leid, auch wenn alles so wäre, wie Sie es mir erzählen, muß ich Sie und den Jungen bitten, am Montag wiederzukommen. Es ist Freitag und kurz nach halb zwölf. Die Behörde ist geschlossen."

Der Mann starrte sie ungläubig an: „Das ist doch wohl nicht ihr Ernst." „Doch. Durchaus. Und jetzt gehen Sie bitte. Noch einen Rat. Falls Sie wiederkommen sollten, dann wenden Sie sich gleich an den richtigen Sachbearbeiter. Wir sind hier nach den Anfangsbuchstaben der Nachnamen …"

Die Frau wurde unterbrochen durch ein kurzes hartes Geräusch. Jeremy war mit der Stirn auf den Steinboden vor der Treppe aufgeschlagen. Benommen richtete er sich auf. „Was is' denn los?" Eine kleine Blutspur bahnte sich ihren Weg über sein blasses Gesicht, an der Nase und seinem linken Mundwinkel vorbei, und sammelte sich an seiner Kinnspitze zu dicken roten Tropfen, die einer nach dem anderen auf den Boden fielen und dort zerplatzten.

„Auch das noch", zischte die Frau tonlos und begann, in ihrer Handtasche nach einer Packung Taschentücher zu kramen. Mühsam bückte sie sich und fing an, das Blut vom Boden zu wischen. „Du machst hier eine Riesensauerei."

Der Mann ging schnell zu Jeremy und hielt ihn fest, damit er nicht wieder stürzte. „Kommen Sie, wir müssen den Jungen irgendwo hinsetzen und nach seiner Verletzung sehen."

„Also gut, gehen wir in mein Büro." Die Frau schien sich damit abzufinden, daß ihr Wochenende später als geplant beginnen sollte. Das Zimmer war hell und ging zur Straße hinaus. Sie setzten Jeremy in den Schreibtischstuhl. Unvermittelt stieß die Frau einen kleinen, spitzen Schrei aus und zeigte auf seine Arme.

„Der Kerl ist ja ein Fixer."

„Was glauben Sie denn, was ich Ihnen die ganze Zeit zu erklären versuche?! Machen Sie mal ein paar von ihren Taschentüchern naß, damit wir ihm das Gesicht waschen können. Die Verletzung ist nicht so schlimm, nur eine kleine Platzwunde."

„Ich faß' den nicht mehr an!" Sie stürzte an das Waschbecken in der Ecke ihres Büros und begann hektisch ihre Hände zu waschen.

„Was haben Sie denn?"

Die geschäftsmäßige Kälte der Frau begann einer wachsenden Hysterie zu weichen. „Ein Fixer und Blut. Vielleicht schon mal was von Aids gehört. Mein Gott, wie blöde sind Sie eigentlich?!"

Ratlos blickte der Mann abwechselnd zu Jeremy und der Frau. Schließlich ging er selbst ans Waschbecken, befeuchtete die Papiertaschentücher und wandte sich dem Jungen zu. Der hing mehr im Schreibtischstuhl, als daß er saß. Mit einer Hand umklammerte er immer noch die Flasche, die er die ganze Zeit über nicht losgelassen hatte und die Raglan und ihn weit, weit weg von hier führen sollte. Doch das Geschehen in dem Büro nahm er noch wahr.

„Da, nimm mal die Tücher und reib' dein Gesicht ab." Der Mann traute sich jetzt auch nicht mehr, den Jungen anzufassen. Jeremy gehorchte roboterhaft. Er verschmierte die Blutspur in seinem Gesicht mit dem schmutzigen Staub der letzten Tage. Die kühle Nässe machte ihn wacher.

„Ich hab' Durst."

„In meinem Schreibtisch ist eine Flasche Cola und ein Glas. Das können sie ihm geben", wies die Frau aus sicherem Abstand den Mann an. Er goß Jeremy etwas ein. Mit zitternder Hand ergriff er das Glas und trank mit gierigen Schlucken.

Leben schien in seinen Körper zurückzukehren und langsam fing er an, die Situation zu erfassen. Nachdem er das zweite Glas geleert hatte, schaute er flehend den Mann an. „Bitte, können … können Sie mich zurückbringen zu meinem Vater?" Das Sprechen fiel ihm noch schwer. „Raglan braucht das Benzin. Wir müssen weiter. Er weiß nicht, wo ich bin. Er hat noch geschlafen. Raglan … mein Vater … er wird mir helfen."

„Du, das geht nicht. Ich muß in der Stadt noch einiges erledigen, weiß gar nicht, ob ich das noch schaffe, und ich glaube, du bist hier am besten aufgehoben."

Von diesen Worten war er nicht mehr überzeugt; insgeheim wußte er, daß er den Jungen anlog. Trotzdem war er froh, einen Grund genannt zu haben, um aus der Situation, die ihn überforderte, zu verschwinden. „Ich rufe gleich einen Nachbarn von mir an, damit er deinem äh … Vater Bescheid gibt, wo du bist."

Bevor er das Büro verließ, gab er der Frau seine Karte. „ Falls Sie noch was von mir brauchen. Was werden Sie jetzt tun?"

„Ich will versuchen, eine geeignete Notunterbringung für ihn zu organisieren. Dann können die sich mit dem Fall befassen. Aber ich sag's Ihnen, am Freitagnachmittag, das wird schwierig."

„So, so", murmelte der Mann, schon in der Tür stehend. „Und du, mach's gut." Er wandte sich noch einmal dem Jungen zu, der zu begreifen schien, daß hier etwas mit ihm geschah, und daß es für ihn unmöglich war, Einfluß darauf zu nehmen. Schon längst hätte er seinen ersten Schuß an diesem Tag gebraucht. So lange hatte er noch nie durchgehalten.

Kaum war der Mann gegangen, bewegte sich die Frau schnell auf ihren Schreibtisch zu, schnappte das Telefon und versuchte den Abstand zwischen Jeremy und sich wieder herzustellen. Weil das Kabel zu kurz war, mußte sie während des Gesprächs mitten im Raum stehenbleiben. Ohne ihren Schreibtisch vor sich und die unzähligen Akten hinter sich war sie Jeremys starrem Blick schutzlos ausgeliefert. Gerne hätte sie ihm den Rücken zugewandt, traute sich aber nicht. Ihr schmaler Mund bewegte sich beim Telefonieren kaum. Abwertend und ängstlich zugleich beobachtete sie den Jungen. Steif und unnahbar stand sie da.

So muß der Drache ausgesehen haben, gegen den Crusader Rabbit und Raglan T. Tiger gekämpft haben, dachte Jeremy. Jetzt war der kleine Hase alleine und chancenlos gegen diesen bösartigen, alten Drachen. Wenn nicht bald Raglan auftauchte, würde dieser bald Feuer spucken, und von ihm bliebe nichts übrig als ein kleines Häufchen Asche.

Die Frau hatte ihr Telefonat beendet. „In einer Stunde wirst du abgeholt."

Ihre Worte nahm er kaum noch wahr. Den einen Arm als Unterlage für seinen Kopf auf dem Schreibtisch, der andere hing herunter, – immer noch hatte er die Flasche in der Hand – lag Jeremy jetzt mehr als daß er saß. Er träumte, wie Hase und Tiger die gefährlichsten Abenteuer bestanden, sich halfen und auf den Felsen über dem Meer sich ewige Treue schworen. Gemeinsam würden sie unbesiegbar sein. Doch jetzt im Augenblick höchster Gefahr war der Hase allein und schutzlos dem Drachen in dessen Höhle ausgeliefert. Bald würde er verbrennen. Raglan, oh Raglan, komm, wir haben nicht mehr viel Zeit!

Und tatsächlich. Von ganz weit weg hörte er seinen Namen rufen. „Jeremy, Jeremy, wo bist du?"

Schlagartig setzte der Junge sich auf und öffnete die Augen. Er hatte nur geträumt. Kein Raglan war da, nur er und die Frau, die aufgeregt das Fenster schloß.

„Jeremy." Wieder hörte er seinen Namen, nur leiser. Es war kein Traum. „Raglan, hier bin ich. Hilf mir." Doch seine Stimme war zu schwach, und es war aussichtslos, daß Raglan ihn draußen im Straßenlärm hörte. Die Frau und der Junge sahen, wie Raglan vor dem großen Gebäude auf und ab lief, sich immer wieder einem der Bürofenster näherte um hineinzuschauen. Dann ging er wieder zurück auf den Bürgersteig, er öffnete seinen Mund, um Jeremys Namen zu rufen. Sie hörten, wie er mit Gewalt an der Eingangstür rüttelte.

Als der Frau klar war, daß dieser Mann da draußen offenbar zu allem entschlossen war, verständigte sie die Polizei.

Sie hatte gerade den Hörer aufgelegt und war zum Fenster zurückgegangen, um die Vorhänge zuzuziehen, als die große Glasflasche knapp neben ihrem Kopf die Scheibe durchschlug. Verstört und starr vor Schreck sah die Frau, wie Raglan auf das Fenster zustürzte.

Happy end
Blitzschnell hatte er die Situation erfaßt. Er griff durch die zersplitterte Scheibe, entriegelte von innen das Fenster, schwang sich über die Fensterbank, stieß die Frau beiseite und packte den am Boden liegenden Jungen. Raglan hob Jeremy auf, kletterte mit ihm zurück durch das Fenster und trug ihn über der Schulter zu seinem alten Chevy.
Als die Polizei eintraf, hatten sie schon einige Querstraßen Vorsprung.

Unhappy end
Etwa sieben Monate später stand im „San Francisco Chronical" die folgende Meldung:

Tragischer Unglücksfall in der Golden Gate National Recreation Area.

Am späten Samstagnachmittag verunglückte ein dreizehnjähriger Junge aus dem Kinderheim tödlich. Nach Angaben eines Mitarbeiters war er bei einem Ausflug in der Recreation Area vom Rand der Klippen etwa fünfzig Meter in die Tiefe gestürzt. Er konnte nur noch tot geborgen werden.
Die Jugendlichen, die ihn zuletzt sahen, berichteten, er sei in Richtung der untergehenden Sonne gegangen und dann plötzlich verschwunden.

Bei dem Dreizehnjährigen handelt es sich um jenen Jungen, den im letzten Sommer ein Ex-Junkie mit Waffengewalt aus der Behörde für Jugend und Soziales zu entführen versuchte (wir berichteten). Der Täter, der seither in Untersuchungshaft sitzt, hatte behauptet, der Vater des Jungen zu sein, was aber – wie wir in Erfahrung bringen konnten – inzwischen durch genetische Tests eindeutig widerlegt ist.

Bernd Götz

„... und du hast diesen Crusader Rabbit nie gesehen ... weißt gar nich', wie er ausschaut?" „Ich glaub, er hatte ein Schwert und kämpfte gegen Drachen."

Über die verborgenen Seiten des Heroischen

> *Der Mensch tritt ins Leben weich und schwach,*
> *er stirbt hart und stark.*
> *Alle Wesen treten ins Leben weich und zart,*
> *sie sterben trocken und dürr.*
> *Darum: das Harte und Starke ist Begleiter des Todes,*
> *das Weiche und Schwache ist Begleiter des Lebens.*
> *(Tao Tê King)*

Der Ruf nach den neuen Vätern hat unüberhörbar weibliche Klänge, auch wenn er in den letzten Jahren zunehmend von Männern selbst – in Medien, Männergruppen und Männerforschung – verkündet wird. Er speist sich aus der Emanzipationsbestrebung der Frauen, die in der Folge der Bildungsexpansion und der postmodernen Umgestaltung der Familie ihre Ansprüche auf berufliche Verwirklichung und materielle Unabhängigkeit einfordern. Und er führt nicht selten – sofern er sich ausschließlich auf das Motiv der Entlastung der Mütter reduziert – in das Zerrbild des stilisierten „Mappi"s, der angesteckt durch die Basteleuphorie und das Gerede über multioptionale Männlichkeit (vgl. das gleichnamige Themenheft von Widersprüche, H. 67, 1998) – aus der vielbeklagten Ferne und inneren Fremdheit des Vaters als die bessere Mutter auftaucht. Zu sehr ist das Vaterthema in der (freilich berechtigten) Bemühung verhaftet – und von ihr infiziert –, die ehemals naturhaft begründete Polarisierung der Geschlechter zu sprengen. Und das dürfte auch manche Blickverengung erklären – insbesondere:
- die Orientierung am Vater der frühen Kindheit. Die Entwicklungsaufgaben männlicher Jugendlicher und junger Männer bleiben meist ausgeblendet, zumal jenseits der Normalität bürgerlicher Familien;
- die Konzentration auf den Beitrag (bzw. das Versagen) der Väter in der Beziehung zu ihren Söhnen. Die produktiven Suchprozesse der Söhne nach dem Vater – oft auch nach einem stellvertretenden „Ersatzvater" –

und ihre Mitwirkung an der Gestaltung der Vaterschaft werden deshalb eher verdeckt;
- die implizite Feminisierung des Vaterbildes, die nicht nur – wie in der Bastelgestalt des Mappis – eigentümliche Spannungsverluste befördern mag, sondern auch historische Verbindungen abschneidet. Zumindest gibt sie wenig Spielraum für revidierbare – also nicht naturhaft, sondern reflexiv eingespielte – Polaritäten, die sich auch aus der langen Geschichte der Vaterschaft – und hier insbesondere der Heldenmythen – begründen können.

Jedenfalls vermute ich, daß sich mit der Verengung auf den Mappi weder die intellektuelle Demontage und Verdächtigung des Vaters, wie sie gelegentlich in der pauschalen Abwesenheits- und Kälteklage aufscheint, noch die jahrhundertealte soziale Erosion der Vaterschaft – eng verbunden mit der Säkularisierung der Gesellschaft und erst später mit der Aufspaltung von Haus- und Erwerbsarbeit – aufhalten läßt. Konturen eines produktiven Vaterbildes weder im Bewußtsein der Männer und Frauen noch weniger in der Alltagspraxis sind kaum in Sicht.

1. Die Vatersuche

Die Geschichte von Jess Mowry hebt sich von den angedeuteten Blickverengungen wohltuend ab. Nicht nur weil die Männer Raglan, Jeremy und der tote Säugling unter sich sind und Frauen und Mütter aus guten Gründen fehlen, sondern auch weil Vaterschaft wieder in einen Beziehungsprozeß zurückgenommen wird, an dem Söhne seit altersher konstitutiv mitwirken – verdichtet in den Bildern des verlorenen Sohnes, der Vatersuche und der Kindesannahme. Lenzen (1997, S. 94) hat neuerdings eindrucksvoll gezeigt, daß bereits in der altägyptischen Erscheinung des *infantem suscipere* und der Vatersuche eine Denkfigur aufscheint, die die gesamte Kulturgeschichte der Vaterschaft durchzieht – nämlich das wechselseitige Angewiesensein von Vater und Sohn. „Daß es der Sohn ist, der zum Vater des Vaters wird" (S. 94), daß sich Väter und Söhne wechselseitig beleben und daß es die Söhne sind, die sich der Väter bemächtigen, das ist in den postmodernen Vaterkonstrukten, die sich in der Euphorie individualisierter Biographiebastelei herauszubilden beginnen, nicht mehr enthalten. Als ob die Männer ihr Vatersein im Alleingang modellieren könnten.

Mit Mowrys Einleitungssatz „Du könntest mein Vater sein" klingt offensichtlich dieses Motiv der Abwesenheit des Vaters und der Suche nach ihm an, das – wie gesagt – Jahrtausende zurückreicht und nicht erst in der „vaterlosen" Gesellschaft akut wird. Vermutlich ist die damit gemeinte Sehnsucht nach dem Vater auch nicht durch die „neuen Väter" zu stillen. Ich gehe vielmehr von der These aus, daß selbst in einigermaßen akzeptablen Vater-Sohn-Beziehungen die Suche nach einem stellvertretenden Vater lebendig und für die Initiierung des Sohnes *notwendig* bleibt. Ich schlage hier den Begriff der doppelten Triangulierung vor: So wichtig die Erweiterung der Mutter-Kind-Dyade durch den primären Vater für die Entwicklung des Sohnes ist – sie muß selbst noch einmal aufgebrochen und in die erweiterte Beziehung zu einem fürsorglich begleitenden „Adoptivvater" und Mentor eingebunden werden. In vielen Fällen ist das in unserer Kultur ein Jugendleiter, Trainer, manchmal auch ein Lehrer, Jugendseelsorger oder Meister. Empirische Belege hierfür gibt es genug (vgl. hierzu neuerdings Engelfried 1997), auch wenn sie nicht im Bezugsrahmen der *notwendigen* „Adoptivvaterschaft" gedeutet werden, sondern umgekehrt als Nachweis dafür, daß die primären Väter in aller Regel aufgrund ihrer Abwesenheit und inneren Fremdheit zum Sohn versagen.

Und ein Zweites: Es ist merkwürdig, daß sich die Vatersuche in Mowrys Erzählung auffallend behutsam und taktvoll entfaltet: als vorsichtig-tastende Anfrage an den auserwählten Vater – „Du könntest mein Vater sein" – und als Wunsch „Ich möcht's gern sein". Offensichtlich ist Vaterschaft weder planbar noch aus eigener Kraft erzwingbar. Sie bewegt sich in einem Raum des Möglichen, dessen Realisierung von übergreifenden und gleichwohl offenen Verweisungen abhängt. In diesem Sinne hebt sich die hier gezeichnete Vatersuche wohltuend von der Unverbindlichkeit und Momentbefangenheit postmoderner Fun-Beziehungen ab. Jeremys Suche nach einem „Adoptivvater" und Mentor konstituiert sich hier unauffällig im Spiegel eines Heldenmythos und erhält dadurch eine übergreifende Legitimation und Begründung – eine transpersonale Verweisung allerdings, die nur sehr vermittelt und verschwommen in der subjektiven Erinnerung und vor allem im Namen Raglan präsent ist. Es ist eine Präsenz, die nicht mit der Wucht normativer Gewalt zur heldischen Tat zwingt. Wir haben es hier vielmehr mit Helden wider Willen zu tun.

Nicht von ungefähr wählt Mowry deshalb eine Erzählform, die auffallende Lücken läßt: Mit der Titelwahl Crusader Rabbit wird die zentrale Thematik des Drachenkämpfers unmißverständlich als Leitmotiv vorangestellt, aber nicht festgezurrt – nur durch Erinnerungsfetzen angespielt. Dadurch werden nicht nur die Konturen des Helden undeutlich, auch die Referenz zur Wirklichkeit wird gebrochen. Der Anspruch auf Repräsentativität ist aufgegeben; und man darf vermuten, daß sich Mowrys Geschichte weniger auf faktische Begebenheiten bezieht als auf die mythische Ebene. Sie erzählt den alten Heldenmythos neu – übersetzt auf die moderne Existenz am Rande der Gesellschaft – und verschachtelt mit Comic-Texten. Der offene Realitätsbezug der Erzählung entspricht sehr wohl ihrem Inhalt, der in eigentümlicher Weise die Geschichtlichkeit und Offenheit eines Suchprozesses beschreibt, in dem Vaterschaft nicht gegeben, gesichert ist, sondern performativ in wechselseitiger Verlebendigung freigespielt wird und dabei auch etwas von ihren transpersonalen Bezügen offenbart. Das Heldenhafte mag dann darin liegen, daß einer unwirtlich-tödlichen, ja nekrophilen Lebenswelt ein Stück weit Liebe zum Leben abgerungen wird. Liebe zum Leben als eine Seite des Heldischen, die gerade im Lichte spaßig-spielerischer Ironie des Comic weder pathetisch noch tragisch überzeichnet klingt.

2. Der Weg des Helden

Die Dynamik der Vatersuche und Kindesannahme zwischen Raglan und Jeremy verdeutlicht beispielhaft, daß die Arbeit mit Jungen und Männern dringend auf den Heldenmythos in einer unaufdringlich offenen, lebensbejahenden Form angewiesen ist. Die Ermutigung und Stärkung, die daraus erwachsen könnte, enthebt uns freilich nicht der Warnung vor den dunklen Seiten des Heldenbildes, wie es für die soldatisch-männliche Kameradschaft – bis in die Blutsverschmelzung im Schützengraben – funktionalisiert und als Wahnsinnsideologie des Herrenmenschen beschworen wurde (vgl. hierzu die historischen Analysen von Frevert 1996; Kühne 1996). Sie sind auch im einsamen, pflichtwütigen Westernhelden lebendig, der die männliche Ordnung nicht nur gegen alle Wildnis, sondern auch die Schwächen des Weiblichen (ja der Demokratie) durchzusetzen hat und die Mannwerdung des Sohnes gegen alle rebellischen Anflüge des Jungen im Triumph über Abweichler, Alkoholiker und Banditen und in der Übergabe des Gesetzes an die jüngere Generation feiert (vgl. Erhart 1997).

Was ist demgegenüber am Heldenmythos stärkend und ermutigend? Man muß sich hierzu den umfassenden Weg des Helden vergegenwärtigen, der in den gängigen destruktiven, zwanghaft-phallischen Bildern des Revolverhelden oder des Rambo nur sehr bruchstückhaft aufscheint. Im Anschluß an die Jung'sche Tradition (vgl. Müller 1989) sei darauf verwiesen, daß der Archetyp des Helden eingebunden ist in die polare Spannung zu den archetypischen Grundthemen der Mutter-Sohn-Beziehung, der Vatersuche, des Eros, des Bezugs zum Selbst und der immanenten Transzendenz menschlichen Lebens.

Als unbewußte „Matrizen" sind diese Themen stets in historisch-gesellschaftlicher Konkretion, wie sie etwa in Jeremys Lebenswelt sichtbar wird, aufgegeben und biographisch zu gestalten. In diesem integrativen Verständnis läßt sich der Heldenweg etwa folgendermaßen schematisieren. Ich beziehe mich dabei in vielen Andeutungen auf meinen väterlichen Freund Wolf von Siebenthal, der mir durch seine Lebenserfahrung, Fachkompetenz und Weisheit einige Geheimnisse des Heldenmythos nahegebracht hat.

Die bedrohte Kindheit

Der Weg des Helden beginnt in vielen Mythen mit einer existenziellen Gefährdung. Sie ist in der doppelten Herkunft von göttlichen (und königlichen) und menschlichen Eltern begründet und spiegelt sich häufig in der belasteten Schwangerschaft und Geburt am heimlichen Ort, in Aussetzung und Verfolgung des Kindes wider. Die Aussetzung des Knaben aufs offene Meer in Thomas Manns Roman „Der Erwählte" – Moses im Körbchen, Jesus im Stall und auf der Flucht vor Herodes – sind die bekannten Bilder, die von der exzentrischen Position des Menschen erzählen: hilflos, erziehungsbedürftig, „ausgestoßen von der Natur" und zugleich erwählt und als Gottes Kind mit personaler Würde ausgestattet.

Unschwer läßt sich die tödliche Bedrohung Jeremys entziffern im situativen Kontext der Wegwerfgesellschaft: von der Hand in den Mund zu leben, provisorisch und ungesichert im „vielleicht" zu balancieren: „Wir haben nicht genug Sprit, um wieder zurückzukommen ... aber vielleicht gibt's hier ja irgendwo was, wo sie Dosen annehmen" (S. 15f.). Das macht etwas von der Hilflosigkeit und Ausgestoßenheit sichtbar, die Pädagogen oft vorschnell – und damit den Blick für das konkrete Elend verstellend – als anthropologische Grundbefindlichkeit menschlicher Existenz deuten. Im Lebensalltag von Jeremy und Raglan zeigt die Bedrohung ihre harte und zugleich verborgene Ambivalenz: Nur die Betäubung scheint den Schmerz eines tödlichen Lebens erträglich zu machen und zugleich an den selbstzerstörerischen Abgrund zu treiben – bis Jeremy kurz vor dem Tod aufgelesen – um nicht zu sagen auserwählt – wird, um seine Begabung – wie so oft symbolisiert in der Schönheit (auch bei Thomas Mann) – und seine königliche Macht (seine Entwicklungpotenz) zu finden.

Die Adoption
Entscheidende Entwicklungsimpulse erhält der Sohn auf seinem Heldenweg in aller Regel nicht durch seine leiblichen Eltern, sondern durch Adoptiveltern, die ihn aufnehmen – gelegentlich auch durch säugende und nährende Tiere. Hier hat der stellvertretende Vater als Beschützer, Lehrmeister und Mentor in einem seine große Bedeutung. Meist wird jedoch vorschnell auf die erweckende, begabende und initiierende Aufgabe des „Überleitungsvaters" abgehoben und die elementare Funktion des Nährens, Pflegens und der Fürsorge übersehen. Für Jeremy ist das entscheidende Thema der Adoption aber zunächst das Überleben, die Sicherheit, der Schutz, den er in Raglan findet. Er verkörpert für ihn nachvollziehbare Strategien des Überlebens; er ist für ihn Meister der Lebensbewältigung in bedrohter Existenz, der immer neue Nahrungsquellen „hervorzaubert" (S. 15). Der „Haushalt", der sich im Führerhaus des alten Dreivierteltonners für Selbstversorger verbirgt, reicht auch für zwei und spiegelt die elementare Care-Haltung wider, auf der sich der Verlebendigungsprozeß zwischen Jeremy und Raglan erst entfalten kann. Was die Väterforschung in den letzten Jahren detailliert nachweist (vgl. Engelfried 1997):
– daß Väter zu ähnlich intensiven, fürsorglich-empathischen Beziehungen fähig sind wie Mütter,
– daß sie aber aufgrund der berufsbedingten Trennung der Lebenswelten sich räumlich, sozial und (oft auch) emotional von ihren Söhnen entfernen,
– daß sie oft nur in Ausnahmesituationen jenseits alltäglicher Sorge füreinander erreichbar sind,
– daß Väter nicht selten die Überlegenheit des Älteren – ihre Generationsmacht – ausspielen – teils auch aus Angst, der kleine Prinz könne ihnen über den Kopf wachsen (Vatermord),
– daß sie in ihren Strafpraktiken und ihrem Leistungsverständnis Söhne häufig mit Beweispflichten der Dominanz und Härte überfordern und

sie in ihren Ängsten und Schwächen, aber auch in ihren leidenschaftlich-sexuellen Sehnsüchten im Stich lassen,
- daß sie die körperlichen Kontakte zu ihren Söhnen relativ früh abbrechen – auch aus Berührungsangst, als weiblich und schwul zu gelten,
- daß sie die Söhne nicht nur in die Arme ihrer Mütter und von ihnen weg treiben, sondern sie auch nötigen, höchst realitätsfremde, idealisierte Vaterbilder zu imaginieren und im Rivalitätsfeld der peer groups zu inszenieren –,

all das wird hier gleichsam umgekehrt. So liest sich Mowrys Erzählung fast schon wie ein Kontrastbild zur Vaterlosigkeit, das auffallend günstige Bedingungen für eine nachholende Sozialisation entfaltet: die alltägliche Verbundenheit in der Lebenssorge; die körperorientierte Kommunikation, die von Takt und Bewunderung getragen ist; die Einfühlung in die Zweifel, Unentschiedenheiten und Ängste („Wird ganz schön arg werden?"), die Jeremy durchlebt und Raglan selbst als „größere Ausgabe des Jungen" (S. 9) überlebt hat; der geringe Altersabstand und die vergleichbare Lebensgeschichte im Drogenmilieu, die Raglan – auch ohne das Pochen auf formale Generationsmacht und auf Verbesserungs- und Durchhalteprogramme – Authentizität und einen Vorsprung an Erfahrung und Bewältigungskompetenz zuspielt.

Die Freundschaft zum Begleittier

Erst die nährende und versorgende Verbindung zum „angenommenen" Sohn gibt den sichernden Rückhalt, um die Wirklichkeit zeigend zu erschließen und ihr Verständnis und Sinn abzugewinnen und die besonderen Talente des Helden – seine ihm eigenen Waffen – zu entdecken. Dabei geht es zunächst einmal um die Körperkräfte. Auch das ist mit dem Ernähren gemeint. Zum Adoptivvater, den der Held sucht, gesellen sich deshalb nicht selten treue Begleittiere – Pferde, Vögel oder (wie bei Crusader Rabbit) Tiger –, die sich durch Schnelligkeit und Kraft, Intuition und instinktive Sicherheit, Geduld und Ausdauer auszeichnen. Sie stehen für die freundliche Beziehung zum inneren Tier, also zum Körper und zur Sexualität, generell zur Empfindungs- und Lustfähigkeit des Mannes. In der Verehrung von (Totem-)Tieren und dem alten Glauben, Tiere seien vom Menschen abgezweigt, ist noch etwas lebendig von der projektiven Suche nach dem eigenen Körper. Nicht von ungefähr drängen sich Raglan in seinem sympathischen Blick auf Jeremy Tiervergleiche auf: „große Hände und Füße wie die Pfoten eines Welpen" (S. 9). Die Entwicklungsfrage lautet hier: Entwickelt Jeremy zu seiner Sinnlichkeit und seinem Körper eine freundschaftliche, vertrauensvolle Beziehung, wie der Hase – als Inbegriff des positiven, integrativen Helden –, der sich mit seinen Körperkräften verbündet und von seinen Stärken, aber auch Ängsten und Schwächen lernt und sich deshalb auch mit dem Tiger als Korrektiv seiner Angst verbindet?

Daß der förderliche Kontakt zum Körper aufgrund der Ambivalenz von instrumenteller Körperausbeutung und Körperferne gerade Männern schwerfällt, zeigt die mühsame Abkehr Jeremys von seiner Sucht („Wird ganz schön arg werden ...") – eine Entwicklung, die offensichtlich erst im allmählichen Prozeß der Vatersuche und Vaterannahme vorangebracht wird. Daß dabei Raglans intuitiver Blick eine stärkende und freisetzende Wirkung hat, weil er der inneren Kraft Jeremys vertraut, wird noch zu zeigen sein. Der zunehmende Genuß des eigenen Körpers, der Blick auf den glänzenden Schweiß, die Nacktheit vor Meer und Sonne, die würdevolle Bestattung des nackten Säuglings, und nicht zuletzt die körperliche Nähe von Raglan und Jeremy sind Zeichen dafür, wie die destruktive Instrumentalisierung des Körpers allmählich besiegt wird. Dabei dürfte auch die psychische Präsenz der „Begleittiere" – Heldenhase und Tiger – ihre symbolhaft wegweisende Funktion für die Verbindung mit dem Körper haben. Sie sind immerhin als Erinnerungsfetzen wirksam, haben für Raglan namengebende Funktion und erwecken bei Jeremy geradezu auffallend hartnäckig Neugier, Interesse und psychische Wachheit.

Die Bewährung in Prüfungen

Die Weiterentwicklung des Helden läßt sich allgemein umschreiben als Prozeß der Individuation, der durch vielfältige Gefährdungen und schlimmste Versuchungen führt. Es sind Vorabenteuer auf dem Weg zum Drachenkampf, die das unerreichbare Ziel etwas näher bringen: Werde das, was du bist und deinen Möglichkeiten nach sein kannst. In diesem Sinne wird der Kampf mit dem Ungeheuer in den meisten Heldenmythen bereits „vorbereitet" – durch einen Weg von Nebenabenteuern, wie er etwa im Eisenhans-Märchen eindrucksvoll geschildert wird, und zugleich aufgeschoben – durch Selbstzweifel und Ängste und die fragwürdigen Hilfsangebote und Warnungen der alten Weggefährten verzögert. Man kann sich den sozialen Widerstand, der Jeremy im Drogenmilieu festgehalten hat, leicht vorstellen, auch seine Ängste: „Wird ganz schön arg werden."

In dieser Situation ist die Begegnung mit dem „Schattenbruder" hilfreich. Raglan scheint nicht nur Adoptivvater, sondern auch Bruder zu sein, der den Überlebenskampf gegen Müll und Drogen am eigenen Leib verspürt hat und deshalb authentisch – nicht besserwisserisch und überfordernd – die innerpsychischen Schatten der Angst und Resignation ebenso wie die Befreiungsschritte aus dem sozial stigmatisierten Drogen- und Straßenkindermilieu spiegeln kann. Dabei ist es gerade der „zweite Vater", der als Mentor – ungetrübt und frei vom emotionalen Erwartungsdruck der genetischen Bindung – neben den Schatten auch das Möglichkeitspotential seines angenommenen Sohnes „sieht" und durch vertrauensvoll-einfühlende Begleitung erweckt (vgl. Vogt/Sirridge 1993, S.178-189). In allen Jugendstudien – auch der neuen Shellstudie (1998) – taucht dabei das entscheidende Motiv der Vatersuche auf: Jungen wollen schlicht ernst genommen, anerkannt und gestärkt – nicht niedergemacht – werden. Sie wollen sich ungestraft erproben, aber auch klein und ängstlich sein dürfen. Das entscheidende Thema der Vorabenteuer ist deshalb das Selbstvertrauen und das

Verhältnis von Stärke und Schwäche, Hilflosigkeit und Autonomie, Potenz und Bescheidenheit, Abhängigkeit (Sucht) und Kontakt zum Selbst.

Viel von dem klingt in der Beziehungsdynamik von Raglan und Jeremy an, wenn man sie liest als Dekonstruktion einseitiger Männlichkeitsmuster: der Neigung zum Habitus des Verfügens und Beherrschens, der tendenziellen Erstarrung in Gewalt und Rivalität, der Ausbeutung und Panzerung des Körpers, der Verführung zu Angst- und Bittverbot und schließlich zum Verrat am Selbst (vgl. Böhnisch/Winter 1993; Hollstein 1988; Schnack/Neutzling 1990; Götz 1997). All diese Muster tragen mehr oder weniger dazu bei, daß das männliche Verständnis von Autonomie halbiert und im Wesentlichen an der Außenbewältigung festgemacht wird. Der kompetente – wache und differenzierte – Umgang mit sich selbst, also die Autonomie nach innen, ist tendenziell weniger kultiviert als die Autonomie nach außen. In der Zeit der Prüfungen geht es darum, mit Hilfe des Mentors beide Seiten der Autonomie – die äußere und innere Welt – zu finden (vgl. Gruen 1986) und eine gelassene Stärke zu entwickeln.

Die Berufung zum Drachenkampf

Die Bewährung und Erweiterung seiner Talente findet der Held im Kampf gegen die zerstörerisch-unheimliche Macht, die sich in der Hadesfahrt, im Tod, im mehrköpfigen Drachen, gegen den Crusader Rabbit sein Schwert gezückt hat, erkennen läßt. Dabei kommt es sehr wohl darauf an, die männliche Durchsetzungsfähigkeit und Stärke und die Kraft der Aggressivität und Wut zu würdigen, wie sie etwa beim Anblick des toten Säuglings aufbricht und sich in der geballten Faust, im Griff nach dem Schnappmesser äußert (S.13). Diese Talente sind nicht über Bord zu werfen. Es gilt vielmehr eine Stärke zu finden, die aus der Anerkennung der Schwäche und Angst erwächst. Und vor allem: Es gilt erkennen und bewerten zu lernen, wann Widerstand und Kampf angesagt und (gekonnte) Aggressivität, Mut und Entschlossenheit in ihrer lebensdienlichen Form gefragt sind. Damit ist Jeremys Drachenkampf angekündigt. Mit der grauenvollen Entdeckung des kleinen schwarzen Körpers unter dem Containerdeckel wird schließlich die Konfrontation mit dem Leben am Rande des Todes und damit die Berührung mit der eigenen Todesgefahr unausweichlich. Der kleine Heldenhase hatte einst das zweiköpfige Drachenungeheuer besiegt. Es ist Projektionsgestalt für alles Abgründige, für Vernichtungs- und Todesangst. Für Jeremy und Raglan gilt es jetzt, mit der Ungeheuerlichkeit der Menschenverachtung und der Erniedrigung des Säuglings zum Müll zu kämpfen – eine Helden- und Hadesfahrt, die auch in die eigenen destruktiven Schatten der Selbstvernichtung hineinführt. Psychologisch gedeutet: Mut und Entschlossenheit sind gefragt, um den Deckel offen zu halten. Raglan „hatte sowas schon früher gesehen, aber das war etwas, woran er sich nie gewöhnt hatte" (S.12). Gleichwohl ist es zu dieser Deckelarbeit nie gekommen. Fast hätte Raglan auch diesmal Jeremys Blick auf den leblosen Säugling noch zurückhalten können.

Wie so oft in Heldenmythen: Im letzten Augenblick, in höchster Not wird der Blick dennoch frei und öffnet damit der Hoffnung auf Leben – der lebensbejahenden würdigen Bestattung – eine Chance. Dabei kehrt sich die nährende und verlebendigende Beziehung zwischen Raglan und Jeremy geradezu um. Es ist der an Kindes statt angenommene Sohn Jeremy, der der intuitiven Kraft des Adoptivvaters neue „Nahrung" gibt und ihn einen guten Ort, eine gute Form der Bestattung „finden" läßt. Er verhilft Raglan zu einem lange verzögerten Entwicklungsschritt.

Das Finden des Schatzes

Der im Heldenkampf gewonnene Schatz spiegelt sich in aller Regel in neuen Lebensmöglichkeiten und einem tieferen Bewußtsein wider – in einem Zuwachs an Klarheit, Wachheit und innerer Freiheit. Sie kündigen sich in Mowrys Erzählung auch in der räumlichen Symbolik an – dem weiten Blick über das Meer und der Nähe zur lebendigen Natur.

Was hier in einer dichten Ereignisfolge geschildert wird: der Seufzer „Oh ... Gott" (S. 12), die schutzsuchende Geste „Jeremy drückte sich eng an Raglan" (ebd.), die Sinnfrage „Warum so was?" (ebd.), die Suche nach Formen – „so 'ne Art kleinen Sarg ... und Blumen ...?" (S. 13) – bis hin zur geballten Faust und zum Griff nach dem Klappmesser, schließlich der in stillem Einverständnis gefundenen Form der Bestattung hoch über der Meeresbucht und weit weg von der geschundenen Stadtlandschaft, gleicht einem Durchbruch zum Leben. Er kommt auch sprachlich zur Geltung: im „Geruch des Lebens. Es war ein gutes Zeichen" (ebd.); im staunenden Blick des Jungen über das Meer, den „hervorgezauberten" Dosen und dem Erlebnis am Feuer. Es sind unverkennbar Stücke eines Schatzes, die sich erst im gefahrvollen Blick unter den Deckel auftun. In der Sensibilisierung für die gesellschaftliche Entmenschlichung und im Kontakt mit den Gefahren, Ängsten und Möglichkeiten des Unbewußten wachsen Jeremy und Raglan neue Formen des Bewußtseins, der Entschlossenheit und der Weitsicht zu und vor allem eine Liebe zum Leben, die sehr wohl spirituelle Dimensionen annimmt. All das erinnert in eigentümlicher Weise an einen männlichen Zeugungs- und Geburtsvorgang. Möglicherweise finden hier der intuitive Blick in die Weite, der Raglan eigen ist, ebenso wie die Frage: „Wann hört man auf, es zu wollen? ... Wenn du beschließt, daß dir was anderes wichtiger ist" (S. 11) – eine tiefere Begründung und Perspektive.

In allen Heldenmythen ist der Schatz deshalb auch mit einem neuen Lebensauftrag – dem Gewinn neuer Hoffnung und neuen Willens – verbunden. Er gründet (auch) in der libidinösen Kraft freundschaftlicher Zuwendung und Verehrung, die nicht – wie so oft bei Männern – durch Berührungsängste, Homophobie und Übertrumpfungs- und Einschüchterungsspiele abgewehrt werden muß, sondern Raum läßt für gegenseitige Leitbildspiegelung und kulturelle Produktivität freisetzt. Darf man vermuten, daß mit der gefundenen Form der Bestattung, in der sich Leben verdichtet, auch der uralte divinatorische Auftrag der Vaterschaft anklingt, der in der jüdisch-christlichen Tradition nicht nur im Dienste der Bewahrung, sondern auch der Entfaltung des menschlichen Entwicklungspotentials und seiner Talente steht? Wird dadurch vielleicht die Möglichkeit freigespielt, sich schließlich mit der Ambivalenz des Mütterlichen und den Ablösungsprozessen der frühen Kindheit – also dem Thema der bedrohten Kindheit – auseinanderzusetzen, das in den Heldenmythen in aller Regel nicht am Anfang, sondern am Ende des Heldenweges steht und vielfach – wie in der Bewußtheit des Schamanen – mit dem Tragen weiblicher Kleider symbolisiert wird? Jedenfalls führt der bewußtseinserweiternde Heldenweg zuletzt in eine zweite Ursprünglichkeit – zu einer zurückgewonnenen Kindlichkeit. Und er festigt die Bereitschaft, den weiblichen Pol in sich zu verlebendigen und den Blick auf die Frau als je individuelle Person aus der Übermacht der Muttererfahrung und patriarchaler Frauenbilder zu lösen. In Mowrys Erzählung dürfte die noch ausstehende Prüfung nur sehr indirekt und gleichsam von ferne anklingen – eingeblendet mit Raglans Erinnerung an den Blick des Jungen, den dieser im Vorbeifahren auf die spielenden Mädchen wirft (S.13). Aber vorerst ist es gut, daß sich in der Geschichte sonst keine weiteren Frauen finden.

3. Die Waffen des Helden: Intuition als Möglichkeitssinn

Was sich hier als gegenseitige Verlebendigung von Sohn und Adoptivvater andeutet, läßt sich in einem abschließenden Gedankengang an der Intuition zeigen. Die geistesgegenwärtige Intuition ist die entscheidende „Waffe", von der sowohl der heldische Angsthase als auch der Entwicklungsfortschritt von Raglan und Jeremy profitieren. Sie symbolisiert sich im Schwert des Helden, im Klappmesser von Jeremy, im fast visionären Blick von Raglan. Häufig wird gerade das Schwert des Helden – zu eng – als Zeichen der Schärfe und Klarheit des Verstandes gedeutet. Meines Erachtens verkörpert es weit mehr die bewußtmachende und befreiende Kraft und Entschlossenheit, intuitive Möglichkeiten, die im Unbewußten aufsteigen – hinter dem Deckel –, zuzulassen, zu klären und zu gestalten. In diesem Sinne haben die hier angesprochenen Talente viel mit Verbundenheit von Ich und Selbst zu tun. In fünf Punkten sei das angedeutet.

Die Not als Ursprung der Intuition

Auch wenn die Pädagogik die Bedeutung der Intuition kaum würdigt, sie gibt dem väterlichen Verhältnis von Raglan und Jeremy seine offene, möglichkeitserschließende Dynamik. Das wird deutlich, wenn wir uns die Not vergegenwärtigen, aus der intuitive Kräfte erwachsen können. Es ist das lähmende Entsetzen, das Unvorstellbare, das Raglan beim Anblick des toten Jungen zunächst erfaßt: „Ich hab davon gehört ... die anderen Typen reden manchmal darüber. Aber ich hab mir nie vorgestellt ..." (S.12). Die Ratlosigkeit verdichtet sich in Jeremys Seufzer „Oh ... Gott" (ebd.), in seinen Fragen „Warum so was?" (ebd.), „Was machen wir jetzt?" (ebd.) und in Raglans Antwort: „Was willst du tun?" (S.13). Indem Raglan seinem

„Adoptivsohn" die lebensverachtenden (bösen) Möglichkeiten der „Entsorgung" gesellschaftlich ungeduldeten Lebens – das Verbrennen und Verscharren – zurückspiegelt und zugleich die Freiheit zuspielt „Was willst du tun?", eröffnen sich gute Möglichkeiten, die sich freilich zunächst erst ahnend anmelden. Mit der Intuition ist es wie bei Schneeweißchen: „Und als der Bär sich hinausdrängte, blieb er am Türhaken hängen, und ein Stück seiner Haut riß auf, da war es dem Schneeweißchen, als hätte es Gold durchschimmern gesehen; aber es war seiner Sache nicht gewiß." In der Intuition werden Möglichkeiten erahnt, gewittert – instinktiv erfaßt. Es gehört zum Wesen der Intuition, daß sie grundsätzlich mit Ungewißheit gepaart ist. Man ist sich seiner Sache nicht gewiß. Schneeweißchen ahnt die Möglichkeit lediglich, als hätte es Gold durchschimmern sehen. So ist es nicht verwunderlich, daß die erahnten Möglichkeiten eher unanschaulich, bildlos sind, mit verschwommenen Konturen, aus der Tiefe der Seele aufscheinend und im Kontrast zur vernichtenden Alternative „Sie werden verbrannt" doch noch nicht formuliert und greifbar. Vergleichen wir es mit der existenziellen Erfahrung beim Anblick unter den Deckel: In der Erfahrung meldet sich sozusagen das Nichts – es ist nicht so wie angenommen, wie vorgestellt. Jeremy wird mit der Begrenztheit seiner Annahmen und Vorstellungen konfrontiert. Beide Male erweitert sich das Bewußtsein: einmal (in der Erfahrung) durch das Nichts – das andere Mal (in der Intuition) durch die Vision zukünftiger Möglichkeiten. Und dadurch wird in eindrücklicher Weise eine neue Intensität der Geschichtlichkeit und Offenheit zurückgewonnen (vgl. Gadamer 1975).

Die Erweiterung des Bewußtseins

Die intuitive Suchbewegung, die Jeremy und Raglan in einer ungeahnten Tiefe verbindet, öffnet und erweitert den Blick. Da wird etwas aufgerissen am Türhaken, zugänglich unter dem Deckel des Müllcontainers. Die Intuition ist das Einfallstor für (gute und böse) Möglichkeiten – Einfälle –, die aus der schöpferischen Tiefe des Unbewußten auftauchen und der „Formulierung" bedürfen. Wir wissen, daß mit der Ausbeutung der Intuitivkraft – in Blut- und Bodenmythen, sozialistischen Utopien und fundamentalistisch-religiösen Heilsversprechen – gerade auch die dunkelsten Seiten der Destruktion verbunden sind. Insofern zeigt sich die Bewährung des Helden – im integrativen Heldenmythos – gerade im Durchbruch zu einem „guten" Bewußtsein, das sehr wohl eine ethische Dimension erreicht – also Erkennen mit ethischer Entscheidung und Verantwortung verbindet. Unverkennbar wird damit auch der entscheidende Entwicklungsschritt von Jeremy und Raglan angesprochen: Gegen jede Rationalität des Zeitprogramms und die verständliche Sorge Raglans, sich um Bargeld, Essen und Jeremys Drogendosis kümmern zu müssen, wird hier einem lebensbejahenden Akt der Bestattung Geltung verschafft, der vor allem anderen Vorrang hat – auch vor Gleichgültigkeit und Abstumpfung und der Kultur der Ohnmacht und Resignation im Drogen- und Straßenkindermilieu. Es ist das, was man mit Fromm (1990) als Sieg des humanistischen Gewissens über Gewohnheit und Consensus-Schlaf und über das diktatorische Gewissen der Normtreue bezeichnen kann – einer Normtreue, die bei Raglan zunächst deutlich Oberhand hat: der Anruf bei der Polizei oder anderen Ordnungsinstanzen – „das wäre das beste" (S.12).

Augenblick und Unendliches
Gerade gegen das vermeintlich „Beste" und Normgemäße entdeckt die Intuition Lebenskräfte und Entwicklungsmöglichkeiten (Talente), die bisher weitgehend brach liegen. Sie scheinen – dem Gold im Bären ähnlich, das Schneeweißchen durchschimmern sieht – völlig unerwartet und ungeplant auf – zu einem Zeitpunkt, zu dem es niemand vermutet hat, als es fast schon zu spät war: beim Hinausdrängen aus der Türe, beim Zumachen-Wollen des Deckels. So hat die Intuition eine ganz eigentümliche Zeitstruktur: der richtige Augenblick ist gefragt. Aber dieser Augenblick ist nicht so schmal wie des Messers Schneide, nicht so oberflächlich, punktuell und fragmentarisch wie im Empfindungsreiz der Fun- und Risk-Momente. Im intuitiven Augenblick ist Zukunft anwesend – ja Unendlichkeit. Er reicht deshalb auch über die denkerischen Pläne und pädagogischen Absichten hinaus, die die Zukunft nicht selten einzufangen und an Ketten zu legen versuchen. Die intuitive Identifikation zwischen „Adoptivvater" und Sohn arbeitet mit dem freilassenden Blick, der den Möglichkeiten – dem Gold – Raum gibt.

Der sehende Blick
So ist es nicht verwunderlich, daß Mowry am Beispiel des Blickkontakts von Raglan und Jeremy die eigentümliche Wechselbeziehung von Aktualität und Potentialität, Innen und Außen, Oberfläche und Tiefe buchstabiert. Raglans Blick ist voller Sympathie, ja Bewunderung für Jeremy, der liebevoll beschrieben wird („ein schönes Kind", S.9): Er könnte Raglan in kleiner Ausgabe sein (ebd.). Gleichwohl sind seine Augen (Lichtjahre) weit weg. Es gibt so etwas wie einen sehenden Blick, der beides verbindet: die ästhetisch-genußvolle Betrachtung des Außen und die würdevolle Respektierung der Person, die uns jenseits des beschreibbaren Äußeren als unerschöpfliche Möglichkeit begegnet und ein „Abblenden" und Wegblicken erfordert. Fromm verdeutlicht demgegenüber den nicht-sehenden Blick, der an der Oberfläche halt macht, als emotional flachen, intuitionslosen momenthaften Augenkontakt mit der Metapher des Schnappschusses. Als Ersatz für das Sehen steht der Schnappschuß für einen aggressiven, zupackenden, momenthaften Zugriff, der auf Berührungslust zielt, ohne wirklich zu berühren und zu verbinden. Den Bären nur am Außen, an der Haut, seiner Fassade festzumachen, bedeutet, hinzusehen, ohne wirklich zu sehen. Es ist nichts mehr unter oder hinter dem Bild – als verborgene Tiefe, als Wesentliches, als Möglichkeit.

Man kann sich diese Tiefendimension verdeutlichen an der Unterscheidung von Gesicht und Antlitz, wie sie Lévinas (1993) in seiner Mikroethik der menschlichen Beziehungen eindrucksvoll erhellt. Schneeweißchen sieht das Gesicht, das Fell des Bären – streichelt es liebevoll. Aber es schimmert auch so etwas hervor wie das verborgene Antlitz. Ähnlich bei Raglan: Seine „Augen richteten sich auf den kleinen, honigbraunen Körper, die perfekten kleinen Finger und Zehen, den ganzen wunderschönen Jungen, ohne ihn wirklich wahrzunehmen" (S. 12). Das Körpergesicht kann man offensichtlich minutiös beschreiben, vermessen und berechnen. Das Antlitz ist das Unberechenbare, Unerschöpfliche, Unendliche und Rätselhafte. Der in die Tiefe gehende Blick Raglans richtet sich zwar auf den wunderschönen Jungen, ohne ihn wirklich abzuchecken, zu mustern und nach Leistungskriterien abzutasten. Er sieht in seinem „abblendenden" Weitblick die Unermeßlichkeit der Person, die in ihrer Würde jeder Wertmessung und Leistungsbeurteilung von außen vorausgeht. Aus der „intuitiven Gewißheit" des Unermeßlichen, das ihm in Jeremy begegnet, erwächst letztlich auch die väterliche Verantwortung, den Sohn als Subjekt seiner selbst zu respektieren. Sie begründet sich wohl auch im transpersonalen Charakter der Vater-Sohn-Beziehung.

Die Transformation der Intuition
Raglans Frage „Was willst du tun?" entspringt aus der einfühlsam anerkennenden Intuition, daß hier etwas „Lebenswichtiges" für seinen Sohn ansteht – die Begegnung mit Tod und Leben. Sie eröffnet beiden einen gegenseitigen Prozeß der Verlebendigung. In diesem Sinne gehe ich davon aus, daß die Intuition eine Brücke zu den Lebens- und Entwicklungsmöglichkeiten schlagen kann, die Väter und Söhne miteinander verbindet. Gleichwohl müssen sie diese Brücke wieder verlassen. Helden finden ihren Schatz nicht in der geistesgegenwärtigen Intuition selbst, mit der sie den Drachen bekämpfen, sondern in der Gestaltung und Buchstabierung der Intuition, wie sie beispielhaft in der Trauerfeier von Jeremy und Raglan symbolisiert ist. Im integrativen Mythos des Heldenwegs geht es deshalb immer auch darum, wie Helden in Berührung kommen mit den Energien des lebendigen „wilden Mannes" eines „Eisenhans" und dem Goldbrunnen" (des höheren Selbst) und wie sie lernen, den goldenen Brunnen zu bewachen, um nicht im Meer des Unbewußten zu versinken. In diesem Sinne gilt es, die Intuition in ein starkes Ich zu integrieren, das sich mit sanfter Beharrlichkeit und Durchsetzungskraft – wie bei Jeremy angedeutet – der Realität stellt und an der Gestaltung des Möglichen arbeitet. Die gefundene Bestattungsfeier dürfte eine kulturelle Schöpfung sein, in der sich Intuition transformiert und verbindliche Gestalt und Form gewinnt.
Siebenthal (1995) hat das eindrücklich am Polaritätenmodell der Ichfähigkeiten aufgezeigt. Danach sind Intuition und Empfinden als irrationale „Antennen" der Wirklichkeitsauffassung auf der einen (irrationalen) Achse angeordnet, Fühlen und Denken dagegen als rationale Zugänge sind auf der anderen (rationalen) Achse angesiedelt. Aufgabe ist es dann, „umzuschalten" und die intuitiv erfaßten Möglichkeiten in Empfinden, Fühlen und

Denken umzusetzen – in die förderliche Gestaltung des Raums, der Zeit, der Atmosphäre, des alltäglichen Zusammenlebens und den reflexiven Entwurf von Lebens- und Lernmöglichkeiten. Das kann hier nicht weiter entfaltet werden.

Nur eine Voraussetzung sei abschließend genannt: Wer Kinder und Jugendliche ein Stück weit in ihrem Prozeß der Individuation begleiten will, muß selbst auf dem Weg des Lernens bleiben. Dazu gehört auch ein Forum, auf dem Erwachsene ihre Intuitionen und Erfahrungen buchstabieren und alte Sicherheiten ungestraft aufbrechen können. In diesem Sinne ist die Transformation der Intuition notwendig mit der Verflüssigung, ja Zerstörung eingeschliffener Normen und Programme verbunden. Beispielhaft an Raglan: Was im Spiegel harter Entwöhnungsdoktrin irritieren mag – die Hilfe beim Abbinden des Armes ebenso wie Raglans Sorge um die tägliche Dosis – enthüllt sich in Wirklichkeit als ermutigende Hilfe.

Man könnte solche und ähnliche Verunsicherungen mit Fromm umschreiben als Schritte, die vom Haben zum Sein führen. Wenn wir uns vergegenwärtigen, daß wir buchstäblich alles haben können – nicht nur materielle Güter, sondern auch (pädagogische) Kenntnisse und Erfahrungen, Prinzipien und Programme, die wir mitunter bis aufs Messer verteidigen, dann wird deutlich, daß es nicht darum gehen kann, Asketentum und Besitzlosigkeit zu predigen. Es geht vielmehr darum, sein Herz nicht an das zu verlieren, was wir haben oder nicht haben. Mowrys Erzählung ermutigt statt dessen, auf die Eigenkräfte der Intuition, der Vernunft, des produktiven Tätigseins und des Eros zu vertrauen. Sie lassen sich nicht besitzen, sondern entstehen und wachsen in dem Maße, in dem wir sie in der Begegnung mit Kindern und Jugendlichen praktizieren, üben und wagen. Gefragt ist eine Haltung, in der wir haben, als hätten wir nicht. Das gilt auch für die Vaterschaft und all das, was Väter mit ihren Söhnen „vorhaben".

Literatur

Barz, H.: Über Polaritäten in der patriarchalen Kultur: Apollon und Dionysos. In: Pflüger, P.M. (Hg.) 1989, S. 92-113.
BauSteineMänner (Hg.): Kritische Männerforschung. Neue Ansätze in der Geschlechtertheorie. Hamburg 1996.
Böhnisch, L., Winter, R.: Männliche Sozialisation. Bewältigungsprobleme männlicher Geschlechtsidentität im Lebenslauf. Weinheim und München 1993.
Engelfried, C.: Männlichkeiten. Die Öffnung des feministischen Blicks auf den Mann. Weinheim und München 1997.
Erhart, W., Herrmann, B. (Hg.): Wann ist der Mann ein Mann? Zur Geschichte der Männlichkeit. Stuttgart und Weimar 1997.
Erhart, W.: Mythos, Männlichkeit, Gemeinschaft. Nachruf auf den Western-Helden. In: Erhart, W., Herrmann, B. (Hg.) 1997, S. 320-349.
Frevert, U.: Soldaten, Staatsbürger. Überlegungen zur historischen Konstruktion der Männlichkeit. In: Kühne, Th. (Hg.) 1996, S. 69-87.
Fromm, E.: Vom Haben zum Sein. Wege und Irrwege der Selbsterfahrung. Weinheim und Basel 1990.

Gadamer, H. G.: Wahrheit und Methode. Grundzüge einer philosophischen Hermeneutik. Tübingen 1975, S. 329 ff.
Götz, B.: Väter behinderter Kinder. Herausforderungen an Rolle und Selbstverständnis des Mannes. In: Heinrich, A. (Hg.): Wo ist mein Zuhause? Integration von Menschen mit geistiger Behinderung. Stuttgart 1997, S. 165-184.
Gruen, A.: Der Verrat am Selbst. Die Angst vor Autonomie bei Mann und Frau. München 1986.
Hollstein, W.: Nicht Herrscher, aber kräftig. Die Zukunft der Männer. Reinbek 1988.
Kühne, Th. (Hg.): Männergeschichte – Geschlechtergeschichte. Männlichkeit im Wandel der Moderne. Frankfurt/ New York 1996.
Kühne, Th.: „... aus diesem Krieg werden nicht nur harte Männer heimkehren." Kriegskameradschaft und Männlichkeit im 20. Jahrhundert. In: Kühne, Th. (Hg.) 1996, S. 174-192.
Lenzen, D.: Kulturgeschichte der Vaterschaft. In: Erhart, W., Herrmann, B. (Hg.) 1997, S. 87-113.
Lévinas, E.: Totalität und Unendlichkeit. Versuch über die Exteriorität. Freiburg und München 1993.
Möller, K. (Hg.): Nur Macher oder Macho? Geschlechtsreflektierende Jungen- und Männerarbeit. Weinheim und München 1997.
Müller, L.: Manns-Bilder. Zur Psychologie des heroischen Bewußtseins. In: Pflüger, P. M. (Hg.) 1989, S. 92-113.
Pflüger, P. M. (Hg.): Der Mann im Umbruch. Patriarchat am Ende? Olten und Freiburg 1989.
Schnack, D., Neutzling, R.: Kleine Helden in Not. Jungen auf der Suche nach Männlichkeit. Reinbek 1990.
Siebenthal, W. von: Denkmann und Fühlfrau. Fühlen wie sie – Denken wie er. Solothurn und Düsseldorf 1993.
Siebenthal, W. von: Empfindungsfrau und Intuitionsmann. Entwerfen wie er – Gestalten wie sie. Solothurn und Düsseldorf 1995.
Sozialistisches Büro (Hg.): Männlichkeiten. Widersprüche - Zeitschrift für sozialistische Politik im Bildungs-, Gesundheits- und Sozialbereich. Heft 56/57. Offenbach 1995.
Sozialistisches Büro (Hg.): Multioptionale Männlichkeiten. Widersprüche - Zeitschrift für sozialistische Politik im Bildungs-, Gesundheits- und Sozialbereich. Heft 67. Offenbach 1998.
Vogt, G. M., Sirridge, St. T.: Söhne ohne Väter. Vom Fehlen des männlichen Vorbilds. Frankfurt a. M. 1993.
Winter, R., Willems, H. (Hg.): „damit du groß und stark wirst!" Beiträge zur männlichen Sozialisation. Schwäbisch Gmünd und Tübingen 1990.

Ingeborg Hiller-Ketterer und Christine Stein

> „*Könnten wir uns eingestehen, daß es für die Entwicklung eines Kindes ausreicht, wenn jemand da ist, der es ernst nimmt und bei ihm bleibt und daß dieser jemand weder die leibliche Mutter noch eine ‚mütterliche Person' sein muß – dann werden wir vielleicht eines Tages merken, daß das Ernst-Nehmen und Da-Sein nicht nur genügt, sondern daß es* **Liebe ist.** *Und daß zu dieser Art Liebe zu einem Kind, unabhängig vom Geschlecht und Alter, jedermann fähig wäre – gäbe man ihm nur die Möglichkeit, die entsprechenden Gefühle in sich zu entdecken.*" (Barbara Sichtermann)

Good bye, Johnny, fare well

Wo sie dich hingebracht haben? Gut soll es sein, sagten sie.
    Das hatten sie auch meiner Mutter gesagt. Auf den Virgin Islands machten sie Urlaub. In St. Croix sahen sie mich auf dem Markt mit ihr. Aus San Francisco waren sie gekommen. Ob ich noch zur Schule ginge, fragten sie und versprachen eine gute Ausbildung. Im nachhinein verstehe ich meine Mutter. Ich war die Mittlere von sieben Kindern, die großen Jungs brachten sich schon irgendwie alleine durch, der Alte war vor ein paar Wochen losgezogen nach St. John, nachdem er hier monatelang arbeitslos war. Die drei Kleinen konnten noch wenig zum Lebensunterhalt beitragen. Warum nicht die Chance ergreifen, wird sie gedacht haben.
    Ein schönes Zuhause hatten sie. Sie zeigten mir alles, dann sagten sie, Maria, das ist dein Zimmer. Die Kammer lag neben der Küche. Der Hund gewöhnte sich schnell an mich. Der Gärtner half mir manchmal bei der schweren Arbeit. Die Mistress war oft unzufrieden mit mir. Meistens war sie den ganzen Tag unterwegs. Ihr Immobiliengeschäft lief gut. Oft hatte sie auch abends noch Termine. Er saß dann alleine vor dem Kamin mit seinem Whiskey und verfolgte im Fernsehen die Wirkung seiner Wahlkampagne. Seit sein Konkurrent über eine Sexaffäre gestolpert war, setzte er alles auf eine Karte. Seine neue Kampagne gegen Abtreibung kam gut an bei seinen Parteifreunden.

> „*Es gibt wenig Gegenstände, über welche die bürgerliche Gesellschaft eine größere Heuchelei entfaltet. Nach ihr ist die Abtreibung ein widerliches Verbrechen; es paßt sich nicht, von ihr auch nur zu sprechen. Wenn ein Schriftsteller die Freuden und Leiden einer Wöchnerin schildert, ist alles in Ordnung. Wenn er aber von einer Frau spricht, die eine Abtreibung vorgenommen hat, wirft man ihm vor, er wälze sich im Schmutz und beschreibe die Menschheit in einem abscheulichen Licht.*" (Simone de Beauvoir)

Maria, sagte er nur ... Ich hatte schon geschlafen, war wie gelähmt ...
Egal was ich aß, alles kam wieder hoch. Trotzdem paßten die Kleider immer weniger. Bis die Mistress eines Tages mich anschrie, von wem hast du das Kind. Sie war so wütend, ich glaubte, sie würde mich totschlagen. Dann kam sie und sagte, es sei alles geregelt. Ihre Schwester – drei Söhne hatte sie schon – wolle das neugeborene Mädchen adoptieren. Alle sprachen von Juana. Dann kamst du, Johnny, zur Welt.

Wo sie dich hingebracht haben? Gut soll es sein, sagten sie.

Thomas Hofsäss

„Wenn du beschließt, daß dir was anderes wichtiger ist."

Hey, Jeremy, gibt es dich wirklich? Oder bist du nur ein schöner Schauer? Kannst du mehr, als ein bißchen schockieren und etwas Ekel erregen?
„Yeah."

Mit dir ein Gespräch anfangen, das heißt, ich muß Gefühle entwickeln: So einen wie dich, den muß man anschauen, versorgen, dem muß geholfen werden. Deshalb vorweg mein dringender Rat: Laß dich nicht mit Raglan ein. Raglan, der Name allein sollte dich schon warnen.
„Ach so."

Hast du nicht gecheckt, was dieser Raglan machte, als du ihn fragtest, wann man aufhört, *es* zu wollen? Er hat zunächst gar nichts gesagt. Aus der Plastikflasche hat er von dem Wasser getrunken, das immer nach Gummi schmeckt, dann die Abgase in sich aufgesogen; den Fliegenschwärmen über den Müllcontainern hat er zugehört und der Ratte nachgeblickt, die langsam vorbeiwischte. Und dann, erst dann, bringt der Typ diesen coolen Satz: Wenn du beschließt, daß dir was anderes wichtiger ist. – Mensch Jeremy, warum hast du nicht da schon die Fäuste geballt und nach dem Schnappmesser in deiner Hosentasche gegriffen. Warum hast du ihn nicht da schon angebrüllt: Nein! Verdammt! Halt's Maul! Ein solcher Spruch kann dich doch nicht beeindrucken; so doof kannst du doch gar nicht sein! Okay, Raglan ist zwar von der Nadel weg. Lange her, sagt er. Und jetzt tut er so, als ob er Ahnung hätte, sagt, auf deinen Beschluß komme alles an, dir müsse etwas anderes wichtiger werden. Aber, wie ist das denn mit solchen Beschlüssen? Das kennst du doch aus eigener Erfahrung. Damals als Schluß war, mit deiner Familie, Schluß mit der Schule. Da war dir doch schon mal was anderes wichtiger.

Was? Damals waren nur die anderen schuld? Das redest du dir ein. Wer war es denn, der nicht mehr nach Hause, nicht mehr in die Schule wollte? Du oder die anderen? Ich jedenfalls habe irgendwann gecheckt, daß ich mich mit Beschlüssen allein nicht rausziehen kann. Ich weiß es – und du doch auch, daß man 'ne Menge mehr braucht als nur was anderes, das wichtiger ist, wenn sich echt was ändern soll. Dazu braucht man Geld, vor allem aber Leute, die hinter dir stehen, dich immer wieder daran erinnern, was du dir vorgenommen hast, dir zeigen wo's lang gehen könnte, dir auch mal einen Tritt geben, und außerdem braucht jeder immer eine ganze Portion Glück, damit's klappt. Was, höre ich richtig, bei Raglan bleiben, das hältst du für deine Chance? Mit dem zusammen willst du es schaffen?

Mag sein, daß wenn du bei diesem Raglan bleibst, dich ihm offenbarst, wenn du dich ihm geschickt unterwirfst, wenn du es zuläßt, daß er dich anstarrt, weil er in dir den kleinen Hasen sieht, mit dem er als der Tiger in diesem dreckigen Leben gemeinsam besser über die Runden kommt, mag sein, daß wenn du gut spielst, daß es dir dann gelingt, sein Herz zu gewinnen. Aber ist das wirklich dieses andere, das dir wichtiger ist? Glaubst du im Ernst, daß du in seiner Nähe von der Nadel loskommst? Hast du dich noch nie gefragt, ob das zu schaffen ist, zusammen mit einem Typen, der nicht nur wie eine Comicfigur heißt, sondern sich auch noch so aufführt? Wie im Comic hat dieser Typ doch immer zur richtigen Zeit griffbereit, was ihr braucht, sagt die richtigen Sätze, weiß, was zu tun ist – zumindest meinst du, es sei so. Nur deshalb soll er dein Vater sein? Ich glaub's einfach nicht, daß du es mit dem zusammen hinbekommst, deinen Dreck zum Glänzen zu bringen, der wie Pech an dir klebt.

Mensch Jeremy, wach auf! Es muß ja nicht sein, daß dir die imponieren, die feist vor sich hinleben und dir ab und an mit einem müden Lächeln einen Döner spendieren. Und daß du von denen nicht viel zu erwarten hast, die dir mit manikürten Händen über den Kopf streichen, ist eh klar. Ich weiß, daß du oft keinen anderen Ausweg hast, als Leute wie mich zu beklauen oder dich mit Typen einzulassen, die's auf dich abgesehen haben und dich dafür bezahlen. Davon wird dir nicht mehr schlecht, das hältst du aus; darüber machst du dir keinen Kopf.

Ins Beben kämest du nur, wenn da plötzlich so ein aufgedunsener, übelriechender Typ in zerlumpten Kleidern vor dir stünde, mit einem angekauten Zigarillo im Mundwinkel, der dir die Hand auf die Schultern preßte, dich mit zugekniffenen Augen anstarrte und dann spöttisch lächelnd zu dir sagte: Ich, ich bin dein Vater. Der dir dann noch eine reinboxte, einen Schluck, einen guten Schluck aus seiner Schnapsflasche nähme, dich schließlich auslachte und mit offenem Mantel im Abendrot verschwände, von Raben umschwärmt. Der würde dich umkrempeln, wenn auch nur für kurze Zeit.

„Was machen wir denn jetzt?"

Was hast du gesagt? Hab ich richtig gehört? Du glaubst mir wirklich, daß ich dir was zu bieten habe? Du meinst, wir könnten was miteinander anfangen?

„Yeah. Schätze schon."

Jeremy, Leute wie ich wollen nicht, daß die recht behalten, die meinen, das Leben sei beschissen und es bleibe beschissen, wenn man von dort kommt, wo du herkommst. Wir sind doch auch nicht nur zu dem geworden, was wir sind, nur weil wir Glück gehabt haben. Nein, wir haben uns ganz schön angestrengt. Zugegeben, wir hatten drei Mahlzeiten am Tag, meist frische Kleidung, ein weiches Bett, eine Mami mit Rockzipfel, die nickte, und einen Vater, der uns meistens in Ruhe ließ. Aber es geht auch ohne. Du mußt es nur versuchen.

„Wird ganz schön arg werden, was?"

Yeah. Aber so richtig eng wird's bestimmt nicht. Versprochen. Wir sind nicht wie Raglan, wir legen es nicht darauf an, Jungs wie dich ständig um uns zu haben. Wir holen euch nicht in unsere Wohnungen. Wir haben ein Jugendhilfegesetz, schöne Heime, Förderschulen und Streetwork. Wir haben Maßnahmen und Programme. Zeig einfach, daß du stark genug bist, da mitzumachen. Dann lassen wir auch einiges durchgehen. Und wenn das, was wir erfunden haben, um dir zu helfen, nichts taugen sollte, dann laß uns einfach noch mehr erfinden. Und du probierst das aus.

Hey, Jeremy, was soll der Griff in die Hosentasche? Laß das Messer, wo es ist; und wag bloß nicht, mir zu sagen, ich solle mein Maul halten. Okay, wenn du dich unter deinesgleichen wohler fühlst, dann bleib doch, wo du bist. Aber sag nie, daß wir das auch gewollt haben!

„Warste hier schon mal?"

Was? Du willst was ganz anderes von mir? Ich soll bei dir bleiben und einfach mit dir so leben, wie du lebst? Du willst mir zeigen, wo's lang gehen soll?

„Du mußt mein Vater sein, Mensch. Sonst wär dir das doch scheißegal, oder?"

Was? Jetzt soll ich Raglan spielen? Jeremy, das geht nicht. So wie du lebst, das kann ich nicht. Ich hab andere Ideen, andere Ansprüche. Ich weiß doch, was ich will.

„Hm, und wann hört man auf, es zu wollen?"

Nachtrag
New York City, 19. September 1996: Besuch in der Bronx und in Harlem. Hab mich verkleidet. Zerschlissene Hose, alte Schuhe, ein alter Mantel mit Kapuze, zwei Tage ohne Rasur. Düster bewölkter Himmel.

Will sehen, ob das wirklich so schlimm ist. Ich durchstreife einige Straßenzüge fern der U-Bahn. Geh nicht, geh niemals dorthin, hämmern Mahnungen in meinem Kopf. Ich fange an zu vergleichen: So ähnlich wie in der Sonnenallee in Berlin-Neukölln; SO 36 sieht auch nicht anders aus, weniger Hunde. Nicht mal so viele Betrunkene, viele Farbige, aber nicht nur. Geschäfte mit Auslagen im Freien, vor allem Gebrauchtwaren. Lebensmittel billiger als in Manhattan. Wenn dich jetzt einer abknallt? Keine

Galerie weit und breit, wenig Autoverkehr, kaum Polizei. Selten stehen Menschen alleine herum, kaum einer ist alleine unterwegs. Ich versuche, niemanden anzuschauen. Die rechte Hand in der Manteltasche umschließt ein Reizgasspray. Da kommen drei hispanisch anmutende Jugendliche auf mich zu. Sie lächeln. Alles zieht sich in mir zusammen. „You're not from here. Go away. Next Underground is over there." – „Where are you coming from?" – „Yeah, Germany, go, you never liked us."

Eine Stunde später bin ich im aufgeräumten Greenwich Village in einem Spirituosenladen und kaufe mir eine Flasche Bordeaux – für zehn Dollar wird manch einer anderswo umgebracht. Ich rasiere mich. Draußen dröhnt der Verkehr und die Polizeisirene – beruhigend. Ich schaue TV, Kanal NY 1.

You never liked us. – Ich war nie wieder dort.

Hansjörg Kautter

„… weder achtete er darauf, noch schaute er beiseite, als der Junge die Nadel einführte."

Raglan und Jeremy kommunizieren mit den Augen:
34 Blickäußerungen stehen 46 direkten Reden gegenüber.

Blicke können	**Blicke können sein**		**Augen können**
sprechen	leer	diskret	schauen
durchdringen	klar	beiläufig	wandern
prüfen	lebendig	erwartungsvoll	zwinkern
fesseln	strahlend	aufmerksam	glühen
fordern	leuchtend	interessiert	tränen
auffordern	lustig	neugierig	überlaufen
beeinflussen	weich	naseweis	lachen
ermutigen	offen	verliebt	weinen
erheben	zögernd	freundlich	starren
verunsichern	mutig	wohlwollend	blinzeln
stechen	entschlossen	mitleidig	Stiele bekommen
verachten	glühend	vorsichtig	glotzen
vernichten	leidenschaftlich	wachsam	brechen
töten	ernst	bohrend	erlöschen
	traurig	streng	
	müde	gleichgültig	
	verhangen	gelangweilt	
	finster	mißtrauisch	
	getrübt	hart	
	erschrocken	kalt	
	verbittert	böse	
	wütend	hochmütig	

Augen sind
Fenster der Seele

Durchs Fenster schaue ich von innen nach außen: Kontakt der Seele zur Welt.

Der Blick durchs Fenster, von außen nach innen, ist schwieriger. Die Seele des andern verbirgt sich im Dunkeln. Ich glaube, sie schemenhaft zu erkennen, und bemerke, daß es meine eigenen Züge in der Spiegelung des Glases sind …

Was hinter dem Fenster ist, kann sich erschließen, wenn dahinter Licht angeht. Oder wenn ich – indiskret – die Nase ans Fenster drücke oder von außen hineinleuchte. (Die Richtung des Lichtkegels und mancherlei Vorhänge und Sichtblenden lassen auch dann lediglich bruchstückhafte Ansichten des Interieurs erkennen.)

Beim Lesen von „Crusader Rabbit" bleibe ich an folgender Stelle hängen: „Jeremy setzte sich auf das Trittbrett, mit dem Rücken gegen die Seite der Ladefläche. Er wickelte einen Streifen Schlauch von einem alten Autoreifen um seinen Arm. Es war schwierig, es einhändig hinzukriegen. Er schaute wieder auf. ‚Äh ...'
‚Okay.' Raglan kniete sich hin und zog den Streifen fester an. Seine Augen waren wieder ganz weit weg, weder achtete er darauf, noch schaute er beiseite, als der Junge die Nadel einführte."

Dieser diskrete Blick, der dem andern signalisiert: „Ich ‚spieße deine Handlung nicht mit meinen Augen auf', ich lasse dir deine Freiheit, ich bleibe aber bei dir": Ein Modell für den pädagogischen Dialog?
    Mir fallen Szenen diskreter, aber auch indiskreter Blickdialoge aus der pädagogischen Praxis ein:

Englisch-Stunde. Montagmorgen. In den vierziger Jahren. Der Lehrer stellt sich auf einen Stuhl vor die Klasse. Er hört in schneidendem Ton Vokabeln ab. Wer die Vokabel kennt, muß aufzeigen. Mit kriminalistischem Spürsinn identifiziert sein Auge die »Falschaufzeiger«: „Ihr Kümmerlinge!"

*****

Im Bewegungsspielraum des Förderkindergartens halten sich eine Praktikantin und mehrere Kinder auf, die sich mit Reifen, mit dem Rollbrett, dem Schaukelpferd und dem Trampolin beschäftigen. Es herrscht ein lebhaftes Treiben, teilweise necken und zanken sich die Kinder.
Lina, ein sehr gehemmtes und ängstliches Mädchen, sitzt am Rande des Geschehens ruhig auf einer Bank und schaut dem Trampolinspringen anderer Kinder zu ... Die Praktikantin unterstützt verschiedene Kinder dabei. Auf dem Trampolin springt Ruth mit sichtlicher Freude an der Bewegung, Lina läßt keinen Blick von ihr, auch nicht von Manuel, der nach Ruth auf das Trampolin steigt. Sonja, die immer wieder Kontakt zu Lina aufnehmen möchte, nähert sich ihr, schaut sie an, möchte sie auf das Trampolin ziehen und sagt: „Komm, Lina." Lina widerstrebt, bleibt sitzen. Sonja, zu ihr gewandt, noch einmal: „Lina, komm, willst du, ha?" Lina bleibt mit starrer Körperhaltung sitzen, reagiert nicht. Sonja läßt ab von ihr: „Die will nicht." Inzwischen richten sich die Blicke aller auf Lina. Die Praktikantin: „Komm, versuch's doch mal, jetzt sind grad nicht so viele Kinder da." Lina bleibt in verkrampfter Haltung sitzen, greift nach ihrer Puppe, zeigt sonst keine Reaktion.

*

Ruth und Lina sind im Gruppenraum in der Puppenecke. Ruth deckt im Rollenspiel den „Frühstückstisch", dazu holt sie die notwendigen Utensilien in mehreren Arbeitsgängen aus dem Regal. Lina beobachtet, ihre Puppe in der Hand, ganz genau, was Ruth tut. Dabei folgt sie ihr auf Schritt und Tritt, hin und her zwischen Tisch und Regal, als ob sie mit einer imaginären kurzen Leine an Ruth festgemacht wäre. Sie beugt sich auch teilweise weit vor, um Ruths Tätigkeit genauer beobachten zu können. Ruth duldet dieses Verhalten.

*

Die Erzieherin, zu der sich Lina besonders hingezogen fühlt, läßt zu, daß Lina häufiger als andere Kinder neben ihr am Tisch sitzt; sie wirft Lina gelegentlich einen freundlichen Blick zu und macht ihr mit einem aufmunternden Kopfnicken Mut. Sie verständigt sich mit ihr über Mienen und Gesten, bedrängt sie nicht mit verbalen Anforderungen. Wie selbstverständlich schiebt sie Lina eine Arbeit rüber, wie zum Beispiel einen Apfel für den Obstsalat schnitzeln, an dem sie selbst gerade arbeitet und dabei von Lina beobachtet wird. Die Aufmerksamkeit der Erzieherin ist eher „beiläufig" als „fokussiert" auf Lina gerichtet.

*****

Martina Koch hat längere Zeit ein fünfjähriges entwicklungsverzögertes Mädchen begleitet; ihr verdanke ich die folgende Episode:

„Ich bin mit Sevim allein im Zimmer. Nachdem wir eine Weile gespielt haben (Puzzle, Puppenstube, Trampolin), legt sich Sevim auf das Trampolin, sagt „Heia" und nimmt den Daumen in den Mund. Ich frage, ob sie müde sei und schlafen möchte, sie nickt und schaut mich ernst an. Ich singe ihr ein Schlaflied, streiche ihre Haare und rede anfangs leise mit ihr. Sevim saugt heftig an ihrem Daumen, schaut mich unverwandt an und bleibt ungefähr eineinhalb Stunden mit offenen Augen liegen. Erst als der Bus kommt und ich sie ‚wecke', steht sie auf und klammert sich beim Schlußkreis sehr stark an mich." (M. Koch: Fallstudie über ein Vorschulkind mit erheblichen Entwicklungsverzögerungen. Fachbereich Sonderpädagogik Reutlingen 1982, unveröffentlicht, S. 7)

Mündlich berichtete Martina Koch, daß sie diese anderthalb Stunden sehr anstrengten und sie sich erschöpft gefühlt habe. Ich nehme an, daß ihr Blick während der Regression des Kindes, den sie leider nicht beschrieb (nicht beschreiben konnte), von einem imaginären Außenbeobachter mit ähnlichen Worten hätte charakterisiert werden können wie Raglans Blick: „Weder achtete sie darauf, noch schaute sie beiseite, als sich das Kind zu den Anfängen seines Weges zurück begab."

Gerhard Klein

Was machen wir mit dem Kind?

Was machen wir mit dem Kind, dem Schulanfänger, dem Schüler, dem Jugendlichen, dem Sitzenbleiber, dem Legastheniker, dem Kriminellen, ...?
Pädagogisches Denken und Handeln wird ständig von der Frage nach zielgerichtetem, geplantem Handeln bestimmt. In der Jugendhilfe muß ein „Hilfeplan" erstellt werden. Schulunterricht folgt dem Lehrplan und muß täglich neu geplant werden. Förderdiagnostik dient als Grundlage gezielter Förderpläne, gezielter Maßnahmen und Programme für Problemkinder. Der Sonderpädagoge wird „als zielstrebiger Beeinflusser des Individuums" beschrieben. Bei Integrationsmaßnahmen muß ein individueller Erziehungsplan (IEP) erstellt werden. Allgemeine Erziehungsziele beschreiben, wohin Kinder durch Erziehungsmaßnahmen und Erziehungsmittel gebracht werden sollen.
Diese planende Intentionalität pädagogischen Denkens und Handelns, die das Kind, den Schüler oder, im älteren Sprachgebrauch, den Zögling dahin bringen will, wohin er nach herrschender Meinung gebracht werden soll, diese Intentionalität wird in der Geschichte vom „Crusader Rabbit" umgekehrt.
Nicht der Erziehende plant sein Handeln und strebt gesteckte Ziele an, sondern das Kind, der Junge fordert direkt oder indirekt das Handeln des Älteren heraus, macht ihn zu seinem Erzieher, zu seinem Vater.
An zwei Punkten der Geschichte will ich versuchen, dies zu zeigen: Da ist einmal das „Helfen" und zum anderen „Das Kind im Müll".

Drei Szenen in der Geschichte machen deutlich, wie hier pädagogisches **Helfen** verstanden wird.

1. Jeremy will aus dem Müllcontainer heraus, schafft es aber nicht aus eigener Kraft.
   „Seine Bewegungen waren steif und ungeschickt, als er herauszuklettern versuchte, und der Müll zog naß an seinen Füßen. Raglan nahm den Jungen, der glitschig war wie ein Seehund, unter den Armen und hob ihn über den Rand" (S.10).
   Raglan hilft Jeremy das zu tun, was er selber tun möchte und allein nicht kann. Wie eine Hebamme das Kind aus dem Mutterleib, so zieht er den glitschigen Jungen aus dem Müll.

2. Jeremy präpariert seinen Arm für die Spritze. Das Abbinden des Oberarms mit dem Gummischlauch gelingt ihm allein nicht.
„*Es war schwierig, es einhändig hinzukriegen. Er schaute wieder auf. ‚Äh ...' ‚Okay.' Raglan kniete sich hin und zog den Streifen fester an*" (S. 11).
Ohne Wenn und Aber hilft Raglan, damit das fragwürdige Tun gelingt.

3. Nachdem sie den toten Säugling entdeckt haben, fragt Jeremy: „*Was machen wir denn jetzt?*" Raglan fragt zurück: „*Was willst du tun?*" (S. 12 f.).
Die Frage um guten Rat gibt er dem Frager zurück – gegen alle Vernunftgründe – und hilft ihm so, seine Gedanken, seinen Wunsch auszusprechen.

Alle drei Szenen zeigen, wie sich der Helfer (Raglan) in die Absicht, den Handlungsplan des Hilfebedürftigen einfügt, ihn unterstützt, damit dieser seine Ziele erreicht. Exemplarisch zeigen diese drei Szenen, wie Helfen den Hilfsbedürftigen in seinem Wollen respektiert. Keine Spur von dem drängenden, dirigistischen oder gar herrischen Helfen der „hilflosen Helfer", die gerne selbst bestimmen, wo es lang geht.

Als Grundstruktur des Helfens wird deutlich: Die Ziele, die Intentionen sind immer schon von dem gesetzt, der Hilfe braucht. Der Helfer tritt mit seiner unterstützenden Tätigkeit gleichsam in die Handlungsspur dessen ein, der Hilfe braucht. Die ausdrückliche Bitte um Hilfe geht immer voraus. Unerbetene Hilfe kommt nicht an.

Nicht von ungefähr zählt „helfen" zur Gruppe der Verben, die den Dativ brauchen: danken, raten, dienen, trauen, folgen ... usw. In der Dudengrammatik heißt es dazu: „Es (das Dativobjekt) bleibt von dem Verhalten des Subjekts unberührt, weil sich ihm dieses Verhalten lediglich zuwendet ... Hennig Brinkmann hat deshalb formuliert: ‚Der Dativ bringt den Menschen als Person zur Geltung'" (1966, S. 475).

Das Kind im Müll

„Hm, und wann hört man auf, es zu wollen?" fragt Jeremy, der sich mit einem Schuß die Trostlosigkeit des Tages erträglich gemacht hat.

„Wenn du beschließt, daß dir was anderes wichtiger ist", antwortet Raglan, der Erfahrene, der die Sucht hinter sich hat.

Was aber ist dieses „andere", das wichtiger wird als das Verlangen nach Stoff? Der Autor läßt die Frage nicht aufkommen. Vielleicht antwortet er mit dem zweiten Teil der Erzählung. Genau in der Mitte der Geschichte (S. 12) wird das tote Baby entdeckt.

„Oh ... Gott" – „Warum so was?" – „Was machen wir denn jetzt?"
Das Kind im Müll, die nächste Generation, fordert das Handeln des Jungen heraus, auch wenn es tot ist. Der „wunderschöne Junge" wird wichtiger als leere Bierdosen, Sprit für den Lastwagen oder Stoff und wischt alle rationalen Bedenken weg.

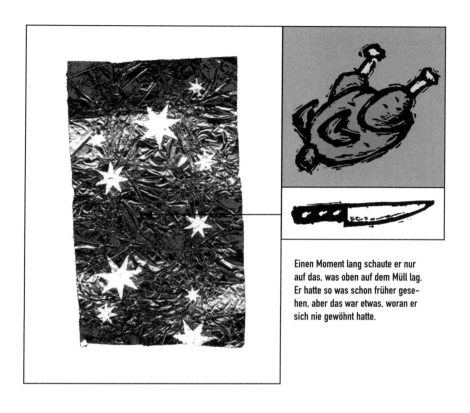

Einen Moment lang schaute er nur auf das, was oben auf dem Müll lag. Er hatte so was schon früher gesehen, aber das war etwas, woran er sich nie gewöhnt hatte.

Die Fahrt zum Grab wird zur Fahrt in eine andere, neue Welt: Sonnenlicht, frische, saubere Luft, die nach lebendigen Dingen riecht, Gras, gelber Löwenzahn und bunte Blüten. „Ich … hab gar nicht gewußt, daß es so was gibt, echt … ohne Menschen und Autos und Zeugs. Es gefällt mir." „… nackt vor dem Meer und der Sonne …" und glücklich, „… Seite an Seite am Feuer … ‚Is' das hier campen'?"
Die Realität holt sie ein, „nicht genug Sprit", doch es ist eine andere, eine veränderte Realität. „Aber vielleicht gibt's hier ja irgendwo was …"
 Darin kommt Hoffnung zur Sprache. Aus dem Konjunktiv „Du könntest mein Vater sein" und der argumentierenden Forderung „Du mußt mein Vater sein", ist der Indikativ „Du bist mein Vater …" geworden. Das fragende „oder?" fordert Antwort und läßt sie offen.

Was aber soll an dieser Stelle noch der „Crusader Rabbit", der Kreuzritter Hase? – Ein Schwert hat er und kämpft gegen Drachen. In anderem Kontext heißen solche Figuren Engel und das Kind liegt in der Krippe.
 Die alte und ständig neu drängende pädagogische Frage: „Was machen wir mit dem Kind?" kehrt sich um: „Was macht das Kind mit uns?"

Klaus-Dieter Kübler

Den Blick öffnen auf das, was offen bleibt
„... weder achtete er darauf, noch schaute er beiseite ..."

In der Auseinandersetzung mit Jess Mowrys Kurzgeschichte „Crusader Rabbit" bleiben wir immer wieder an den Augen der beteiligten Personen hängen. Die differenzierte Beschreibung ihrer Blicke wirft die Frage nach deren Bedeutung für eine subtile Kennzeichnung der zwischenmenschlichen Beziehungen auf. Sicherlich kann der Blick zunächst ganz neutral als visuelle Aufmerksamkeit definiert werden, er ist jedoch nicht nur dazu da, den Anderen zu orten, zu beobachten und zu bewerten, sondern er stellt eine besondere soziale Erfahrung dar, die eine präverbale Verbindung und Wechselwirkung der Individuen ermöglicht. Im Blick konkretisieren und konstituieren sich Nähe und Distanz. Es zeigt sich in ihm, ähnlich wie bei Mimik, Gestik, Stimme und Körperhaltung, die Gestimmtheit des Anderen, seine Intention, seine Beziehung zu mir und zur Welt. Und schließlich, wir gestalten uns gegenseitig durch unsere Blicke.

Was ich in diesem Zusammenhang allgemein über die Herstellung von sozialen Beziehungen formuliert habe, muß sich für die Pädagogik noch zuspitzen lassen. Deshalb wird im weiteren Verlauf der Frage nachgegangen, welche Formen des „pädagogischen Blicks" es gibt, wie sie sich charakterisieren und möglicherweise erlernen ließen und was sie für die pädagogische Praxis bedeuten könnten.

Gleich zu Beginn der Kurzgeschichte lesen wir, daß Raglan den Jungen „nicht das erste Mal" (S. 9) beobachtet, geradezu „mustert", als dieser „bis zur Hüfte im Müllcontainer" steht, um dort nach Bierdosen zu suchen. Was Raglan dabei erkennt, entspricht allem anderen als einem diagnostisch nüchternen, gar auf Defizite fixierten Befund; im Gegenteil, er entdeckt „ein schönes Kind" (ebd.). Man muß schon sehr genau hinsehen, um einen halbnackten, dreizehnjährigen Fixer mitten im Müll mit so vielen Farben schildern zu können. Und man muß sehen wollen, wie drahtig sein Körper, wie klein seine Muskeln, wie straff seine Haut und wie stark seine Zähne sind. Raglan ist von dem dreckigen, kleinen Kerl offensichtlich so fasziniert, daß er an ihm liebevoll viele Details wahrnimmt und ihn selbstverständlich in sein Leben und seine Arbeit einbezieht. Dieses „Mustern" Raglans resultiert aus einem fokussierenden Blick, bei welchem der Brennpunkt der Aufmerksamkeit von Detail zu Detail wandert. In seinem Fall geschieht dies aus ehrlichem Interesse mit einer subjektiv wohlwollenden Grundhaltung und emotionalen Beteiligung. Dies unterscheidet sich deutlich von einem distanzierten „diagnostischen Blick", der seinen Fokus ebenfalls auf Einzelheiten richtet, aber Betroffenheit vermeiden will, um distinkte, scheinbar objektive Informationen zu erhalten.

An anderer Stelle verändern sich Raglans Augen, als er bemerkt, der Junge braucht seine Dosis: „... nicht, daß sie weicher wurden, sie wanderten vielmehr Lichtjahre weit weg" (S.10). Sein objektivierender Blick ändert sich, als er Jeremys Bedürfnisse wahrnimmt. Sein Fokus geht ins Unendliche und der Blick wird weit, in ihm hat nun vieles Platz. Dies entgeht wiederum Jeremy nicht, denn er beobachtet dies „durch die gesenkten Lider" (ebd.). Wenngleich Raglans Augen ins Unendliche zu gehen scheinen, verliert er den Jungen doch nicht aus dem Blick. Sie sind „immer noch weit weg" (ebd.), als Jeremy seine Vorbereitungen trifft. Dennoch nimmt er wahr, wie der Junge zu ihm aufblickt. Ganz offensichtlich versteht Raglan auch in diesem Moment die stumme Bitte, die im Blick des Jungen und in seinem bedürftigen „Äh..." (S.11) zu liegen scheint. Er hilft ihm gleichsam als Antwort auf seinen Anruf, „... einen Streifen Schlauch von einem alten Autoreifen um seinen Arm" (ebd.) zu wickeln. Doch warum, so fragen wir uns, sind Raglans Augen „... wieder ganz weit weg (...), als der Junge die Nadel einführte" (ebd.)?

Um diese pädagogisch wichtige Situation besser verstehen zu können, wenden wir uns dem speziellen Blick Raglans und seiner gesamten Haltung zu. Es fällt zunächst auf, daß Raglan auf den oben bereits angedeuteten Blick Jeremys ohne zu zögern reagiert. Mit seinem „Okay" (ebd.), zeigt er, daß er das Anliegen Jeremys verstanden hat. Er kniet hin, begibt sich also auf die Ebene des Jungen, kommt ihm damit sehr nahe und zieht – seinem Wunsch entsprechend – den Streifen fester an. Gleichzeitig sind seine Augen wieder ganz weit weg.

Nun kommt die für mich so bedeutsame Stelle, die ich für den Untertitel meines Beitrags gewählt habe: „... weder achtete er darauf, noch schaute er beiseite, als der Junge die Nadel einführte" (ebd.). Raglan weiß aus eigener Erfahrung, was Jeremy braucht, er muß nicht bewußt hinsehen oder entsetzt beiseite schauen. Er kann einfach da sein, denn er ist nicht mit sich selbst und seinen eigenen Erwartungen oder Gefühlen beschäftigt. Er hat eine innere Haltung, die in einem nicht-fokussierenden Blick ihren leiblichen Ausdruck findet. Dieser verrät weder einen bedrängenden Willen noch Gleichgültigkeit und kann gerade deshalb zum Beistand für den Jungen werden. Er wird möglich, da der äußere Vorgang („als der Junge die Nadel einführte") bei Raglan auf eine bereits verarbeitete Lebenserfahrung stößt und somit keinen Widerstand auslöst. Diese Facette des Menschlichen scheint Raglan in sein Selbst integriert zu haben. So ist es nicht verwunderlich, daß er das Verhalten des Jungen nicht unterbindet. Indem er weder darauf achtet, noch beiseite schaut, als der Junge die Nadel einführt, signalisiert er – wohl unbewußt – daß er die Situation nicht bewertet und sie so akzeptieren kann; vielmehr verbindet er sich mit dem Jungen, ist solidarisch mit ihm. Sein Blick verrät dies, indem er absichtslos (das heißt ohne in eigene Interessen involviert zu sein) bei dem Tun des Jungen verweilt.

Dies erinnert an die von Carl Rogers für therapeutische Beziehungen so wichtig erachtete Grundhaltung der bedingungslosen Akzeptanz. Am nicht-fokussierenden Blick Raglans wird deutlich: Dahinter lauert keine normorientierte Vorstellung davon, „wie es eigentlich sein sollte", keine moralisierende Haltung, bei welcher der so Angeblickte ohnehin immer schon der Verlierer ist. Somit gibt es auch keinen „hilflosen Helfer", der die Not des Anderen zu erkennen glaubt und nicht bemerkt, daß es sich um die eigene Not handelt. Eine Not, die den Zögling nicht selten gerade auch in pädagogischen Beziehungen zum Objekt der Selbsttherapie des Erziehers werden läßt. Bei Raglan ist es anders: er, der selbst schon eine Drogenkarriere hinter sich hat, bedarf keiner Funktionalisierung des Zöglings zum Zwecke der Selbstheilung.

Durch Absichtslosigkeit, die im nicht-fokussierenden Blick ihren leiblichen Ausdruck findet, wird eine existentielle Nähe möglich, eine Nähe in Freiheit. Die Weite des Blicks ermöglicht die Nähe der Beziehungspartner und umgekehrt: der fixierende „diagnostische Blick" tastet – bei engem Fokus – stets nur die Merkmale des Anderen ab. Wenngleich er sich für die Einschätzung und Beurteilung zumindest von Teilaspekten des Anderen eignet, besteht die Gefahr der Festschreibung und Stigmatisierung. Denn ich erreiche den Anderen nicht wirklich, da ich ihn mit meinem Blick nicht „umfasse". Ich bleibe an Einzelheiten meines Gegenübers hängen und mache mir daraus ein Bild von ihm, das ich rückwirkend – im Sinne der Theorie des radikalen Konstruktivismus – als mein wirkliches Gegenüber zu erkennen glaube.

An dieser Stelle soll nicht behauptet werden, daß wir durch den nicht-fokussierenden, in die Weite gehenden Blick den Anderen letztendlich begreifen und „abschließend" verstehen können, er bleibt auch dann noch ein „Rätsel" (Lévinas). Der Unterschied zum „diagnostischen Blick" besteht darin, daß sich beim nicht-fokussierenden Blick der Fokus, der ja die Schärfe herstellt, in der Weite verliert bzw. auflöst, was streng genommen das Sehen in Bildern unmöglich macht. Dieses „Ohne-Bild-Sehen" ermöglicht eine existentielle Begegnung, da sich der Andere, leibphilosophisch ausgedrückt, ungefiltert in mich „einschreiben" kann.

Dieses „Weder-darauf-Achten-noch-Beiseiteschauen" des nicht-fokussierenden Blicks ist genaugenommen ein Paradoxon, das den Rahmen der aristotelischen Logik sprengt. In dem von der westlichen Welt bevorzugten „Entweder-Oder-Denken" ist diese Beschreibung des Blicks schlicht nicht vorstellbar. Ganz anders im Denken der östlichen Philosophie, hier hat der Umgang mit dem „Sowohl-als-auch" eine lange Tradition. Dieser spezielle Zugang gipfelt unter anderem im Gedanken des „Tun im Nicht-Tun", das nicht über das Wollen erreicht werden kann. Und dies ist ein Grund, weshalb der nicht-fokussierende Blick nicht über lineare Sprache zu vermitteln und zu lehren ist. Er kann nur paradox und in Bildern beschrieben werden. Durch Raglans bloßes Dasein und seine absichtslose Teilnahme entwickelt Jeremy eine Perspektive. Er sieht seine Chance; obwohl er erst gerade die Augen geschlossen hat, öffnet er sie sofort wieder, um im Blick Raglans Halt zu suchen und der Wirklichkeit ins Auge zu sehen. „Jetzt macht es mich nur noch normal" (S. 11), entfährt es ihm. Er begreift im Blickkontakt mit Raglan, ohne es bewußt zu denken, daß es Befreiung und Geborgenheit auch jenseits der Droge geben kann. So ist es naheliegend, daß Jeremy seinen neuen Beschluß „Nächste Woche wird's nur noch einer sein" (ebd.) Raglan (und sich selbst) mitteilen kann. Als ob er sich dies noch selbst nicht ganz glauben könnte, und um den nahezu nicht durchführbar scheinenden Vorsatz aushalten zu können, schaut er wiederum fest in die Augen Raglans. „Wird ganz schön arg werden, hm?", fragt er den Wissenden, der all dies schon hinter sich hat. Noch eine Frage schließt sich an: „Hm, und wann hört man auf, es zu wollen?" Die Antwort kommt, nachdem Raglan aufgestanden ist und ein paar Schlucke aus der Flasche genommen hat. Er weiß, daß dieser Vorsatz inmitten von Verkehr, Abgasen, summenden Schwärmen von Fliegen und von Ratten nicht einfach zu verwirklichen ist. Raglan stellt sich jedoch der Frage und gibt eine Antwort, die den Jungen in die Pflicht nimmt und ihm die Verantwortung für das eigene Leben deutlich vor Augen führt: „Wenn du beschließt, daß dir was anderes wichtiger ist" (ebd.). Dies kommt einer Initiation gleich, die durch die vorausgehenden Blickkontakte bestens vorbereitet scheint.

Eine zweite Initiation ereignet sich, als Raglan den Deckel einer Mülltonne öffnet und zu seinem Schrecken ein totes Baby erblickt. Obwohl er den Jungen zurückhalten möchte, sieht auch er es. „‚Oh ... Gott'. Es kam als Seufzer raus. Jeremy drückte sich eng an Raglan. Raglan legte seinen Arm um ihn" (S. 12). Die fassungslosen Augen des Jungen suchen auch in dieser Situation die Augen Raglans, um dort Halt zu finden, und wenngleich Raglan selbst nicht über der Situation steht, entwindet er sich seinem Blick nicht. Raglan hat allerdings dieses Mal keine Antwort auf die Fragen des Jungen. „Warum so was?" (ebd.) fragt Jeremy und er antwortet: „Ich weiß auch nicht" (ebd.). Der Junge fragt weiter: „Was machen wir denn jetzt?" (ebd.). Obwohl selbst in Not und mit „harten Augen" fragt er den Jungen: „Was willst du tun?" (S. 13). Er beantwortet ihm auch die unangenehme Frage „Was machen sie ... mit ihnen?" (ebd.), wenngleich Jeremy die Antwort gar nicht hören will und ihn beschimpft.

Hier wird deutlich, daß Raglan sich um keinen noch so unangenehmen Aspekt des Lebens herumdrückt. Er besteht gemeinsam mit Jeremy die Konfrontation mit dem Tod, und so ist es ihm beim zweiten Blick auf das Baby wieder möglich, seine Augen in die Weite zu richten. Immer dann, wenn er diesen Blick wieder einnehmen kann, scheint er die Situation zu akzeptieren und eine Perspektive vor Augen zu haben. Dies lernt Jeremy von Raglan, denn als sie das tote Baby mit dem alten Lastwagen aus der

Stadt fahren, um es zu begraben, „starrte der Junge nur durch die verschmierte Windschutzscheibe, ohne etwas zu sehen, die Augen jetzt wie die Raglans ..." (S.14). Sein Blick scheint in dieser Situation in eine existentielle Tiefe vorzudringen. So kann auch er kurze Zeit später trotz aller belastenden Umstände wieder eine Perspektive entwickeln und das Leben genießen. Ihm entfährt, als er die Natur ohne Menschen und Autos wahrnimmt: „Es ... gefällt mir" (ebd.).

Zurück zur eingangs gestellten Frage nach den Formen des „pädagogischen Blicks". Aus meiner Sicht lassen sie sich nicht im Sinne einer Technik erlernen. Vielmehr geht es um innere Haltungen; eine der wichtigsten ist die des „Nicht-Wollens" und doch „Dabei-Bleibens". Was ich als nicht-fokussierenden und absichtslosen Blick beschrieben habe, meint natürlich auch den von pädagogischen Absichten nicht verstellten Blick, der paradoxerweise häufig eine pädagogische Wirkung hat. Wir erinnern uns an die oben erwähnte Formulierung des „Tun im Nicht-Tun".

Wie wir am Beispiel Raglans und Jeremys gesehen haben, gibt es einen Blick, der Halt bietet, vom Kind immer wieder gesucht wird und ihm eine Perspektive und Zukunft ermöglicht. Bei Raglan wird stets deutlich, wie der Blick mit einer inneren Haltung korrespondiert, also unmittelbar leiblicher Ausdruck ist. Weiterhin zeigt sich, daß ein pädagogisch wirksamer Blick nicht zwingend auf den Grad der Intellektualität zurückzuführen ist. Es hängt beispielsweise viel davon ab, ob der Erzieher die Wirklichkeit, in der er das Kind begleitet, selbst erfahren, verarbeitet und subjektiv sinnvoll integriert hat oder ob er Widerstände, Ängste und Abwehr in sich spürt.

Pädagogik darf sich nicht auf einen fixierenden „diagnostischen Blick" beschränken, denn wenn sie im Beobachten, Bewerten und Analysieren hängenbleibt, unterliegt sie einer verkürzten Optik, die den Anderen als Objekt sieht und ihn prinzipiell ausgrenzt. Deshalb ist es besonders wichtig, daß Erzieherinnen und Erzieher die „Weitung" und „Variabilität" des Blicks erlernen. Raglan könnte hierfür ein Beispiel sein. Dies bedeutet, sich seines Blicks mit den jeweiligen Möglichkeiten und Genzen bewußt zu sein und ihn je nach den Erfordernissen der Situation verändern zu können.

Im weiten, nicht-fokussierenden Blick taucht der Andere jenseits aller Besonderheiten als Mensch auf. In diesem Blick ist das Denken in Hierarchien bereits transformiert in das Bewußtsein der Gleichheit der Verschiedenen. Hier wird Beziehung in einer sehr intensiven Form möglich. Wenn wir nur die soziale oder berufliche Rolle eines Menschen, seine Behinderung, seine Schönheit, sein auffälliges Verhalten oder seine Leistungsfähigkeit sehen, können wir zu ihm keine Beziehung im radikalen Sinne aufbauen, denn sonst kommunizieren wir nur mit einer Rolle, einer glatten Haut oder einer Behinderung etc. Kontakt und Begegnung sind deshalb wesentlich auf einen Blick angewiesen, der nicht ausschließlich ins Detail verliebt, in fixierender Weise fokussiert; einen Blick, der hinter der Besonderheit das Verbindende zu sehen vermag und sich gleichzeitig bewußt ist, daß bei aller Nähe, die dadurch erfahren wird, der Andere immer auch ein Fremder bleibt, den es erneut zu suchen gilt.

Ein Gedicht aus Helmut Heißenbüttels Lesebuch „Den Blick öffnen auf das, was offen bleibt" (1986, S. 8), erscheint als mögliche Antwort auf die Frage nach einer pädagogischen Grundhaltung. In ihm finden wir Fokussierung und Nicht-Fokussierung als zwei Prinzipien einer am Menschen orientierten Pädagogik.

> das Sagbare sagen
> das Erfahrbare erfahren
> das Entscheidbare entscheiden
> das Erreichbare erreichen
> das Wiederholbare wiederholen
> das Beendbare beenden
>
> das nicht Sagbare
> das nicht Erfahrbare
> das nicht Entscheidbare
> das nicht Erreichbare
> das nicht Wiederholbare
> das nicht Beendbare
>
> das nicht Beendbare nicht beenden

Friedrich Kümmel

Der Ort des Menschen

Vor dem Hintergrund der Kurzgeschichte „Crusader Rabbit" von Jess Mowry und der hier vorgeführten Brechung der verschiedensten Bezugsrahmen menschlichen Lebenkönnens möchte ich die Frage ganz allgemein stellen: *Was ist der Ort des Menschen?*
  Der Ort des Menschen läßt sich nicht mit einem Wort angeben. Als Anwärter kommen in Betracht: Stamm bzw. Volk und Sprache, Wohnort und Land, Familie bzw. Sippe und Nachbarschaft, Staat und Gesellschaft; aber auch Erde, Natur und Leib. Die verschiedenen Bezugsrahmen überlappen sich, doch lassen sie sich nicht zur Deckung bringen und manifestieren vielmehr abgrundtiefe Brüche, wo sie sich konkurrierend geltend machen. Eine soziale Definition des Menschseins ist unabdingbar, doch kann sie die physische *conditio humana* nicht überhaupt in sich aufheben, und umgekehrt. Hinzu kommt für den einzelnen Menschen die Aufgabe der Selbstdefinition, von der er sich unter keiner Bedingung suspendieren kann. Wer und was ein Definitionsrecht hat und letztlich die Definitionsmacht über das menschliche Dasein gewinnt, also dessen „Ort" zu sein beanspruchen kann, bleibt strittig und unentscheidbar. Bezugsrahmen, die sich nicht alternativ entscheiden lassen, müssen in ihrem Verhältnis zueinander gesehen und von daher bestimmt werden. Ich gehe in der Folge auf drei Bezugsrahmen näher ein, die für den Ort des Menschen bestimmend werden, um diesen dann abschließend in einer allgemeinen Weise zu umschreiben.

Wir haben es uns im Zeichen der Vernunftaufklärung und der gesellschaftlichen Revolution angewöhnt, die Gesellschaft als den bestimmenden Ort des Menschen zu betrachten und die Möglichkeit seiner Existenz durch Teilnahmefähigkeit an dieser zu definieren. Der Korb ist damit sehr hoch gehängt, denn das Medium gesellschaftlicher Geltung ist die Öffentlichkeit, die wiederum Bekanntheit über den engeren Wirkungskreis hinaus voraussetzt. Aber auch der Preis ist teuer bezahlt, denn im Licht der Öffentlichkeit stehende Personen sind Repräsentanten, die den Schutz der Privatsphäre brauchen und immer weniger zugestanden bekommen.
  Auf den gewöhnlichen Menschen läßt sich eine solche Definition gesellschaftlicher Existenz nicht anwenden. Wertigkeit in den Augen der anderen ist für ihn durch Normativität und Normalität definiert. Dies verlangt, den Lebensstandard an einer durchschnittlichen Norm auszurichten, der All-

gemeinheit nicht zur Last zu fallen und wenigstens nach außen hin die Normallage bürgerlicher Konvention einzuhalten. Im übrigen kommt hier alles vor, was überhaupt vorkommen kann.

Gesellschaft ist eine Inszenierung der Medien und Bürgerlichkeit eine Sache des Lebensstandards und der mit ihm verbundenen Nachbarschaftsbeziehungen. In beiden Fällen entscheidet ein äußerer Maßstab über die Zugehörigkeit. So gilt bei aller Demokratisierung nach wie vor: „Gesellschaft", das sind zunehmend medienvermittelt „die da oben", von denen man nur Bilder kennt und Träume hat und bei denen gewöhnliche Menschen oft mehr am Privaten und der Indiskretion interessiert sind als am Politischen und Allgemeinen. „Bürger" aber sind die ehrbaren, wohlangepaßten Leute, die nicht mit dem Gesetz in Konflikt geraten und ein unauffälliges Leben führen.

Nicht dazu gehören Menschen, die die so gezogenen Grenzen nicht einhalten können: die Borderline-Existenzen und Outcasts, für die Normen nur noch eine ausschließende, ihre Existenzberechtigung überhaupt in Frage stellende Funktion haben. Nicht dazu gehören tendenziell aber auch die Kinder, die noch nicht wohlangepaßt sind, von allem auch die dunkle Seite abbekommen und in rigiden Systemen oft nur um den Preis der Selbstspaltung das erwartete Verhalten zeigen können. Solange die gesellschaftliche und/oder gutbürgerliche Definition menschlicher Lebensmöglichkeit als einzige gilt, heißt das für sie, daß es besser wäre zu sterben als ein so elendes Leben zu führen, und oft genug vollziehen sie selber diesen Urteilsspruch an sich.

Wesentlich komplexer und nur im Außenaspekt vordergründig durch Normen bestimmt ist die Familie und die ihr entsprechenden Institutionalisierungsformen als Ort des Menschen. Auch wenn die modernen Kleinfamilien von der Medienwelt und vom industriellen Prozeß bedroht sind, überlebt auf allen Ebenen ein übergreifendes Familienprinzip, das nicht lediglich durch natürliche Abstammung bestimmt wird und auch nicht einfach archetypisch vorgegeben ist. Daß man ohne „Beziehungen" nicht weit kommt, ist nur ein Abklatsch des hier waltenden Prinzips. Soweit der Mensch wesentlich in der Zeit existiert, folgt er genealogischen Linien des Lebens, in denen Segen und Fluch, Verstrickung und Befreiung nahe beieinander liegen und unterschwellig eng miteinander verbunden sind.

So wie die Gesellschaft den Raum usurpiert, sind Familien und ihr analoge Institutionalisierungsformen (Schulen, Kirchen, Betriebe usw.) die Hüter der Zeit und sorgen für deren beständige Wiederkehr. Sie erhalten das Leben, indem sie durch Geschlecht und Alter definierte Positionen vergeben und weiterreichen. Man wird in sie hineingeboren und/oder wächst in sie hinein, wenn Zeit dafür gegeben ist. Hier ist der Mensch nicht einfach Mensch, sondern Vater oder Mutter und Kind, Bruder und Schwester, Junge und Mädchen, Mann und Frau, Lehrer und Schüler, Vorgesetzter und Untergebener. Der Grad der Verpflichtung ist bei diesen Positionen ungleich größer, denn man kann sie, einmal eingenommen, nicht wieder ablegen und ist auf sie festgelegt. Sind Familienpositionen und Stellungen in Institutionen einmal vergeben, so hat der Einzelne fast keine Definitionsmacht mehr über sie und muß sie doch mit seiner ganzen Person auszufüllen versuchen. Was dem Familienprinzip folgt, wird so zu einer ungleich größeren Herausforderung für den einzelnen Menschen. Ein schicksalhaftes Moment der Unentrinnbarkeit kommt ins Spiel und bestimmt gerade diejenigen Fälle besonders hart, bei denen das Einnehmen der zugeschriebenen Position mit Schwierigkeiten verbunden ist und oft genug zu Konflikten in der Person selber führt.

Unentrinnbarkeit ist durch zeitliche Linien definiert und nicht durch räumliche Gegebenheiten, aus denen ein leichteres Entkommen ist. Familien bzw. Institutionen sind in der konkreten Auslegung ihrer Struktur gewordene Größen und bringen eine Fracht mit sich, an der keiner vorbeikommt. Sind ihre Positionen vergeben, so müssen die einzelnen Mitglieder herhalten, ob sie wollen oder nicht. Die Personen sind austauschbar, die Positionen aber nicht. Was die Positionen im einzelnen auszeichnet und bestimmt, ist hier aber nicht gesichtslos und anonym. Ihre Träger haben eine Gestalt und Geschichte, von der nicht nur das jeweilige Klima abhängt, sondern auch die Spielräume der einzelnen Positionen in ihrem Zusammenspiel. Gibt es in einer Familie zum Beispiel die Position des „Opfers" und wird sie besetzt – meist mit einem wehrlosen Kind –, so hat dieses keine Chance mehr, zu seinem Recht zu kommen und wird durch sich selber ähnliche Konstellationen erzeugen bzw. weiterführen. In dieser positionalen Festgelegtheit wird die Zugehörigkeit zu einer Sache auf Leben und Tod – und doch kann der Einzelne sich dem nicht überhaupt entziehen. Es müssen, soll ein Mensch überhaupt seinen eigenen Ort einnehmen können, auch die familial definierten Positionen für ihn besetzt sein.

Man kann sich eine Existenz diesseits der Gesellschaft durchaus denken, so unterprivilegiert sie von daher auch erscheinen mag. Armut ist kein Gegeneinwand gegen Lebensmöglichkeit, so drückend sie sein mag. Für Kinder ist sie kein Problem, es sei denn, sie müssen Hunger leiden. Wer aber aus der Familie und den ihr angegliederten Institutionen des Lernens und Arbeitens herausfällt, und dies oft genug schon als Kind, fällt gleichsam ins Nichts und glaubt überhaupt keine Lebensmöglichkeit mehr zu haben. Es *müssen* also zumindest für das Kind die familialen Positionen besetzt sein, und sei es mit fremden Menschen, die hier einspringen können.

Solange die Familie im engeren und weiteren Sinn der Ort des Menschen ist, ist keiner Herr und Werk seiner selbst. Weil es in jedem Falle Andere sind, die die zugeordneten Positionen einnehmen, bleibt der Einzelne im familiären Verband grundsätzlich abhängig und angewiesen auf Vorgaben, die er sich nicht selber geben kann. Es gilt hier vielmehr: „Der Mensch kann sich eben realiter zu nichts machen, es sei denn, er *ist* schon zu etwas gemacht, er ‚hat' etwas. Nur indem er bereits etwas hat, kann er sich ‚zu etwas' oder zu ‚mehr' machen. Das bedeutet konsequent: er muß das ‚Gegengewicht' oder einen wichtigen Teil des Gegengewichtes schon haben, bevor er es übernehmen, vervollständigen oder sich ihm gegenüberstellen kann. *Er ist auf Vorgaben angewiesen"* (Dieter Claessens: Familie und Wertsystem. Köln/Opladen, zweite überarbeitete Auflage 1967, S. 70; letzter Satz kursiv hervorgehoben von mir). Nur wenn er auf diese Weise Fuß fassen konnte, kann er sich auch wieder ablösen und verselbständigen. Gelingt das Fußfassen im zeitlich ersten Ort der familienartigen Zusammenschlüsse nicht, so scheitert es auch in allen weiteren. Die hier geknüpften Bande machen die Freiheit (sei sie gesellschaftlich oder individuell gedacht) zu einem „zweiten Weg" und geben ihr die ganze unerlöste Erbschaft zur Aufgabe mit.

Der „dritte Ort" des Menschen erst ist sein eigener Ort, die Subjektposition. Sie ist im Prinzip durch Freiheit, konkret aber durch Vorgaben wie Leiblichkeit, Empfindungsfähigkeit, Sprache und Denkfreiheit definiert. Bezüglich derartiger Vorgaben besteht zwischen dem Prinzipiellen und dem Konkreten kein Widerspruch mehr, denn auch wenn dies alles zunächst physische und gesellschaftliche Güter sind, rauben sie dem Einzelnen doch nicht seinen eigenen Ort, sondern nötigen ihn vielmehr dazu, soll er dieser Güter nicht verlustig gehen, diesen selber einzunehmen. Meine Leiblichkeit ist ein Schatz, doch nur indem ich sie baue. Empfindung ist mir nur soweit gegeben, als ich mich ihr bewußt zuwende. Die Sprache spricht, doch nur indem ich sie spreche. Das Denken findet Gedanken, doch nur indem ich sie selber denke. Bei aller Abhängigkeit von Vorgaben ist die Subjektposition in den genannten Gütern selbst implizit mitgegeben und nicht lediglich als ein zu erstrebendes Ziel hinzugesetzt.

Die Subjektposition ist für den Menschen somit keine abstrakte Größe, sie nimmt vielmehr *von vornherein* die zentrale Stellung in seinem ganzen Lebensgefüge ein. Alle Skripte im Lebenshaushalt sind eigene Dateien, von mir selber geschrieben oder zumindest unterschrieben, und andere können sie weder installieren noch löschen in mir. Abhängigkeit, ja Unterwerfung und Erniedrigung ist deshalb kein Gegeneinwand gegen die Freiheit und das Gesetz des Handelns: daß Handeln grundsätzlich Selbst-Handeln ist. Auch wenn der Mensch de facto in vieler Hinsicht nach wie vor Höriger und Leibeigener ist: tut, was man ihm sagt, so wie die anderen fühlt und spricht, und denkt, was alle denken, ist von vornherein unabdingbar verlangt, daß *er selber* dieses alles tut und tun muß, *als wäre es das Eigene.*

In diesem Selber-Tun-Müssen noch diesseits aller empfundenen Verantwortlichkeit liegt die Wurzel der Identifikation, die, wo das Bewußtsein für die Dinge noch fehlt, zu allem bereit und fähig ist. Auch Fehlurteile und Halbwahrheiten werden im Brustton der Überzeugung verkündet und im blinden Gehorsam der bedenkenlose Täter aktiviert. Der Ort des Menschen ist auch hierin von vornherein die Subjektposition. Der frei eingenommenen, sich im Bewußtsein eigener Verantwortlichkeit relativierenden und das heißt in Relation setzenden Subjektposition geht eine hemmungs- und schrankenlose Egozentrik voraus, deren dumpf gefühlte Absolutheit zu Taten anreizt und bei gegebener Trance-Anästhesie auch vor keinem Verbrechen haltmacht. In diesem Sinne ist jeder Mensch ein Abenteurer und Welteroberer, längst bevor er die Dinge kennengelernt hat und weiß, was es heißt, das Gewicht der Welt auf die eigene Schulter zu nehmen.

Die Subjektposition geht auch schon in ihrem ersten, noch eingeschläferten und fremdbestimmten Zustand über die Beschränkungen der sozialen Welt hinaus und schlägt Brücken zur Welt überhaupt, zur Erde und zum Leben|Tod, zur *natura sive deus* (Spinoza). Bei allen Blickbeschränkungen der sozialen Welt steht diese Weite auch dem Kind schon offen, und für den Erwachsenen gilt erst recht, daß sich erst im Verhältnis zu diesen nicht mehr verfügbaren Dimensionen der Existenz das eigene Lebensschicksal klärt. Der Ort des Menschen ist so von vornherein ein Ort, an dem er über sich selber hinaus ist und sich eingelassen weiß in einen Grund, der sich, je länger je mehr, als der *eigene Grund* erweist. Wie Existenz sich von daher definiert, soll abschließend wenigstens kurz angedeutet werden.

Menschen führen ihr Leben, indem sie einen Ort einnehmen, der ihnen entspricht. Sie fühlen sich gehemmt und leiden an Orten, an denen sie sich fremd fühlen und mit denen sie nichts für sich anfangen können. Mit einem Ort nichts anfangen können heißt, sich darin nicht selber bewegen können, weil es dem eigenen Wesen nicht entspricht. Von daher ist der Ort des Menschen stets der *eigene* Ort und bleibt es auch dann, wenn dieser darin mit Widrigkeiten konfrontiert ist und sich nicht geborgen fühlt.

Nur die Bewegung im eigenen Ort ist frei, insofern sie allein sich selber und keinem fremden, von außen auferlegten Gesetz folgt (vgl. dazu Franz von Baader: Werke, Bd. 8, S. 266). Allgemein gesprochen umschreibt der Ort somit eine eigene Bewegungsmöglichkeit, die in ihrem Grunde beruhigt und frei ist, in ihrer Versetztheit aber auch gehemmt und unfrei werden kann. *Omnis motus in loco placidus, extra locum turbidus* (a.a.O., Bd. 2, S. 468). Die so verstandene Bewegung ist stets eine Eigenbewegung und nicht wie in der klassischen Physik von äußeren Faktoren erzwungen. Die Eigenbewegung geht hervor aus ihrem Grund und kehrt in diesen zurück. Dies ist die Bedingung eines ungehemmten, freien Wirkens. Die äußere Herausforderung ist damit nicht bestritten, doch kann sie nicht zur zentralen Bestimmungsmacht werden. Der Mensch ist an seinem Ort zugleich in und außer sich. Beide Seiten zusammen zu sehen, heißt bezüglich des Grundes, daß dieser immer auch ein Abgrund ist und in der Unruhe des Lebens ein ständiges Übersichhinaus bedingt. Suchend nach Ruhe, findet das Leben Unruhe; strebend nach Erfüllung, ist es mit der Leere und dem äußeren Mangel konfrontiert (vgl. dazu die „Sätze aus der Bildungs- und Begründungslehre des Lebens" (1819) von Baader in: Werke Bd. 2, S. 95-124).

Der Doppelgesichtigkeit entsprechende Doppelaussagen, die oft die Form einer Paradoxie annehmen, können somit den Ort des Menschen erst hinreichend umschreiben. „Es ist der Grundtrieb des Seienden, zugleich innerlich und äußerlich bestimmt, erfüllt, das heißt bejaht, gesetzt und offenbar zu sein" (a.a.O., Bd. 4, S. 312). Dies ist aber nach allem Gesagten keine einfache Gleichung, sondern ein bleibender und erst durch den Bruch hindurch lösbar werdender, reiner Widerspruch. Mit anderen Worten: „Alle Gründung geschieht nicht unmittelbar, sondern durch Aufstören und Wiederaufheben eines Entgründens. Mit der Aufhebung des aufgestörten Ungrundes entsteht innere und äußere Begründung, mit dieser innere und äußere Gestaltung zugleich. Eben jener aufgestörte Ungrund muß in seiner Gebundenheit der äußern Begründung dienen, oder wie J. Böhme sagt, der Tod dem Leben den Leib geben" (a.a.O., Bd. 8, S. 182).

Nur mit dem Stichwort „Leib" ist der Ort des Menschen umfassend umschrieben. Während für den Geist der Tod alles ist und für die Seele das Leben, begegnen sich im Leib Leben und Tod auf der Schneide des Messers und geben allem sich Manifestierenden ein doppeltes Gesicht. Daß in dieser Berührung beider Seiten der Schlüssel zur Lösung liegt, weiß nur der Leib: daß nämlich zu leben immer lebensgefährlich ist, und nur wo Gefahr (der Schnitt) ist, auch das Rettende wächst. Der zentrale Ort des Gestaltungs- und Bildungs-, des Zeugungs-, Gebärungs- und Darstellungstriebs ist somit die Leiblichkeit in ihrem ekstatischen Verhältnis zur Welt und zu den Dingen. Die Leiblichkeit ist gerade unter dem Aspekt des Wachstums und nicht eben nur des Vergehens eine ständige Gratwanderung zwischen Leben und Tod, auf der das Leben sich in der beständigen Lösung bleibender Widersprüche siegreich behauptet. Die Lösung ist spürbar im inneren Lebensgefühl und dokumentiert sich in der spiegelgleichen ästhetischen Anschauung des Universums.

Sofern die im übrigen recht sentimentale Kurzgeschichte von Jess Mowry eine Ahnung von der Mehrseitigkeit und Mehrdimensionalität menschlichen Lebens vermittelt und der Leser nach der Lektüre weder am Stigma gesellschaftlicher Deprivation hängenbleibt noch einen neuen Helden kreiert, kann sie eine wichtige Aufgabe erfüllen.

Walther Munz

„Ich ... hab gar nicht gewußt, daß es so was gibt ..."

Natürlich weiß ich, das es so etwas gibt! Und natürlich weiß auch Jeremy, daß es Blumen und Bäume gibt, und daß die Welt nicht nur aus Müllhalden und der Jagd nach Stoff besteht.

Aber was heißt das schon, „wissen"? Was wissen wir wirklich von fremden Welten, in denen wir nicht leben, atmen, handeln, lieben, Wünsche und Bedürfnisse haben? Die gelegentliche Befriedigung unserer akademischen Neugier und unseres abendlichen Fernsehinteresses gaukelt uns vor, wir wüßten wirklich, wie es in der Welt der Armen, Benachteiligten und Ausgegrenzten aussieht. Sporadische unverbindliche Einblicke in fremde Welten lassen uns staunen, schaudern, führen oft zu vorschnellen Urteilen und Bewertungen.

Bietet auch diese Geschichte nicht mehr als ein Guckloch durch den Zaun, den wir um unsere Welt gezogen haben?

Schauen wir zuerst mal von der andern Seite hindurch: Jeremy genügt ein kurzer Eindruck der von Menschen nicht verunstalteten Landschaft, um in ihr ein Symbol seiner Sehnsüchte und Wünsche zu sehen. So wie die Müllhalde und das tote Baby für mich die mir fremde Welt der Armen, der Rauschgiftabhängigen symbolisiert, so symbolisiert die unberührte Natur für Jeremy möglicherweise ein anderes Leben, ein Leben in Harmonie, materieller und sozialer Geborgenheit.

Die Geschichte erlaubt einen Blick in die uns fremde Welt der Jeremys und zeigt in beeindruckender Weise den Wunsch ihrer Bewohner nach einer besseren Welt, einer Welt, von der wir zu oft in unkritischer Arroganz annehmen, daß es genau die unsere sei.

Und welche Rolle spielt dabei Raglan? Ist er Teil der Welt Jeremys oder kommt er aus einer anderen Welt?

Ich denke, er ist ein Vermittler zwischen beiden Welten, einer der in der Lage ist, das Lebensgefühl Jeremys aufzunehmen, mitzuleben und gleichzeitig in diese Beziehung eigene, neue Aspekte, Bewertungen, Sichtweisen einzubringen, welche die Handlungsmöglichkeiten Jeremys erweitern ohne die alten abzuwerten.

Raglan ist der Modellvater in einer Subkultur, in der die Väter nicht mehr da sind oder versagen; er liefert in einer einzigen Begebenheit das Muster, einen Prototypus pädagogischen Handelns, Denkens und Fühlens.

Eine Geschichte wie diese kann zum Ausdruck bringen, daß Hilfe, sofern sie akzeptiert werden soll, in jedem Fall auf einer Beziehung basieren muß, die man durch mitleben, mitfühlen und durch die Übernahme von Rollen erreicht, die wir in unserer bürgerlichen Gesellschaft nur durch Bestimmungsmerkmale traditioneller familiärer Beziehungen – wie zum Beispiel der Vater-Sohn-Beziehung – definieren können. (Auch Jeremy hat für seinen Wunsch nach Partnerschaft, Verständnis und Vorbild nur diesen Rollenbegriff bereit.)

Dieser Gedanke leuchtet mir sehr ein, und trotzdem – oder gerade deswegen – fühle ich nach dem Lesen der Geschichte und beim Schreiben dieser ersten Zeilen ein – zuerst unbestimmtes – Unbehagen.

Die Art und Weise, wie ich auf diese Geschichte reagiere, kommt verdächtig glatt daher. Fast könnte man meinen, der Autor und ich, der Leser, spielen nach vertrauten, wenig flexiblen Rollen unseren Part: Er rührt mich an mit einer gefühlsbeladenen Story, in der – für jeden ersichtlich – ein respektables sozialpädagogisches Konzept exemplarisch demonstriert wird. Und ich reagiere pflichtgemäß, indem ich den pädagogischen Extrakt herausfiltere.

Was dabei für mich, den Leser herauskommt, ist möglicherweise Befriedigung statt Beunruhigung: Na also, es gibt ein Rezept für die Misere dieser Welt. Und – so könnte ich mir wider besseres Wissen vorgaukeln – ich kann beruhigt davon ausgehen, daß für jeden Jeremy dieser Welt ein Raglan da ist, der die Vaterrolle übernimmt.

Jeder, der sich ernsthaft mit der Lage der Kinder auf unserem Planeten befaßt, weiß, daß dem nicht so ist. Kinder und Jugendliche werden millionenfach ihrem kläglichen Schicksal überlassen oder gnadenlos ausgebeutet.

Besteht also die Gefahr, daß eine vorschnelle Einigung – ein moralisches Agreement – zwischen Autor und Leser den Blick für die Realität verstellt, die durch die Geschichte nicht beschrieben sondern zum Anlaß für ein soziales Lehrstück genommen wird?

Hat damit die Story nur Alibifunktion für unser schlechtes Gewissen? Hat sie für mich die Funktion, mein Leben durch ein Ablenken von dem miserablen Zustand unserer Welt angenehmer zu machen?

Je mehr ich diesen Gedanken reflektiere, um so deutlicher wird mir, daß die Art der Instrumentalisierung der Geschichte durch den Leser zwar etwas über die Geschichte, jedoch sehr viel mehr über den Leser aussagt.

Die Geschichte ist eine Fiktion, ein Märchen, zu schön um wahr zu sein, und gleichzeitig bietet sie einen Einblick in eine gnadenlose und dem bürgerlichen Leser fremde Welt. In dieser ambivalenten Beziehung zur Realität liegt vermutlich der Reiz und gleichermaßen die Problematik solcher Geschichten.

Ein Lehrstück, das nicht die Realität beschreibt, sondern exemplarisch veranschaulicht, wie die Realität verändert werden kann, wird dann den

Blick auf die Wirklichkeit verstellen, wenn der Leser die dargestellte utopische Fiktion für Realität hält und nicht in der Lage ist, sich die „Gegengeschichte" auszudenken, eine Geschichte, in der Jeremy keinen Raglan findet und elend vor die Hunde geht.

Ich denke, daß der Leser auch dann den Kern der Geschichte verpaßt, wenn er sich weigert, die exemplarische Situation in irgend einer Weise auf seine eigene Person, seine eigenen Handlungszusammenhänge zu beziehen. In unserer persönlichen, beruflichen und privaten Umgebung müssen wir uns die Frage gefallen lassen, ob unsere Handlungen von wirklichem Mitleben, von einem echten Interesse an der Welt der benachteiligten Kinder und Jugendlichen, einem tatsächlichen Hineingehen in deren Welt geprägt sind, oder ob sie da an Grenzen stoßen, wo wir diese Welt nicht verstehen können und wollen, weil sie nicht die unsere ist.

Können wir für die Jeremys unserer unmittelbaren Umgebung etwas von dem sein, was Raglan versucht? Ich bin mir nicht einmal sicher, ob wir es überhaupt wollen.

Die Berührung mit einer anderen Welt ist allzu häufig beiläufig und oberflächlich. Wir wollen unsere Welt nicht in Frage stellen und schützen uns häufig durch vorschnelle Bewertungen und unpersönlichen und unverbindlichen Hilfsaktionismus.

Die Geschichte von Jeremy und Raglan kann diese Haltung verstärken, oder sie kann sie erschüttern. So kann die Geschichte vermutlich nicht besser sein als der Leser: Sie ist kitschig, wenn man Rechtfertigungen für gleichgültige Untätigkeit gegenüber den menschlichen Problemen der fernen und nahen Umwelt sucht; und sie ist erschütternd und im guten Sinne lehrreich, wenn man bereit ist, die Ambivalenz zwischen Realität und Story zu spüren, und wenn man ihren exemplarischen Gehalt nicht nur objektiv analysiert, sondern mit den eigenen Handlungsmaximen konfrontiert.

Werner Nestle

„Auf keinen Fall Mitleid!"
Punks kommentieren die Kurzgeschichte „Crusader Rabbit"

Literaturkritische Überlegungen
Zunächst regte mich die Geschichte zu einer literaturkritischen Analyse an. Meine erste Frage war: Schrieb Mowry eine Geschichte über die Realität in dem Sinne, daß Jeremy und Raglan tatsächlich existieren bzw. existierten, oder handelt es sich um eine fiktive Geschichte, in der Jeremy und Raglan Erfindungen des Autors sind?

Nach meinem Verständnis erzählt Mowry eine fiktive Geschichte, die den konstruierten Inhalt virtuell vergegenwärtigt und den Leser provoziert, sich mit dem Inhalt und damit auch mit seinen eigenen Vorstellungen und Bewertungen auseinanderzusetzen. In dieser Geschichte vermischt sich die Wirklichkeit (Milieu in Oakland) mit fiktiven Figuren (Jeremy und Raglan). Beide Figuren haben keine Lebensgeschichte, also keine Vergangenheit, keine Zukunft und keine Beziehungen zu anderen Menschen.

Der Text repräsentiert nach meiner Meinung nicht die typischen Verhaltensweisen von Müllsammlern und anderen armen Menschen. Vielmehr selektiert der Autor nach einer von ihm bestimmten Leitidee aus diesem Verhaltensrepertoire und konstruiert Beziehungsmuster, Umgangsformen und Erlebnisweisen, die für arme Menschen unwahrscheinlich sind: extrem altruistisches Verhalten bei der Beerdigung des toten Babys, primär ästhetische Wahrnehmungen am toten Baby und an Jeremy und intensives romantisches Erleben am Lagerfeuer. Vermutlich hat der Autor die Absicht, mit seinem Text Jugendlichen am Rande der Gesellschaft Lebensperspektiven zu vermitteln und glaubt, er könne diese Jugendlichen mit seiner offensichtlich am bürgerlichen Leben orientierten Fiktion von idealtypisch handelnden Menschen erreichen.

Wer Jeremy und Raglan als fiktive Figuren versteht, wird darauf verzichten, deren Verhalten zu deuten und zu bewerten, denn der Fiktion des Autors würden neue Fiktionen hinzugefügt und die Distanz zum wirklichen Leben armer Menschen würde noch größer. Stattdessen ist nach dem Autor zu fragen, nach seinen Absichten, Stilmitteln und Wirkungen.

Auffallend an diesem Text sind die vielen Klischees, mit denen der Autor arbeitet. Sie zeigen sich im effekthaschenden Gebrauch von Adjektiven: „flache Scheiben" (S.9), „golden und grell" (ebd.), „... ein rotes schweißgetränktes Tuch ..." (ebd.), „... seine Zähne blitzten stark und weiß …" (ebd.) und den manchmal schiefen und übertreibenden Vergleichen: „… wie die schimmernden Hitzegeister …" (ebd.), „… seine Augen leuchteten wie Obsidian" (ebd.) – Obsidian ist ein Sammelname für glasartige Gesteine aus rasch erstarrter Lava, schwarz, dunkelgrau bis dunkelbraun, „… so verrostet und zerbeult wie die Müllcontainer" (S. 10), „… ausgerüstet wie ein Landrover … oder eine Raumkapsel" (ebd.). Es ist davon auszugehen, daß der Autor bewußt mit solchen Klischees arbeitet, weil er vermutlich meint, seine Leserinnen und Leser aus einem „bildungsfernen" Milieu mit dieser Sprache erreichen zu können.

Bedenklicher als Klischees und übertreibende Vergleiche sind die kitschigen und rührseligen Passagen, denn sie geben vor, etwas zu zeigen, verschleiern aber alle wichtigen Perspektiven.

In der Beschreibung des Drogenkonsums durch den fiktiven Jeremy konstruiert der Autor wie in anderen Situationen eine Idylle, wenn er alle naheliegenden Fragen unterschlägt, beim Drogenkonsum zum Beispiel: Wie lange reicht der Stoff? Woher kommt das Geld für weiteren Stoff? Welche Auswirkungen hat der Drogenkonsum? In der Fiktion des Autors versucht Jeremy hartnäckig, Raglan als Ersatz für eine offensichtlich noch nicht da gewesene oder für eine verlorene Vaterbeziehung zu gewinnen. Dabei unterschlägt der Autor alle Überlegungen, ob Raglan in seiner Situation diesem Ansinnen überhaupt gewachsen ist. Mowry überlegt auch nicht, wie ein gemeinsames Leben in erdrückender Armut geführt werden kann. Es ist auch keine Frage für Mowry, ob Raglan nicht sein eigenes Stigma an Jeremy weitergeben wird.

Der Autor zeigt auch nicht explizit die Menschen zerstörende Wirkung der Armut, selbst dort nicht, wo Raglan das tote Baby findet oder später, wenn das Baby begraben wird. Es ist zynisch, einerseits die Schönheit des toten Babys zu beschreiben, aber andererseits nicht auch dessen Tod zu beklagen. Solche Szenen zeigen, was der Kitsch leisten kann: Er vermag „Grenzsituationen" (Jaspers) in eine rührende Idylle zu verwandeln. Aber kitschig ist nicht nur die idyllische Pathetik, sondern auch das abenteuerliche Leben, das der Autor Raglan unterstellt (Narbe, Revolver, Chevy als Überlebensinsel, Lagerfeuer). Der Autor gaukelt autonomes Handeln seiner Figuren Jeremy und Raglan vor und verschleiert, welche Kompensationen und Versagungen eine Gesellschaft armen Menschen auferlegt. Geschichten wie „Crusader Rabbit" kaschieren gesellschaftliche Probleme und stabilisieren dadurch ungerechte soziale Verhältnisse.

Deshalb ist auch eine Interpretation, wonach die Lebensformen, die Beziehungen und die Körper von Jeremy und Raglan Instanzen der Ursprünglichkeit und Authentizität sind, nicht zulässig. Solche Interpretationen sind ihrerseits Fiktionen des Betrachters, der möglicherweise die neuzeitlichen, technisch-zivilisatorisch bedingten Entfremdungen zu kompensieren sucht. Es bleibt zu beachten, daß ein Ausschluß vom aktuellen sozialen, politischen und kulturellen Leben und die daraus resultierende Chancenlosigkeit nicht durch ein happy end verharmlost oder kaschiert werden kann.

„Evaluation" der Geschichte mit Punks

Aufschlußreicher als die Fortsetzung literaturkritischer Reflektionen schien mir die „Evaluation" des Textes mit Punks. Ich wollte die Geschichte von „Fachleuten" für Armut und für das Leben auf der Straße beurteilen lassen und erfahren, was sie zu den rührseligen Szenen sagen, wie sie die Beziehung zwischen Jeremy und Raglan beurteilen und wie ihre Praxis des Drogenkonsums aussieht. Ich ging zum Treffpunkt der Punks in Tübingen und sprach einige an, nachdem sich die Polizisten, die sich gerade mit ihnen beschäftigten, entfernt hatten. Sofort folgten einige Punks meiner Einladung, in einer Kneipe ein Bier zu trinken und sich eine Geschichte anzuhören.

Meine Zuhörer und Gesprächspartner waren (Namen geändert): Eddi, 24 Jahre, Realschulabschluß, Dagge, 16 Jahre, Hauptschülerin, und Oki, 25 Jahre, abgebrochene Schreinerlehre. Ich begründete meine Einladung damit, daß ich über eine Geschichte schreiben solle, aber von deren Inhalt selbst nicht viel verstünde. Ich ginge davon aus, daß mir Punks manches erklären könnten.

Ich las die Geschichte laut vor und meine Zuhörer unterbrachen mich, wenn sie etwas zum Text sagen wollten. Ihre Aussagen hielt ich schriftlich fest. Kommentare gaben sie vor allem zu den Textstellen ab, bei denen ihr eigenes Leben berührt wurde. Das Konstrukt mit „Crusader Rabbit" (Comicfigur) interessierte sie nicht, ebensowenig die rührseligen Szenen. Eddi verwies immer wieder darauf, daß die Geschichte „typisch amerikanisch" sei. Vielleicht war das seine Umschreibung von „Kitsch". Klischees störten meine Zuhörer nicht.

Nach dem Satz: „Yeah. Könnte ich sein," unterbrach mich Eddi: „Wie in Amerika, storymäßig. Hat mit hier gar nichts zu tun. Hier ist es ganz anders, total anders, total realitätsuntreu!" Nach dem nächsten Abschnitt. „... glänzte vor Schweiß", sagte Oki: „Des hab ich net verstande." An der Stelle, an der von Raglans Narbe und vom alten Messerschnitt erzählt wird, verwies Eddi auf einen eigenen Messerschnitt: Bei einer Blutsbruderschaft mit Bluttausch habe der „Bruder" ein Messer mit Sägeteil auf seinem Handgelenk durchgezogen und ihn dabei schwer verletzt. Oki kommentierte zu Raglans Narbe: „Kann man nicht rausfinde, woher das kommt, schade."

Ich las weiter bis „Zusammen gingen sie zum Lastwagen zurück" (S. 10). Eddi kommentierte Jeremys Versuch, aus dem Container zu steigen: „Linkisch, auf deutsch gesagt. Wenn ich den Text höre, also straßenmäßig, so wie hier" (in Tübingen). „Es ist auf amerikanisch gemacht. Wir gehen auch in Müllcontainer rein. Der Text ist publicitymäßig gemacht."

Als ich auf Seite 10 bei Jeremys Drogenkonsum angekommen war, wurden meine Zuhörer besonders aufmerksam. Eddi meinte: „Genau wie bei uns im Depot" (Übernachtungsraum der Punks). „H ist Heroin!" Oki: „Crack ist die schlimmste Droge, die es gibt. Raglan hat Jeremy Drogen gegeben!" Besonders heftig reagierten Eddi und Oki zum Text Seite 11, wo Jeremy Drogen spritzt und Raglan für Jeremy den Schlauchstreifen fester zuzieht. Eddi: „Ich hasse so etwas wie Nadeln. Ich habe Angst vor Spritzen. Ich bin froh, daß ich Angst habe. Daß Raglan hilft, finde ich scheiße. Mich haben schon so viele angestiftet. Ich kriege 18 Mark am Tag und muß schnorren. Ich muß noch zwei Hunde ernähren." Dagge: „Ich finde es nicht okay" (daß Raglan hilft). Oki: „Ich hab früher auch Angst gehabt vor Spritzen. Ich war zweieinhalb Jahre auf Heroin." Zu Raglans Hilfe meinte Oki: „Es gibt auch Erwachsene, die sagen, es ist scheiße. Was in Tübingen abgeht, ist nicht überall so."

Auch der Satz: „Nächste Woche wird's nur einer sein" (S.11) provozierte meine Zuhörer. Eddi: „Das sagt jeder, er hat 'ne Chance. Das sagen viele. Von denen schaffen es nur zehn Prozent oder noch weniger. Kenn's von mir selber." Dann erzählte Eddi von seinen eigenen Versuchen und von seinem Versagen.

Seite 11 unten steht der Satz: „Wenn du beschließt, daß dir was anderes wichtiger ist." Eddi kommentierte: „Ja, das stimmt. Was wichtiger sein kann? Eine Beziehung, Liebe. Das können auch Vater und Mutter sein, jemand der zuläßt, daß man sich an ihm festhalten kann, egal, wie man ist. Mein Stiefvater und meine frühere Freundin waren da für mich, als es scheiße war."

Ich las weiter bis zum Satz: „Du mußt mein Vater sein, Mensch. Sonst wär' dir das doch scheißegal, oder?" Dazu Oki: „Der Ältere ist Vorbild für den Kleinen." Eddi: „Der Ältere ist mehr als Vaterersatz. Der ist wie ein Bruder, der Bescheid weiß." Den Satz: „... daß der Junge keine Woche mehr zu leben gehabt hätte als er ihn auflas" (S.12) kommentierte Eddi so: „Den Satz interpretiere ich anders. Er (Raglan) erinnert sich, wie es war, als er dreizehn war. Jetzt will er helfen, daß es ihm (Jeremy) nicht scheiße geht."

Wie Raglan das tote Baby findet, zeigte Eddi heftige emotionale Reaktionen. Tränen standen ihm in den Augen. Er erzählte: „Ich hätte jetzt ein zwei Jahre altes Kind ..., aber die Mutter mußte gerettet werden." Beim Satz: „Sie werden verbrannt" (S.13) behauptete Eddi: „Das ist ein amerikanischer Text. Aber das gibt es auch bei uns hier. Offiziell gibt es keine Straßenkinder. Gibt's auch hier genauso."

Der weitere Text von Seite 13 bis „... obwohl sich offene Landschaft mit grünen Hügeln vor ihnen ausbreitete" (S.14) beeindruckte meine Zuhörer wenig. Eddi meinte nur: „Hier wollen sie das Baby begraben, ich denke mal, ein klein bißchen würdiges Begräbnis schaffen." Auf meine Frage, wie sie sich erklären, daß Jeremy vergessen hatte, weshalb sie auf die Hügel gekommen waren (S.15), sagte Eddi: „Ich glaube, daß es ihm (Jeremy) verdammt gefallen hat, hat einfach nur Natur gesehen, Schönes gesehen." Eddi schwärmte dann von der schönen Natur um sein Heimatdorf auf der Schwäbischen Alb.

Nach dem Satz: „Aber er pflückte ... und legte sie auf den kleinen Erdhügel" (S.15) kommentierte Eddi: „Auf jeden Fall möglich, auch wenn's ein Jugendlicher wär ... Es ist zwar eine amerikanische Geschichte, aber läßt sich auf verdammt viele Sachen auf hier beziehen. Ich würd's nicht anders machen." Die idyllische Stimmung Seite an Seite am Lagerfeuer (S. 15) verstand Eddi folgendermaßen: „Denk ich mir mal, daß sie beide darüber nachdenken über das Baby. ‚Die versuchen zu verdrängen', kann man nicht sagen. Jeder hat das Ereignis im Kopf. Reden tut keiner darüber. Bei uns kürzlich ist ein Kumpel gestorben. Jeder hat angestoßen. Keiner hat geredet aus Angst, er könnte losheulen."

Den Bezug zwischen Raglan und Crusader Rabbit (Comicfigur) verstanden meine Zuhörer nicht. Den Satz: „Ich glaub, er hatte ein Schwert und kämpfte gegen Drachen" (S. 16) kommentierte Eddi so: „Da blicke ich jetzt gar nicht durch."

Der Schlußsatz: „Raglan legte seinen Arm um den Jungen und zog ihn nah an sich heran", weckte wieder große Aufmerksamkeit. Eddi: „Das ist für mich streetlife. Du kannst einen kennenlernen. Oki ist mein Bruder geworden. Du kannst einen kennenlernen, und der ist Vater für dich. Das zum Schluß ist ja bereits schon Straßenleben. Das Besondere ist, wenn sich die Leute finden, wird Freundschaft geschlossen oder Feindschaft. Wenn Freundschaft, dann bist du ein Bruder oder Daddy für mich, oder es gibt Streß und eins auf die Schnauze. Zusammenhalten oder gegenseitig verraten und auf die Fresse hauen. Entweder er ist ein Vater für ihn oder sie hauen sich auf die Fresse. Daß er ihn herangezogen hat heißt, daß sie noch mehr zusammenhalten."

Ich fragte, ob man diese Geschichte Jugendliche lesen lassen sollte. Eddi meinte: „Jüngeren von uns würde ich diese Geschichte nicht geben. Es ist american way of life. Jüngere lesen so: Das ist cool, das müssen wir auch machen. Wie's geschrieben ist, hat's mit Deutschland nichts zu tun."

Wir unterhielten uns noch eine Zeitlang über das Leben auf der Straße und über die Zukunftsträume. Oki erzählte von seiner Gefängnisstrafe, seinem Heroinkonsum und einer kürzlich erlebten Festnahme mit Polizeigewahrsam. Sein Lebenstraum ist, auf einem kleinen Grundstück einen Bauwagen aufzustellen, eine kleine Holzwerkstatt einzurichten und Spielzeug für Kinder herzustellen. Eddi möchte Streetworker werden. Aber er sieht für sich keine Chance, mit seinem schlechten Realschulabschluß den Hochschulzugang zu erreichen.

Eddi formulierte seine Erwartungen an die Bevölkerung folgendermaßen: „Eins muß klargestellt werden: Wir wollen kein Mitleid, sondern Verständnis, Toleranz. Wir leben so. Die Leute sollen vorbeilaufen. Wir haben in Tübingen unser Zuhause gefunden. Wir wollen hier bleiben egal, was passiert. Auf keinen Fall Mitleid!"

Jörg Petry

Mein Jeremy

Ordnung ist ein wesentliches Element des Lebens. Das zeigt sich in der Schönheit und hohen Symmetrie eines Gänseblümchens ebenso wie in der Erhabenheit des Kölner Doms oder in der Musik Mozarts. Die Ordnung beruht auf Naturgesetzen, die der Mensch zu entdecken und verstehen lernte. Wie sonst könnte es sein, daß man Menschen zum Mond schickt und sicher wieder zurückholt. Gerade jetzt in unserer Zeit finden wir heraus, daß Leben perfekt organisierte Chemie ist. Aus ganz wenigen chemischen Bausteinen ist die Vielfalt des Lebens geschaffen, auf ihnen beruht die Vielfalt von menschlichen Verhaltensweisen.

Wenn Ordnung ein Grundprinzip des Lebens ist, verwundert es nicht, daß der Mensch in seinem Leben nach Ordnung strebt. Er schafft sie in seiner Familie, er schafft sich ein funktionierendes Gemeinwesen und versucht, nach ethischen Grundsätzen zu leben. Dieses Schaffen aber beweist, daß das Leben auch die Unordnung umfaßt, denn nur Ungeordnetes läßt sich ordnen. Mit der Unordnung umzugehen, sind wir gewohnt.

In der unbelebten Natur gibt es das Gestaltlose, das Amorphe, zum Beispiel im Glas. Darin ist es dem Obsidian gleich. Es hat nicht die hohe Ordnung in seiner Struktur wie ein Kristall. Wie arm wären wir im Leben ohne Glas und ohne Spiegel?

Erst recht im Leben gibt es ungeordnete Bereiche neben geordneten, gibt es Menschen, die etabliert sind, und solche, denen es nur mehr oder weniger gelingt, zu einem geordneten Leben zu kommen. Jess Mowrys Geschichte von Crusader Rabbit beleuchtet ein Leben im Müll. Das Faszinierende an dieser Geschichte ist für mich, daß auch in solch einem Leben die Suche nach Ordnung, nach der Geborgenheit einer Vater-Sohn-Beziehung, und der humane Umgang mit einem toten Säugling wichtig sind.

Trotzdem hat man den Eindruck, wenn man von solchem Leben im Müll erfährt, hier ist etwas nicht in Ordnung. Wenn einem im Leben das Geschenk zuteil wurde, daß man seinen Willen Gestalt werden lassen kann, fragt man sich sofort, ob man nicht vermeiden helfen kann, daß Leben auch im Müll gelebt werden muß. Kann man versuchen, Menschen von einer zu niedrigen Stufe der Ordnung auf eine Stufe höherer Ordnung zu bringen? Oder verhindern, daß sie aus der Ordnung herausfallen?

Eine solche Aufgabe wurde mir vor zwei Jahren von Herrn Hiller gestellt. In seinem Beruf fallen ihm junge Menschen auf, die keinen Schulabschluß zu erreichen und keine der angebotenen Ersatzmaßnahmen erfolgreich durchzustehen in der Lage sind. Einen solchen Jeremy brachte er mir in der Überlegung, daß jede Maßnahme, die geeignet ist, einem Absinken dieses jungen Mannes in Drogen oder Kriminalität vorzubeugen, besser ist als die spätere Schadensbegrenzung oder Strafe.

Dieser mein Jeremy ist ein sympathischer Junge. Er verfügt über viele Gaben, er sieht gut aus, er hat schwarz glänzendes Haar, seine Augen leuchten wie Obsidian, er weicht meinem Blick nicht aus, er ist sportlich, er kann alle ihm übertragenen Aufgaben ausführen, aber er schafft es nicht, in sein Leben ein gewisses Maß von Ordnung zu bringen. Das beginnt damit, daß es ihm nicht gelingt, pünktlich zur Arbeit zu erscheinen. Auf Dauer läßt sich ihm in einem geregelten Arbeitsverhältnis die Freiheit des selbstgewählten Arbeitsbeginns nicht einräumen, schon die Arbeitskollegen sehen ihm das nicht nach.

Meine vielen Gespräche mit ihm zeigen mir, daß er die besten Vorsätze hat, dieses bißchen der fehlenden Pünktlichkeit zu lernen, allein über den Vorsatz kommt er nicht hinaus.

Nach zwei Jahren der steten Anwendung der pädagogischen Möglichkeiten eines Vaters bin ich mit meinem Latein am Ende. Muß ich daraus den resignierenden Schluß ziehen, daß die Mannigfaltigkeit des Lebens unabänderlich Jeremys im Müll mit sich bringt? Oder darf ich darauf hoffen, daß weise Pädagogen wie mein freundlicher Nachbar Warsewa, der wie wenige andere Strukturen in der Vielfalt menschlicher Verhaltensweisen zu erkennen vermag, Wege finden? Dies ist mein Geburtstagswunsch für ihn.

Bernhard Rank

„Wird ganz schön arg werden, was?"
Ein Beispiel für literarischen und pädagogischen Realismus

Sozialarbeiter sei der Autor, erfährt man aus Hillers Notizen zur vorliegenden Kurzgeschichte. Das weist ihm, ob er es will oder nicht, auch einen Ort im Feld der zahlreichen Pädagoginnen und Pädagogen zu, die nicht (nur) Fachtexte, sondern (auch) fiktionale Literatur unter die Leute bringen – mit den unterschiedlichsten Intentionen, in den verschiedensten Formen. Nach der Lektüre von „Crusader Rabbit" liegt die Hypothese nahe, daß sozialpädagogisch motivierte Autorinnen und Autoren dabei andere Erzähl- und Schreibstrategien verfolgen als schulpädagogisch motivierte. Es lohnt sich – zumal zu Ehren eines Kollegen, der im Spannungsfeld zwischen Sozial- und Schulpädagogik arbeitet –, dieser Hypothese ein wenig nachzugehen, auch wenn die Kategorie „Autor eines Textes" im Zeitalter „poststrukturalistischer Lektüre" nicht mehr als verbindliche Instanz aufgefaßt werden darf. Aber bitte keine voreiligen Einwände: Wir gehen das Problem nicht biographisch-traditionell, sondern „intertextuell" an und versuchen, die spezifischen Qualitäten des Textes von Jess Mowry durch seine Differenzen zu anderen Modellen pädagogisch beeinflußter Literatur zu bestimmen.

Da wäre zum einen das Modell direkter pädagogischer Einflußnahme, wie es idealtypisch der Aufklärer und Philanthrop Joachim Heinrich Campe vertritt. Im „Vorbericht" (Vorwort) zur ersten Ausgabe seines „Robinson der Jüngere" von 1799 (zitiert nach der Neuausgabe von J. Merkel und D. Richter. München 1977) schreibt er:

> „Wenn ich die mannichfaltigen Zwecke, die ich bei der Ausarbeitung dieses Werkchens vor Augen hatte, nicht verfehlt habe, so liefere ich hier ein Buch, welches in mehr als Einer Hinsicht Nutzen verspricht. Ich will diese Zwecke kürzlich darlegen, um den Leser in den Stand zu setzen, sie mit der Ausführung zusammenzuhalten. Das wird denn auch den Vortheil gewähren, dass angehende Erzieher daraus den Gebrauch ersehen können, den ich von diesem Buche gemacht zu sehen wünsche.
> Erstens wollte ich meine jungen Leser auf eine so angenehme Art unterhalten, als es mir möglich wäre; weil ich wusste, dass die Herzen der Kinder sich jedem nützlichen Unterrichte nicht lieber öffnen, als wenn sie vergnügt sind. Auch darf ich hoffen, diese meine erste Absicht in einem ziemlich beträchtlichen Grade erreicht zu haben. (…)
> Ehe ich aber von meinen Lesern Abschied nehme, sei es mir vergönnt, junge Erzieher auf eine Nebenabsicht aufmerksam zu machen, die mir bei der Aus-

arbeitung dieses Buchs gleichfalls als ungemein wichtig vor Augen schwebte. Ich hoffte nämlich, durch eine treue Darstellung wirklicher Familienauftritte, ein für angehende Erzieher nicht überflüssiges Beispiel des väterlichen und kindlichen Verhältnisses zu geben, welches zwischen dem Erzieher und seinen Zöglingen nothwendig obwalten muss." (S. III und IX)

So wünscht sich ein spürbar engagierter und mit seinem Werk zufriedener Autor die gebührende Aufmerksamkeit für die Absichten, die er mit seiner Erzählung verknüpft. Diese Art von Pädagogik hat allerdings ihren Preis: Sie hält die jungen „Zöglinge" in unmündiger Abhängigkeit von der „Vernunft der Väter" (so der Titel einer der aufschlußreichsten Monographien zur Kinder- und Jugendliteratur der Aufklärung von Reiner Wild. Untertitel: Zur Psychographie von Bürgerlichkeit und Aufklärung in Deutschland am Beispiel ihrer Literatur für Kinder. Stuttgart 1987). Hinter dem Rücken seiner „jungen Leser" wendet sich Campe an „angehende" bzw. „junge" Erzieher, die von dem Buch den „richtigen Gebrauch" zu machen verstehen und beim Vor- oder Mitlesen auch lernen können, wie das ideale pädagogische Verhältnis zwischen dem „väterlichen" Erzieher und seinen „kindlichen" Zöglingen auszusehen hat.

Im Buch selbst wird die Geschichte von Robinson deshalb in eine Rahmenhandlung eingebettet, die dem erzählenden Vater genügend Raum für seine Kommentare, Belehrungen und Ratschläge gibt. Ein aufschlußreiches Beispiel: Robinson Krusoes Eltern liebten ihn, so der Kommentar des Vaters, „mit Unverstand". Die Frage eines der zuhörenden Kinder, was das denn heiße, gibt ihm einen willkommenen Anlaß, wichtige Erziehungsprinzipien der bürgerlichen Familie zu erläutern:

„Vater. (...) Wir lieben euch auch, wie ihr wisst; aber eben deßwegen halten wir euch zur Arbeit an, und lehren euch viele angenehme und nützliche Dinge, weil wir wissen, dass euch das gut und glücklich machen wird. Krusoes Ältern machten es nicht so. Sie ließen ihrem lieben Söhnchen in Allem seinen eigenen Willen, und weil nun das liebe Söhnchen lieber spielen, als arbeiten und etwas lernen mochte, so ließen sie es meist den ganzen Tag müßig umherlaufen oder spielen, und so lernte es denn wenig oder gar nichts. Das nennen wir andern Leute eine unvernünftige Liebe." (S. 5)

Mit solcher Art von Vernunft ist der von Jess Mowry entworfenen Vater-Figur nicht beizukommen. Raglan leitet sein Verhalten nicht aus den Prinzipien allgemein verbindlicher „Nützlichkeit" ab; er folgt dem Gespür für die unmittelbaren Bedürfnisse seines „Zöglings" und für die praktischen Erfordernisse eines Alltags jenseits bürgerlicher Normalität. Wortreicher Belehrungen bedarf es nicht, weder gegenüber Jeremy, noch gegenüber den Leserinnen und Lesern. Dieser Verzicht auf einen von pädagogischer Autorität getragenen Erzählduktus ist verantwortlich für die dem Text eigentümliche Dialektik: Er transportiert keine Vorbild-Pädagogik, erzählt aber von einem pädagogischen Vorbild: von einem für angehende wie für in Ehren ergraute Erzieher nicht überflüssigen Beispiel des „väterlichen Verhältnisses", welches Kinder am Rande der Gesellschaft in einem ganz anderen Sinne „nothwendig" haben als Campes Zöglinge.

Um auf ein zweites Modell (schul-)pädagogisch beeinflußter Literatur zu sprechen zu kommen, zu dem Mowrys Kurzgeschichte in intertextuelle Relation gesetzt werden kann, sei daran erinnert, wie dominant Campes Einfluß in der (ein-)gängigen Literatur für Kinder und Jugendliche bis weit ins 20. Jahrhundert hinein gewesen ist (und zum Teil noch heute ist), sogar dort, wo man es zunächst nicht erwartet. Zum Beispiel bei einem der bekanntesten schriftstellernden Pädagogen unserer Tage, bei Alexander Sutherland Neill, dem Gründer der bekannten antiautoritären Internatsschule von Summerhill.

Einigen seiner Schülerinnen und Schüler hat er 1938 die Geschichte von der „grünen Wolke" erzählt. (Mit einem Nachwort versehen, ist der Text 1970 in England neu erschienen, kurz darauf in deutscher Übersetzung. Neuausgabe: Neill, A. S.: Die grüne Wolke. Den Kindern von Summerhill erzählt. Deutsch von H. Rowohlt. Reinbek 1992 (= rororo rotfuchs; 794). Zitiert wird nach dieser Ausgabe.) Wie „Robinson der Jüngere" ist auch Neills „pädagogische" Erzählung eingebettet in einen Gesprächsrahmen. In der Ich-Form, also mit dem Anspruch der Authentizität, berichtet der Rahmenerzähler über ein Sonntagabendgespräch mit einer Gruppe von Neunjährigen. Eines der Kinder hat eine Idee: „Wir sind die letzten Menschen auf der Erde. Alle sterben, bloß wir nicht" (S. 7). Der Erzähler nimmt diese Idee auf und erzählt eine Fortsetzungsgeschichte mit zwölf Kapiteln. Nach jedem Kapitel wird der Faden des Gesprächs wieder aufgenommen. Kursiv gedruckt sind Kommentare eingeschoben, in denen sich die zuhörenden Kinder zu einzelnen Handlungselementen äußern und den Erzähler zum Teil sehr heftig kritisieren.

In einem Nachwort geht Neill auf die Entstehungsgeschichte und auf die Intentionen seiner Erzählung ein. Zudem gibt er Hinweise für vorlesende Väter:

> „Wenn mein Name im Buch auftaucht, kann der vorlesende Vater seinen eigenen Namen dafür einsetzen (...). Das aber dürfen nur Väter, die selbst Kinder sein können. Väter, die nicht über ihre Kinder, sondern mit ihren Kindern lachen." (S. 249)

Campes Erzählmodell wird von Neill allerdings nur formal übernommen, inhaltlich dagegen umgepolt. Sein Geschichtenerzähler (die männliche Form ist wegen des Bezugs auf das vorangehende Zitat nicht verallgemeinernd, sondern geschlechtsspezifisch gemeint: Erzählt und vorgelesen wird vom Vater!) ist keine „Respektsperson"; die Zuhörerinnen und Zuhörer dürfen anderer Meinung sein, während er versucht, sich nach deren Geschmack zu richten – obwohl ihr Sinn „hauptsächlich nach Blutbädern und Donnergrollen stand" (S. 247) –, dabei aber nie vergißt, ihnen den Blick zu schärfen für die Qualitäten einer „besseren Geschichte", wie zum Beispiel den „Robinson Crusoe", der eigens als Vorbild erwähnt wird.

„Die Geschichte hat keine Moral", sagt Neill im Nachwort, „sie will spannend und komisch sein" (S. 248). Und dennoch: Ein Lehrstück über den Umgang zwischen erwachsenen Erziehern und ihren „Zöglingen", konkret zwischen Lehrern und Schülern an einer freien, auf Gleichberechtigung und Emanzipation ausgerichteten Reformschule, ist sie alle Mal. Autoritär oder anti-autoritär, eines bleibt, was der Dritte im Bunde literarisch ambitionierter Pädagogen mit kritischer Distanz auf den Punkt gebracht hat:

„Müssen sie sich denn in alles einmischen, diese Pädagogen? Müssen sie alles mit ihren Absichten und Vorsichten verderben? Können sie nichts sich selbst überlassen?"

Mit dieser anti-pädagogischen Attitüde leitet Hartmut von Hentig, der Gründer der Bielefelder Laborschule, das Nachwort zu seinem Kinderbuch „Röll der Seehund" (Eine Geschichte zum Vorlesen und Nachahmen. Mit Bildern von Urs von Hentig. Dazu ein Nach-denk-Wort für die Eltern. Köln 1972, Zitat (hier S. 103) aus dem Nachwort, S. 2) ein. Wir müssen hier dahingestellt sein lassen, ob von Hentig mit seiner Geschichte und mit den literaturdidaktischen Forderungen seines Nachworts die angekündigte „professionelle" Abstinenz durchhält. (Dazu ausführlicher Bernhard Rank: Belehrung über das Lesen: Zur Bedeutung von Vor- und Nachworten in der Kinderliteratur. In: Rank, B., Rosebrock, C. (Hg.): Kinderliteratur, literarische Sozialisation und Schule. Weinheim 1977, S. 29-54.) Erhellend für die Interpretation unserer Kurzgeschichte ist seine Unterscheidung zwischen pädagogischen *Absichten,* pädagogischen *Inhalten* und pädagogischen *Wirkungen* von Literatur (vgl. dazu von Hentig, H.: Unrealistische Provinzen. Über die Chance heutiger Kinderliteratur, pädagogisch und wahrhaftig zugleich zu sein. In: Härtling, P. (Hg.): Helft den Büchern, helft den Kindern! München/Wien 1985, S. 84-99). Die Gefahr sei groß, mit wohlmeinenden oder wohl gemeinten pädagogischen Absichten oder Inhalten eine „pädagogische Provinz" zu errichten, in der Kindern und Jugendlichen entweder eine eigene, von der Wirklichkeit abgeschirmte Welt bereitet oder der Versuch unternommen werde, sie durch präparierte Vorstellungen von der Welt um so sicherer zu unterwerfen. Etwas verkürzt gesagt, wäre damit das schulpädagogisch motivierte Erzählmodell charakterisiert. Wer Schule „neu denken" möchte, muß sich davon verabschieden.

Sozialpädagogischem Denken ist die Idee eines „Schonraums" von vornherein fremd. Jess Mowry unterwirft sich nicht den Einschränkungen einer Zielgruppen-Literatur, mit der sich gemeinhin „erfahrene" Erwachsene an minder kompetente Jugendliche wenden. Er führt seine Leserinnen und Leser, ob jugendlich oder erwachsen, hinaus ins „feindliche Leben", und er versteht sie als gleichberechtigte Partner. In Brechtscher Manier, mit den Mitteln der unmittelbaren, eindrücklichen, aufs Wesentliche reduzierten szenischen Vergegenwärtigung führt er ihnen seinen „Fall" vor, in abgewogener Mischung zwischen Einfühlung und Distanz. Ironisch bricht er den Appell, gegen die geschilderten Zustände in Kreuzfahrer-Manier zu Felde zu ziehen („Crusader"): Der herbeizitierte „Held" ist erstens ein Hase („Rabbit") und zweitens eine Comic-Figur. Stattdessen ist Realismus angesagt: „Wird ganz schön arg werden, was?"

Was literarisch gelungen ist, erweist sich vor allem an seinen Wirkungen. Jess Mowry, würde man ihn danach befragen, ginge in diesem Punkt wohl einig mit Aufklärern und Philanthropen unserer Tage wie Bertolt Brecht oder Hartmut von Hentig: Entscheidend ist, daß Literatur den Menschen nicht in Ruhe läßt, ihn *aktiviert*. Keine Frage: In diesem Sinne ist „Crusader Rabbit" auch ein pädagogisch gelungener Text. Wenn man das zusammenfassend mit von Hentig (Ergötzen, Belehren, Befreien. Schriften zur ästhetischen Erziehung. Wien 1985, S.51) begründet, kommt am Ende gar noch etwas Schul- und Sozialpädagogik Übergreifend-Allgemeines in den Blick: „Die Aktivierung, die die Kunst leistet (...) – das ist ihre für den Pädagogen aufregendste Eigenschaft; es ist zugleich die, die sie zu einem wirksamen propädeutischen Mittel für die Wissenschaft macht."

Herbert Schaible

Über die Nachkommen von Crusader Rabbit und ihre Rezipienten

Die Addys vom Planeten M 823
Addy ist ein Außerirdischer mit 3-D-Körper, der sich leger in Turnschuhen bewegt. Addy steht auch für eine Reihe multimedialer Computerprogramme, die das Lernen von Sprache und Mathematik mit Spaß und Unterhaltung verbinden. Addy-Titel sind weltweit verbreitet. Allein in Deutschland sollen 300 000 CD-ROM-Scheiben verkauft worden sein (Feibel 1998, S.180). Vor allem Eltern favorisieren Addy als freundlichen Nachhilfelehrer. Er erreicht, daß Kids sich auch noch nach der Schule mit Arithmetik, Rechtschreiben und Grammatik befassen. Addy entlastet besonders Mütter, die sich der Nachmittagspädagogik bis an die Grenzen der psychischen Erschöpfung verpflichtet fühlen. Und selbst in den ersten Pädagogikmarkt scheint die Addy-Reihe Einzug zu nehmen. Einzelne Landesbildstellen haben das Programm inzwischen in ihr Angebot für Schulen aufgenommen.

Wir reduzieren im folgenden das multimediale Konzept des Edutainment-Programms auf die sprachliche Interaktion. Keine Beachtung finden also Addys elektronisches Zimmer samt Simulationen und diversen Werkzeugen zum Schreiben, Malen und Spielen, ebenso wenig der Zugang zum virtuellen Klassenzimmer per Internet, sowie die umfänglichen Aufgabenkataloge mit schulischen Lernstoffen, auf die letztlich alle multimedialen Bausteine hinweisen.
Unser Interesse gilt der Frage: Wie hält uns der sprechende Addy am Lernen? – Wir gehen dabei wie die Mehrzahl der jugendlichen Programmbenutzer vor, wenn sie sich einem Programm explora-

tiv nähern können, und testen verschiedene Bildschirm-Situationen auf das hinterlegte Reaktionsspektrum aus. Die nachstehende Dokumentation bietet nur Auszüge und ist keineswegs vollständig.

Begrüßung	Juhuu, sei gegrüßt Erdbewohner. Klicke deine Wahl an und auf geht's an die Arbeit.
Ein Kapitel wird ausgewählt	Ich hätte auch keine bessere Wahl treffen können. Welche Übung interessiert dich hier am meisten? Welches Kapitel möchtest du dir ansehen? *Pfeift fragend.* So eine tolle Idee!
Arbeitsanweisung	Addy lernt die Erdensprache. Hilf ihm dabei, indem du auf die falschen Buchstaben klickst. Lies so schnell wie der Blitz. Du mußt das angezeigte Wort wiederfinden. Sieh dir genau das Wort an, das alleine steht. Du findest es mehrmals in der Tabelle.
Bei richtiger Antwort	Genau! – Vollkommen korrekt! Ja! – Applaus, Applaus! Volltreffer! Ja! Gut! Ganz richtig!
Bei falscher Antwort	O, nein, das ist falsch! – Lies das ganz genau und überlege, ob es das gibt. Willst du es noch einmal versuchen? Guter Versuch, aber es stimmt nicht ganz. Ach je, ich glaube, das ist falsch.
Bei keiner Antwort	He, bist du ganz sicher, daß du auf diese Frage geantwortet hast. Erst dann kannst du bestätigen.
Abschluß einer Aufgabenserie	Dies war die letzte Frage dieser Übung. Du bist echt stark. Hier ist dein neuer Punktestand. Du hast es verstanden. – Das war die letzte Frage. Ja, Superleistung! Sieh mal, du hast schon wieder Punkte gesammelt. Was du da machst, ist wirklich gut. Hier ist dein neuer Punktestand. Glückwunsch, das ist echt perfekt. Du hast ja anscheinend vor gar nichts Angst. Du stürmst vor und es gelingt dir alles. Vollkommen korrekt. Das ist sehr gut. Und noch ein paar Punkte mehr. Und schon geht's weiter! Schade keine einzige Antwort ist richtig. Oh, ich denke, diese Übung solltest du noch mal machen.
Pause oder Arbeitsverweigerung	Kann's weitergehn? Nimm Dir Zeit. Nur nichts überstürzen! Jetzt sollten wir aber weiter arbeiten. Jetzt ist es aber allerhöchste Zeit, etwas auszuwählen. Komm schon, wähl etwas aus! Ich hoffe doch, daß du mich nicht verlassen hast. *Pfeift wiederholt.*

O je, ich glaub, mit deinen Gedanken bist du ganz wo anders.
Komm mal wieder auf den Boden der Tatsachen zurück.
Ich laß dich mal in Ruhe. Du brauchst mich wohl nicht mehr.
Addy läuft aus dem Bild.
Hier bin ich wieder zur Stelle, um dir weiterzuhelfen. Was machen wir jetzt?
In der Ruhe liegt die Kraft. Ich habe Zeit.
Schläft, schnarcht laut.
Komm, du kannst jetzt deine Wahl anklicken!
Hallo, ist da jemand? – Ich mache mir Sorgen. Wo bist du denn?

Crusader Rabbit und Addy

Man muß kein Kenner von Crusader Rabbit sein, um Addy als Gegenfigur zu erkennen. Addy ist mit seiner ganzen multimedialen Kraft darauf angelegt, die Kids im Programm auf dem rechten Weg zu halten.

Abweichungen und Stockungen sind eingeplant. Sie werden aber durch ein Bündel von verbalen Absicherungen und Re-Animationen kompensiert. Kleine Computerspiele winken als Belohnung für den, der immer wieder genügend Arbeitspunkte auf seinem Konto ansammelt. Das Sprachprotokoll zur Programminteraktion mit dem Außerirdischen wirkt eigentümlich vertraut. Es bietet ein Exempel persuasiver Lehr-Lern-Rhetorik.

Pragmatische Leseempfehlungen

Die Verkaufszahlen belegen es: Wenn man Addy in die Reihe der zahlreichen graphisch erzeugten Lern-Motivationsfiguren stellt, dann erscheint er überdurchschnittlich beliebt.

Mit Crusader Rabbit, einem Star der ersten Cartoon-Serien, der noch nach Jahrzehnten von Kennern und Liebhabern als Ikone nachgefragt wird, kann er sich allerdings nicht vergleichen. Die Addys haben eher kurze Hitzeiten. Sie verlieren ihren Reiz, wenn man sie näher kennt, und sie müssen deshalb im Einklang mit den aktuellen medialen Standards immer wieder neu herausgebracht werden.

Crusader Rabbit und Rags, der Tiger, haben ihre Fangemeinde durch phantasievolle Geschichten gewonnen, die von einem Alltag erzählen, der voll gepackt ist mit Abenteuern.

Addy liefert dagegen lediglich phantastische Verpackungen für die alltäglichen Pflichten bei vorgegebenen schulischen Inhalten.

Addy für Kinder? Es gibt Schlimmeres! – Vielleicht lernen sie Nützliches für die Schule. Ganz sicher erhalten sie die Möglichkeit, im virtuellen Handlungsfeld eines Computerprogramms den Sprachkode zu knacken und sich spielerisch mit der persuasiven Rhetorik pädagogischer Förderung zu befassen, ohne real negative Sanktionen befürchten zu müssen.

Crusader Rabbit – ein Cartoon für Kinder? – Warum nicht! Vielleicht finden sie Gefallen an der relativ schlichten Bildersprache, hinter der sich schöne Geschichten verbergen.

Addys für Eltern und Tanten? Überlegenswert! Mit dem Kauf der Software können sie die Rolle des Nachhilfelehrers ablegen und sich von Versagens- und Schuldgefühlen befreien.

Jess Mowrys Kurzgeschichte für Jugendliche? – Berichte aus der Schulpraxis klingen ermutigend!

Der Text ist gut geschrieben und die Story kann zu Gedanken und Beiträgen anregen, die über fundamentalistische Statements zu Drogen und sozialem Elend hinausreichen.

Jess Mowrys Kurzgeschichte für pädagogische Experten und professionelle Helfer? – Unbedingt!

Der Text beflügelt in seiner kreativen Distanz zum institutionalisierten Handeln die soziale Phantasie von Pädagogen und evoziert Gegenwelten zu ihrem sozialen Alltag, die in Bilderreichtum, Spannung und dem „guten Ende vor der nächsten Krise" an die frühen Cartoons erinnern mit Crusader Rabbit, dem kleinen Hasen und Ragland T. Tiger, seinem starken Gefährten.

Literatur

Feibel, Th.: Großer Kindersoftware-Ratgeber 1999. Haar bei München, Markt und Technik 1998.
Coctel/CUC: Serie ADDY. Cendant Software Dreieich. (79-99 DM).

Bildzitate
S.105: Bildschirmkopie (Ausschnitt) aus ADDY. Cendant Software Dreieich. Coctel/CUC 1998.
S.107: Bild 14 aus : Toon Trackers CRUSADER RABBIT Page. Im Internet unter: http://toontracker.hypermart.net/crusader/crusapix.htm

Hans Schell

„Was machen wir denn jetzt?" – Empathisch handeln!

Wie aus den unterschiedlichen Themenformulierungen der interpretierenden Beiträge hervorgeht, bietet diese Kurzgeschichte eine Vielfalt von Zugängen, Analyse- und Interpretationsmöglichkeiten.

Der Autor legt eine sehr gefühlsbetonte Müllgeschichte mit happy end vor. „Wie gut, wenn man einen Freund hat ..., dann braucht man sich vor nichts zu fürchten", läßt Janosch (Oh, wie schön ist Panama. Weinheim 1981) den Tiger zum Bären sagen. Man könnte das Motto „Wer einen Freund hat, empfindet das Leben auf dem Müllberg schön und kann das Begräbnis eines Neugeborenen mit Anstand durchstehen" über die Geschichte schreiben. Aber die Geschichte regt mit ihren lebensnahen Stimmungs-, Situations- und Verhaltensbeschreibungen auch zur Reflexion an.

Im Zentrum der Geschichte sehe ich einen jungen Jugendlichen in einer bedrohlichen, desolaten Umwelt, der sich angesichts eines grausigen Fundes im Müll zum Handeln aufgefordert fühlt, das durch die Identifikation mit dem entdeckten Kind angestoßen und durch die verstehende Mithilfe eines jungen Erwachsenen erleichtert wird.

Handeln wird dort ausgelöst, „wo der Akteur mit einem aktuellen Zustand seiner Beziehungen zur Umwelt konfrontiert wird" und kann als eine „beabsichtigte Überführung einer als unbefriedigend empfundenen Ist-(Ausgangs-)Lage in eine eher erwünschte und antizipierte Soll- oder Ziel-Lage" (Schiefele, H. und Prenzel, M.: Interessengeleitetes Handeln – emotionale Präferenz und kongitive Unterscheidung. In: Mandl, H. und Huber, G. L.: Emotion und Kognition. München 1983) verstanden werden. So leblos könnte das Problem unter wissenschaftlicher Sicht formuliert werden. Doch Handeln meint mehr; es ist ein Prozeß, der an individuelles Erleben von Problemsituationen sowie weiterführendes Denken und emotionales Bewerten gebunden ist.

Hier der Müllcontainer, der Gestank, die nackten Füße, die unsaubere Spritze, die Fliegen und Ratten. Dort das Baby mit dem „kleinen, honigbraunen Körper", der wunderschöne Junge, „die perfekten kleinen Finger und Zehen". Totes Leben inmitten einer Wüste von Abfällen; eine solche Wahrnehmung löst kognitive Dissonanzen und in noch viel stärkerem Maße emotionale Betroffenheit aus. Raglan konnte sich an diesen Anblick nie gewöhnen. Jeremy sucht die körperliche Nähe und seufzt „ Oh ... Gott". Er ist nahezu sprachlos, betroffen, geschockt und zunächst handlungsunfähig. Ohne Vorwarnung wird er einer Situation ausgesetzt, die extrem belastende Gefühle hervorruft.

Die Wühlarbeit im Müll wird jäh unterbrochen: „Was machen wir denn jetzt?" Eine sehr harte Konfrontation mit einer schonungslosen Umwelt drängt nach Lösungen. Was geht in Jeremy vor?

Die sehr direkt geäußerten Vorschläge des großen Freundes werden wahrgenommen: „die Bulldozer vergraben sie". „Sie werden verbrannt." Doch Jeremy lehnt sich dagegen auf; die sehr heftige Reaktion „Verdammt! Halt's Maul, du Wichser!" und der Griff nach dem Schnappmesser lassen erkennen, daß diese Handlungsvorschläge seiner emotionalen Wertung nicht standhalten können, sondern schärfste Ablehnung auslösen.

Wir versuchen eine Erklärung zu geben.

Jeremy identifiziert sich mit dem toten, aber für ihn noch lebenden Säugling, dessen Anblick und Schicksal wohl unbewußte Erinnerungen an das Erleben der eigenen Daseinsproblematik evoziert und empathische Reaktionen entstehen läßt. Nein, er will nicht enden wie eine alte Plastikhülle, ein Papierfetzen, ein Stück Baum oder ein weggeworfenes Kind.

Es gelingt Jeremy, seine Gefühle gegenüber dem eigenen Ich, die Angst vor dem Verletztwerden, das Gefühl der Schutzlosigkeit und der existentiellen Bedrohung wahrzunehmen und im Sinne des Einfühlens in den Andern, hier den toten Andern, Mitleid zu empfinden. Dies hemmt Handlungstendenzen, die möglicherweise auf die Zerstörung von Identität abzielen und rückt Handlungsabsichten in den Vordergrund, die auf den Erhalt von Körper und Identität ausgerichtet sind.

Oder liegt die weniger komplizierte lerntheoretische Erklärung näher, die besagt, daß Jeremy eben nur die Bestattungsform des Begrabens im Sarg kennt und deshalb diese Vorgehensweise vorschlägt? Gewiß nicht, denn die heftigen emotionalen Reaktionen auf die von Raglan aufgezählten Beseitigungsformen machen deutlich, daß hier ein hohes Maß an Ich-Beteiligung angesprochen ist. Ich halte den Vorschlag „Ich meine ... gibt's da so 'ne Art kleinen Sarg ... und Blumen und so?", den Jeremy vorsichtig äußert, zunächst für eine Orientierung an einer Konvention – weil dies so üblich ist –, was in der Regel Gefühle der Sicherheit und Zufriedenheit zur Folge hat.

Aber für Jeremy bedeutet dieser neugeborene Junge mehr als nur ein gewöhnlich Gestorbener: dieser ist jung und ohne Zukunft, alleine und hilfsbedürftig, er hat keine Vergangenheit, zumindest ist sie unbekannt, so wie die Lebensgeschichte von Jeremy: Ebenfalls auf den Müll geworfen, hat sich der lebende Junge zum Müllsortierer oder vielleicht würden wir heute sagen zum „Entsorger" ausgebildet, seine Gegenwart ist ungesichert, und seine Zukunft scheint ohne Perspektive zu sein.

Für dieses tote Leben, das ihm Furcht einflößt, fordert Jeremy den schützenden Sarg, die bergende Erde sowie die Blumen der Wertschätzung und Zuneigung. Auch Polyneikes lag unbedeckt im Sand, und trotz der Todesdrohung eines Kreon fühlte sich Antigone verpflichtet, den toten Bruder mit Erde zu bedecken, weil dessen Seele ohne die schützende Erde keine Ruhe hätte finden können. Und auf sich selbst bezogen bekennt Antigone: „... muß ich länger doch den Toten dort gefallen als den Lebenden" (so bei Sophokles). Sie will ihn schützen, auch um ihretwillen. So wie auch Jeremy tut, was er tun muß, um seinem Streben nach dem Gefühl der Geborgenheit, der Sicherheit und des Geachtetwerdens entsprechen zu können.

Nicht auszudenken ist, was geschehen wäre, wenn Raglan diesem Plan oder Wunsch nicht entsprochen hätte. Ein weiteres Mal hätte Jeremy bestätigt bekommen, daß menschliches Leben und menschliche Körper wertlos und gleich dem Müll zu entsorgen sind. Konsequent zu Ende gedacht, wäre zu erwarten, daß sowohl die eigene Person als auch die belastende Müllumwelt noch negativer eingeschätzt würden; Gefühle der existentiellen Verunsicherung könnten noch mehr in den Vordergrund treten, Resignation und depressives Hinnehmen oder unkontrolliertes, das Leben und sich selbst verachtendes Agieren könnten die Folge sein.

Doch dem ist nicht so! Raglan besitzt die Sensibilität, seine Überlegungen zum Umgang mit toten Neugeborenen nicht zu wiederholen, sondern Jeremys Vorschlag mit der Suche nach einer Plane zu entsprechen. Dies gab Jeremy ein gutes Gefühl, denn er konnte erfahren, daß nicht nur seine Worte aufgenommen werden, sondern auch sein Bedürfnis nach Geborgenheit und Schutz, ausgelöst durch den Anblick des hilflosen Säuglings, wahrgenommen wird und Berücksichtigung erfährt. – Innerlich sich stark fühlend, widmet er sich den Vorbereitungen des Begräbnisses.

Er trauert, verzichtet auf eine Lieblingskassette und findet die Situation am Meer so entspannend, daß er zu vergessen scheint, „warum sie gekommen waren". Jeremy scheint freudig erregt zu sein und zeigt neben der Trauer Glücksgefühle, vom Autor eher mit der Schönheit der Landschaft in Beziehung gebracht, psychologisch gesehen als Ausdruck der gelungenen Identifikation gedeutet.

Jeremy versuchte, mit Hilfe seiner empathischen Teilhabe am Schicksal des toten Kindes seine eigene Problemsituation zu klären, und konnte initiativ handelnd das Bild von sich selbst und seiner prägenden Umwelt stabilisieren: er ist sich bewußt geworden, daß er des Schutzes und der Sicherheit bedarf, um nicht unter die Räder der Müllraupe zu kommen. Es ist ihm gelungen, sich auf die Situation des toten Kindes einzulassen, seine eigene Bedrohung bewußtseinsnäher wahrzunehmen und dann eine Handlung zu entwickeln, die wenigstens symbolisch Schutz und Sicherheit für das Identifikationsobjekt, das tote Kind, und für ihn selbst gewährleistet.

Eine zweite Szene zur Identifikation gibt der eher grauenvollen Geschichte einen beinahe zufriedenstimmenden Charakter: Trotz anfänglicher Widerstände konnte Jeremy sein Vorhaben verwirklichen: das Kind liegt im schützenden Sarg. Die Identifikation erbringt für Jeremy die Bestätigung, daß er sich mit seinem Vorhaben und seinen Vorstellungen durchsetzen und Sicherheitsgefühle, ja sogar Glücksgefühle erreichen kann. Allerdings zeigt der Autor sehr deutlich auf, daß es nicht ausreicht, sich empathisch auf eine ungewöhnliche selbst-relevante Situation einzulassen, sondern daß es verstehender Menschen bedarf, die – soweit eine Identifikation sozial erwünscht ist – unterstützend präsent sind, wie es Raglan zu tun versucht.

In der Geschichte wird dieser Gedanke noch intensiviert, es bleibt nicht beim passiven Anwesendsein, sondern Raglan drängt sich als Identifikationsobjekt geradezu auf. Er trägt Nike-Turnschuhe, besitzt eine alte Verletzung, bietet dem Dreizehnjährigen eine Zigarette an. Das Führerhaus seines alten Chevy ist voll von Utensilien zur Selbstversorgung, und er läßt Jeremy an seiner Biographie teilhaben; die Spritze wird nicht konfisziert, nein Raglan zeigt sich sogar hilfsbereit beim Abbinden.

Und dann die entscheidende Reaktion: im Augenblick der großen Bedrängnis Jeremys legt er seinen Arm um ihn, und zum Zeitpunkt der Handlungsplanung steht er trotz seiner Bedenken auf der Seite Jeremys und scheut keine Mühe, das Vorhaben und die Person des Jungen zu unterstützen mit Augenzwinkern, Sprit, Plane, Zeit und mit einem Lächeln, „bevor er die Schaufel und das kleine Bündel nahm", mit Armeewerkzeug und Schweiß, sowie mit Antworten auf bohrende Fragen.

Für Jeremy ist Raglan mehr als nur ein Repräsentant der Erwachsenenumwelt, der Autor hebt auf die Ähnlichkeit der beiden ab: „Raglan hätte eine größere Ausgabe des Jungen sein können, doppelt so alt ..." Jeremy ist auf der Suche nach einem Menschen, mit dem er sich identifizieren und den er in seine Handlungs- und Lebenspläne einbeziehen kann. Die Antwort Raglans auf seine mehrmalige Frage „Willst du mein Vater sein?" schließt die Geschichte mit einem nicht zu verbergenden Glücksgefühl über auch diese erfolgreich erlebte Identifikation ab.

Versucht man nun, die in der Kurzgeschichte positiv verlaufenden Identifikationsprozesse zu verallgemeinern und auf die Situation benachteiligter Jugendlicher in der Phase der Berufsfindung bzw. der ersten Phase konkreter Lebensplanung zu übertragen, so ergeben sich folgende Diskussionspunkte:

1.
Auch Jugendliche, die aufgrund ihrer Benachteiligung sich von der Gesellschaft ausgegrenzt fühlen und/oder durch ungeschickte Schulstrukturen sowie eine wenig empathische soziale Umwelt ausgegrenzt werden, verfügen über Voraussetzungen für gesellschafts-relevante und spezifische, auf die Verwirklichung der eigenen Person bezogene Handlungsziele und Handlungsstrategien. Diese Handlungs- und Entwicklungsmöglichkeiten bedürfen aber einer dinglichen und sozialen Umwelt, die provoziert, anregt, gewährt und unterstützt, damit Identifikationsprozesse in Gang gesetzt und aufrechterhalten werden können.

Nadelmappe Rose
1 Mappe
47 71 51 4-5 EVP/M 0,25

Raglan zerschnitt mit seiner Schaufel die dicke, süßriechende Erde in Blöcke, dann gruben sie beide. Die Sonne war beinahe verschwunden, als sie fertig waren, und obwohl die Luft abkühlte, glänzte Jeremy wieder vor Schweiß. Aber erpflückte ein paar von den wilden Senfblumen und dem Löwenzahn und legte sie auf den kleinen Erdhügel.

2.
Institutionen, in denen vorwiegend Fachwissen vermittelt wird und in denen für den Schüler als Person nur wenig Zeit eingeplant ist, eignen sich nur bedingt für eine Identifikation der Jugendlichen mit solchen Einrichtungen. Bildungseinrichtungen, die Fachausbildungen, bessere Schulabschlüsse, Zusatzkurse empfehlen, entsprechende Anstrengungen einfordern und Vertrauen vorgeben, aber anschließend kleinlaut zugeben müssen, daß sie auf den Lehrstellen- und Arbeitsmarkt keinen Einfluß haben, gefährden die Identifikationsversuche der Jugendlichen. Lehrer und Vertreter der Arbeitsverwaltung, die mit Ausbildungshilfen – finanzieller und pädagogischer Art – locken und motivieren, aber dann ein Drittel und mehr ihrer Schülerinnen und Schüler in die Arbeitslosigkeit entlassen müssen, können nicht erwarten, daß diese Schüler sich empathisch auf die Angebote der Schule und des Ausbildungsmarktes einlassen.

Nein, so kann es nicht gehen.

Der andere Weg wäre, daß die an der Berufsbildung beteiligten Institutionen Wissensinhalte anbieten, die sich mit dem Lebensumfeld der Schüler in Verbindung bringen lassen. Die Verantwortlichen haben Ausbildungsformen zu erarbeiten, die sich an den Kenntnis- und Entwicklungsprofilen sowie an den zukünftigen Lebensperspektiven orientieren. So könnten Ausbildungsgänge im Modulsystem mit gestaffelten Abschlüssen den individuellen Besonderheiten eher gerecht werden als einheitliche Leistungsanforderungen, die nur in Form der Bewertung durch Noten eine Differenzierung zulassen und damit Identifikationsprozesse behindern und oft im Keim ersticken. Vor allem auf bildungspolitischer Ebene sind Strukturen durchzusetzen, die benachteiligten Jugendlichen personorientierte Ausbildungs- und Arbeitsplätze garantieren. Ein Jugendlicher kann sich doch nicht mit Schulen und Ausbildungsstätten identifizieren, deren Abgänger auf dem Arbeitsmarkt im Konkurrenzkampf mit Regelschülern unterliegen.

Stattdessen sind Ausbildungseinrichtungen zu fordern, die 1. die soziale Situation der Jugendlichen zum Beispiel mit einem Betreuungsangebot, das über Schule und Ausbildungsstätte hinausreicht, berücksichtigen können, die 2. mit Fachpersonal für psychisch auffällige Jugendliche ausgestattet sind und die 3. im Verbund mit den Wirtschaftsbetrieben einer Region Ausbildungs- und Arbeitsplätze zur Verfügung stellen, die auf Können und Fähigkeiten der Betroffenen ausgerichtet sind bzw. eine optimale Passung ermöglichen.

3.
Jugendliche benötigen Menschen, mit denen sie sich identifizieren können, Menschen, die die Bedürfnisse, die Wünsche und Einstellungen der Jugendlichen spüren, aufnehmen und die Verwirklichung unterstützen: Identifikationsobjekte. Erwachsene, die den Erziehungs- und Bildungsprozeß benachteiligter Jugendlicher begleiten, müßten – in Worten der Kurzgeschichte – eigentlich Raglans heißen oder zumindest dessen empathisches Verhalten

gegenüber Jeremy aufgreifen können, denn der Identifikationsprozeß kann wesentlich erleichtert werden, wenn, am Beispiel der Interaktion zwischen Erwachsenen und Jugendlichen dargestellt, erstere nicht nur über Attribute verfügen, die Jugendlichen wichtig sind, sondern vor allem eine positive emotionale Beziehung zu den Jugendlichen herstellen können.

Die Nike-Schuhe Raglans lösen kaum intensive Identifikationsprozesse aus, wohl aber sein Augenzwinkern in Ruhephasen, der verständnisvolle Blick, das Eingehen auf Jeremeys Begräbnisvorschlag, die Anerkennung seiner Anstrengung und das Angebot einer Zigarette trotz zeitlicher Enge. – Die Hilfe beim „Drücken" bedarf allerdings weiterer Diskussionen. Schulen und Ausbildungsstätten, in denen Lehrer und Lehrmeister, von Leistungsdruck gedrängt, nur noch wenig Gelegenheit haben, sich um spezifische Bedürfnisse, Problemsituationen und Krisenstimmungen ihrer Schüler und Auszubildenden zu kümmern, vergeben die Chance, daß Pädagogen, Ausbilder, Experten usw. als Identifikationsobjekte gewählt werden; sie drängen die Jugendlichen indirekt in Gruppen hinein, die – was die emotionale Sicherheit und das soziale Eingebundensein betrifft – attraktivere Angebote bereithalten.

Es ist allerdings nicht immer leicht, empathisch zu reagieren. Wenn zum Beispiel Lehrpersonen in ihrer eigenen Persönlichkeitsentwicklung nur wenig Empathie erleben und/oder im Verlauf ihrer Ausbildung zur Lehrerin und zum Erzieher keine Erfahrung oder nur wenig Wissen über die sozialen und psychischen Hintergründe benachteiligter Jugendlicher erwerben können, fehlt ihnen häufig die Bereitschaft, die emotionalen Wünsche, die Jugendliche an sie herantragen, zuzulassen und anzunehmen. Sie hemmen Identifikationsprozesse und schränken damit Handlungsmöglichkeiten ein.

Wenn auch weit entfernt von Schule und beruflicher Ausbildung im heutigen Mitteleuropa, hat Jess Mowry in seiner Kurzgeschichte, die Identifikationsgeschehnisse in Extremsituationen thematisiert, doch aufregende Impulse für das Verstehen benachteiligter Jugendlicher und den pädagogischen Umgang mit ihnen gegeben.

Volker Schmid

Smarte Wunschpädagogik?

Jess Mowrys Erzählung zieht den Leser hinein in einen knappen Tag mit Jeremy, dem dreizehnjährigen Crack-Abhängigen, und Raglan, doppelt so alt, früher selbst süchtig, der sich jetzt als Müllausschlachter mit einem gerade noch fahrtauglichen Wrack von Kleinlaster durchschlägt. Pädagogen zum Kommentieren in die Hand gegeben, wird diese Geschichte nahezu unmerklich zum Ausschnitt aus einem Bericht über Jeremys Kampf, frei zu werden vom süchtigen Griff zum Crack und über Raglans subtil engagierte Art, wie er den Jungen distanziert und verantwortlich zugleich unterstützt und in sein Leben aufnimmt. Haben wir ein Beispiel von Notfallpädagogik, von Lebensrettung? Immerhin erfahren wir, daß Raglan den Buben zwei Monate zuvor in einem Zustand „auflas", wo er ihm keine Woche mehr zu leben gegeben hätte (S. 12).

Oder wird die Geschichte zum Beispiel einer glücklich vollzogenen Adoption? Denn geradezu leitmotivisch durchzieht die Erzählung Jeremys suchendes, verhalten forderndes Tasten, ob Raglan ihn als Sohn annehme, ihm damit nicht nur Fürsorge und Sicherheit gebe, sondern diese auch in eine faßbare soziale Gestalt kommen lasse. Ein Vater-Werden, das in generationaler Umkehrung vom Jüngeren vorangetrieben wird? Ein Thema, das auch in der deutschen Literatur spätestens seit Goethes „Wilhelm Meister" zum Topos geworden ist, wo erst das Werben und Einfordern der Väterlichkeit durch den leiblichen Sohn Felix seinen Erzeuger Wilhelm zum Vater im umfassenderen Sinn macht. (Derartiges ist fachwissenschaftlich erst ganz allmählich und mit eklatanter Verspätung eingeholt und untersucht worden.)

1. Die literarische Erzählung

Gegen usurpierendes Kolonialisieren und Ummünzen durch fachwissenschaftliches Denken gilt es zunächst festzuhalten, daß Mowry mit dieser Kurzgeschichte ein Produkt seiner schriftstellerischen Kreativität liefert und nicht einen Praxisbericht jenseits fachsprachlicher Terminologie. In einem Interview beschreibt Mowry die Art seines Schreibens: „Ich erfinde meine Personen. Ich setze mich nicht hin mit einer (planvollen, V. S.) Idee darüber, was ich tun will, ich fange einfach an, und von da aus entwickelt es sich weiter" (S. 3). Auch der notorischen Frage gegenüber, wieweit er als Schriftsteller autobiographisch schreibe, hält er am Anspruch kreativer

Freiheit für sein Schaffen fest: „Technisch gesehen ist alles autobiographisch, weil es aus der eigenen Erfahrung kommt. Sie können auch zu tief in die Dinge hineinsehen ... Freud hat es meines Erachtens am treffendsten gesagt: Manchmal ist eine Zigarre nichts weiter als eine Zigarre" (S.1). Mowrys Interesse als Schriftsteller gilt der Geschichte; dem Leser sei zugestanden, was diese in ihm wachruft. Der Autor allerdings schweigt sich darüber aus, daß es ihm sehr wohl auch darum geht, den kreativen Prozeß in eine gute Form zu überführen. Seine Erzählung scheint mir ein schönes Beispiel für Hemingways Einsicht zu sein, die dichterische Erfassung der Wirklichkeit sei als ein Problem des Stils zu begreifen.

Ganz unmittelbar setzt das Erzählen ein, kein Rahmen, der das Verhältnis von Erzähler, Erzähltem und Leser ironisch brechen könnte. Ton und Atmosphäre werden von Beginn an durchgehalten. Die Geschichte entfaltet sich aus dem Ensemble von Situationen und den beiden Protagonisten. Hier schreibt einer die Oberfläche – beobachtet, beschreibt, gibt wieder. Das Schauen ist Stilmittel, der Blick erfaßt die Schönheit von Haut- und Muskelspiel, das Sichtbare. Mowry läßt aber auch keinen Zweifel, daß die Oberfläche jene abgrenzende Haut ist, unter der sich etwas rührt, denkt, assoziiert. Und wieder der Blick, ein anderer, der ins Unendliche geht, für den es keine Mauern, auch keine idyllische Landschaft grüner Hügel gibt. Ein Blick, der auf das Jenseits-des-Sichtbaren verweist. Aber es gibt keinen auktorialen Erzähler, der diesem Blick in die Erinnerung, in die verästelte Entfaltung innerer Erlebnisverarbeitung, Inhalt gäbe und der den Leser in seine Bahnen zwingen würde. So wie die karge Sprache zwischen Jeremy und Raglan folgt auch die Erzählung nahezu bruchlos einer Strukturlogik des Handelns.

Mowrys Aufgabe ist es, die Szenen, die Personen, das Geschehen zu schaffen und zu finden, auch deutlich zu machen, daß diese Oberfläche eine Tiefe hat. Seine Leser möchte er zum Weiterlesen und dafür gewinnen, die Bilder in sich selbst aktiv hervorzubringen. Aber alle Interpretation gehört dem Leser, seiner Erfahrung und seiner inneren Realität. Mowry ist sich dessen bewußt, daß er sein Produkt dem Leser überantwortet, dessen divinatorische Lust es damit einem unendlichen Spiel aussetzt. Deshalb kann er sich enthalten, dem Leser Wegmarken zur Interpretation zu explizieren. Denn ihm selbst ist es gelungen, aus einem Zwischenbereich eigener, auch alptraumhafter subjektiver Wirklichkeit und äußerer Realität eine eigene Welt zu begründen, die sich allenfalls gleichnishaft zur inneren und äußeren Natur verhält (Schäfer, S.85). An zwei Stellen des Textes möchte ich dies verdeutlichen. Beide wirken auf mich „kitschig", möglicherweise weil es Mowry nur noch riskant gelungen ist, diesen Prozeß des Oszillierens zwischen innen und außen auch in eine gute Form zu bringen. Es fällt schwer, mir über diesen Eindruck des Kitschigen klarer Rechenschaft zu geben. Eine Bestimmung über Sprache und Stil scheint nicht voranzubringen. Denn ich kann mich nur auf den Literaturwissenschaftler Killy beziehen, der literarischen Kitsch vor allem daran festmacht, daß falsche, unpassende

Sprachbilder benutzt werden. Aber eben da erlebe ich Mowry verläßlich und stilsicher. Ist es dann also die Art, wie Mowry ein Thema steigert, indem er drastisch noch eins draufsetzt?

Ich habe zunächst jene Passage über Tod und Sterben vor Augen, wo es über die schier unausweichliche Nähe jugendlicher Süchtiger zum riskanten Tod geht, der Körper als das einzig noch Verfügbare in den Tod hinein und zugleich letztes und größtes Zeichen narzißtischen Stolzes. „Typen in Jeremys Alter würden das für ‚geil' halten ... fast etwas, womit man prahlen könnte. Warum? Weiß der Teufel, Raglan wußte nicht mehr viel davon, ... aber daran erinnerte er sich genau" (S.12). Und dann, kaum zwei Absätze weiter, die bestürzende Entdeckung der Babyleiche im Abfall. Muß das sein, diese krude Drastik? Ist dies die Art, wie Mowry seine mit Fernsehbildern vollgefütterten Leser an der Geschichte halten will? Im Interview kommt er darauf zu sprechen: „Wenn es mit Grund dort steht, dann ist das in Ordnung ... Es ist ein Weg, die Aufmerksamkeit wachzuhalten und manchmal passiert so etwas ja auch in der Wirklichkeit" (S.2).

Der verzweifelte Tod und der Versuch, ihn mit letzter Großartigkeit zu bannen, dies wird Raglans Erinnerung, einem Bild seiner inneren Realität, zugeschrieben. Die Drastik der Babyleiche reißt dieses Erleben in die äußere Wirklichkeit hinüber, damit aber auch in eine entscheidende Entwicklung der Beziehung zwischen Raglan und Jeremy.

Eine andere Stelle, die mir kitschig vorkam, findet sich am Ende der Erzählung: Jene Idylle der Landschaft; Jeremy, der, hingerissen von der Größe des Erlebens des Ozeans, sich seiner Kleidung entledigt; dann das Begräbnis, die Nacht im Freien und schließlich Raglans Einwilligung in die Vaterschaft – und dies alles in der Präsenz des Todes, mit dem abgespalten, wie eingekapselt, und nahezu ohne Brechung technisch-nüchtern umgegangen wird. Das Oszillieren zwischen der inneren Realität des Schriftstellers Mowry und der äußeren Wirklichkeit scheint hier gebrochen zu sein zugunsten einer Zweisamkeitsidylle, mit der Raglan aber auch in bester Väterlichkeit für Jeremy völlig Neues zugänglich macht. Auch der Formgestaltungsprozeß wird schwächer und es kommt zu klischeehaft wirkenden Symbolisierungen: Das Armeewerkzeug zum Ziehen von Schützengräben (Präsenz des Todes), für Raglan zum Aufräumen von Bauplätzen, jetzt wird damit das Grab ausgehoben (S.15); oder die Stadt als Ort von Kampf und Elend, hier draußen die Idylle einer Oase auf Zeit. Aber nicht weniger Gefühliges finde ich in meinen Einfällen. Da geht es um romantisierendes „Jenseits des Tales standen unsere Zelte ..." Oder: jene Szene mit Jeremy angesichts des Meeres verlängert sich zu den lichtanbetenden Jünglingen des Jugendstils und ihren entleerten Umformungen in der Kunst des Faschismus.

Ist der Kitsch im Text oder entsteht er durch meine Einfälle, welche die Abwehr gegen die gefühlige Süße erst wachrufen? Korrespondieren hier der Text (oder eher: der Subtext des Kreativen) und meine Einfälle? Dazu nochmals das Bild von Jeremy vor dem Ozean. Fasziniertes Ergriffensein,

ein deutliches Moment narzißtischen Hochgefühls läßt sich vermuten. Und es stimmt, solche Situationen sind intensiv und unvermittelt, und wenn innerer Abstand zu diesem Ergriffensein wiedergewonnen ist, dann entsteht im Rückblick fast unvermeidlich ein Gefühl der Scham. Dann aber wäre der Eindruck von Kitsch mein Schutz vor dem Verlust kritischer Distanz und vor dem Verlust präsentgehaltener Ambivalenz.

2. Geschichte einer Adoption

Jeremys Anfragen an Raglans Vaterschaft (S. 9, 12, 16) interpunktieren die Erzählung, und es verlockt, ihrer Bedeutung nachzugehen. Die Eröffnung „Du könntest mein Vater sein", zurückhaltend klingender Optativ, läßt es für den Leser noch offen, ob Jeremy die Vaterschaft nachfragt als psychosoziale Metapher für das, was er an Gutem im neuen Zusammenleben mit Raglan erlebt, oder ob er Väterlichkeit und Vaterschaft umfassender und konkretistisch zugleich in die reale leibliche Vaterschaft einbindet, wie es im weiteren Verlauf unübersehbar wird. Dieser Verlauf legt es dann aber auch nahe, Jeremy als einen Jungen zu denken, der seinen Vater nicht kennt, dessen Sehnsucht durch die Erfahrungen mit Raglan wieder wachgeworden ist und der dieses ihm Unvorstellbare aus seinem bisherigen schlimmen Leben nur in jener märchenhaften Weise denken kann, daß sein Vater ihn erkannt und angenommen habe. Raglans Antwort auf diese erste Nachfrage ist der erotisch-liebevolle Blick auf den Körper des Jungen („Nicht zum erstenmal ...", S. 9), also ebenfalls in diesem Feld zwischen realer Vaterliebe und stellvertretender Vaterschaft oszillierend.

Ein leibbezogenes Element ist auch von Bedeutung unmittelbar im Vorfeld von Jeremys zweitem Einfordern der Vaterschaft Raglans: „Du mußt mein Vater sein, Mensch. Sonst wär' dir das doch scheißegal, oder?" (S. 12). Als Jeremy sich einen Schuß setzen will, hilft ihm Raglan beim Abbinden des Arms und anerkennt offen seinen schönen Körper: „Du hast gute Venen. Deine Muskeln drücken sie richtig raus" (S. 11). Der Körper ist das einzige, was Jeremy wirklich besitzt. Aber er tut sich schwer, diese Anerkennung anzunehmen; stattdessen redet er vom eigenen Ungeschick, daß er früher daneben und durchgestochen habe. Wenn er auf seinen Körper stolz sein und ihn lieben könnte – aber dazu braucht er einen ihm bedeutsamen anderen, der ihn so sehen und lieben kann. Und so suchen nach dem Kick seine Augen nach Raglan. Das ist nicht mehr der süchtige Jeremy, der nur das Crack im Auge hat, das einzige über das er selbst verfügt, um sich Gutes zu tun. Mit diesem Blick scheint er den zu suchen, der ihm gut will. Durchaus folgerichtig kommt er in der Geschichte jetzt auf das Ende der Sucht zu sprechen: „Hm, und wann hört man auf, es zu wollen?" Und darauf Raglans Quintessenz, das Angebahnte in einen Punkt verdichtend: „Wenn du beschließt, daß dir was anderes wichtiger ist" (S. 11).

Ein Zweites gehört ebenfalls in dieses Vorfeld, nämlich wie Raglan seinen Namen erhielt. In seinem forschenden Interesse für Raglan hat Jeremy entdeckt, daß dies nicht dessen „offizieller" Name ist, weshalb er Genaueres wissen möchte. Was wir dabei erfahren, klingt zunächst trivial und scheint wenig bedeutsam. Raglan ist Raglan T. Tiger, die Figur eines kämpferischen Tigers aus einem alten Comic. Aber Mowry läßt hier zwei Geschichten entstehen, in die Raglans Name eingesponnen wird. Die eine spiegelt sich im Comic, fragmentarisch zusammengeschrumpft, denn nichts Genaueres ist bekannt, als daß Raglan und Crusader Rabbit Freunde waren und Abenteuer bestanden. Aus der Kindheit von Raglans Vater soll dieser Comic stammen. Dies kommt in der Erzählung einer wie der Verweis auf etwas Mythisches, das nahezu leer ist. Um so leichter aber wird die übriggebliebene Chiffre in die Aktualität einsetzbar. Darauf wird gleich noch zurückzukommen sein. Zunächst bleibt stehen, daß ein Name eine Geschichte hat und auf eine Vorzeit verweist. Und hier wird die zweite Geschichte eingeklinkt. Diese noch kürzer und ins Selbstverständliche geronnen: Der Vater gab ihm diesen Namen. Raglan gibt sich als ein Vater-Sohn zu erkennen und dieser Akt der Namensgebung steht für seine persönliche Vorzeit.

Den Glanz im Auge des Vaters – nicht nur der Mutter, wie Kohut meint – und die Geschichten von Namen und Namensgebung mit ihrem Verweis auf erzählbare, strukturgebende Vorzeit halte ich für wichtige Momente, die Jeremy insistieren lassen, eine genealogische Ordnung seiner Beziehung zu Raglan zu erhalten. Sie durchmischen sich mit der realen Beziehung zwischen den beiden. Ob es dabei, dem Wortlaut der Erzählung folgend, vor allem um das Anstiften zur Übernahme der Vaterschaft geht oder Jeremy implizit nicht ebenso gewichtig seine Bereitschaft, Sohn zu sein, ins Spiel bringt, dies gilt es durchaus offen zu halten.

Zurückzukommen ist auf die Freundschaft von Raglan und Crusader Rabbit im mythisch entrückten Comic. Am Ende der Erzählung greift Jeremy sie anscheinend aus heiterem Himmel wieder auf, als Raglan ihm in guter Väterlichkeit das Campen als Lebensweise gezeigt hat. „Hm, und du hast diesen Crusader Rabbit nie gesehen ... weißt gar nicht, wie er ausschaut?" (S.16). Crusader Rabbit, der Kleine, aber auch der Freund – eine Identifikation scheint hier ins Offene zu kommen. Eben dies ist die Wirkung von Chiffren des leeren Mythischen, daß sie besonders leicht in die Gegenwart zu transponieren sind und dem Subjekt fungibel werden. Als Raglan dann das Kämpfen des Comic-Hasen anspricht, greift Jeremy dies unmittelbar auf und bezieht es ebenfalls ganz direkt auf sich und seinen Kampf gegen die Sucht. Wenn an dieser Stelle Raglan ein letztes Mal als Vater angefragt wird, dann steht er für Jeremy in einer latenten Überschneidung von Vater und Freund. Deshalb mag es auch eine plausible künftige Entwicklung andeuten, daß Raglan jetzt die manifest immer noch konkretistische Frage nach dem Vater in einen Wunsch transformiert, indem er Jeremy antwortet: „Ich möcht's gern sein."

3. Therapie eines Drogenabhängigen?

Die wichtigen Entwicklungsschritte, wie Jeremy Abstand zu seiner Sucht bekam, liegen der Erzählung voraus. Denn dies ist kein Junge mehr, dessen Leben von der Jagd nach dem Crack beherrscht und strukturiert wird. Mowry gibt auch nicht einen einzigen Hinweis, daß Jeremy sein Verhältnis zu Raglan noch funktionalisierend ausbeute, um zu seinem Stoff zu kommen. Was vielmehr die Erzählung durchzieht, ist seine Absicht, auf das Crack verzichten zu können. Und dies ist kein Reden in illusionären Wolken, sondern realistisches Abwägen der Schmerzen in kompetent zurückhaltender Partnerschaft mit Raglan. Von Kampf ist die Rede, das impliziert auch die Niederlage; und Jeremy versichert sich des Beistands von Raglan.

Was Mowry aber in der Erzählung zeigt, ist – im Zeitraffer zum knappen Tag der Handlung komprimiert – ein Prozeß der Veränderung: wie Jeremy beginnt, sich anders in seinem Verhältnis zu Raglan zu begreifen. Das setzt ein mit seinem Interesse für dessen Namen, eine Neugier für ihn als individuelle Person. Als dann die Leiche des Babys entdeckt wird (S. 12), kommt es zu einer dramatischen Engführung.

Beide sind ergriffen und erschrocken vor diesem Tod, und sie finden sich in schutzsuchender und bergender körperlicher Nähe. Aus diesem Hintergrund dann Jeremys erstes Wir („Was machen wir denn jetzt?" S. 12) und eine erste fürsorgliche Geste, er scheucht die Fliegen von der Leiche. Als Raglan die Vorstellung Jeremys von einem Begräbnis mit Blumen mit der verachtenden Wirklichkeit konfrontiert, daß die Leiche verbrannt oder im Müll vergraben werde, da kommt zum ersten und einzigen Mal in der Erzählung Jeremy als der auffahrende Kämpfer zum Vorschein, der sein Leben im asozialen Off durchgestanden hat. Für diesen einzigen Moment blitzt seine schneidende Fähigkeit auf, den anderen zurückzustoßen, ihn auszulöschen. Die innere Bewegung, die man Jeremy ratend unterstellen könnte, um dieses Aufbrechen plausibel zu machen, bleibt in der Erzählung ohne hinweisende Spur. Soll man daran denken, daß er in einer unmittelbar und heftig einsetzenden Emotion das Baby als hilflosen kleinen Gefährten besetzt und sich selbst in einer Position des ohnmächtigen Helden? Oder blitzt eine innere Geste angedeuteter Identifikation mit dem Baby als unerträglich ausgeliefertem Opfer auf? Andeutungen in der Geschichte aufgreifend, könnte dies zusammengedacht werden mit einer zusammenwirkenden, diffus subjektiven Rückwirkung von vagen Impressionen eigener Ohnmacht gegenüber der Sucht, geronnenen Erfahrungen selbst Opfer von Gewalt gewesen zu sein, aber auch mit einem Aussetzen elterlicher Fürsorglichkeit als destruktiver Macht. Für nicht gerade unwahrscheinlich halte ich jedoch auch, daß Jeremys Auffahren gegen Raglan darin mitbegründet ist, daß die vorausgehende engste schutzsuchende Nähe zu Raglan ihm im nachhinein Angst macht und er – in welcher Weise auch immer – Abstand und Autonomie wieder herstellen muß. Denn immerhin schildert Mowry alle sonstige fürsorgliche Bezogenheit Raglans immer als Handeln, das von taktvoller Distanz und Zurückhaltung durchwoben ist.

Solche Gedanken sind sicherlich viel zu expliziert, als daß sie die innere Realität von Jeremy treffend aufnehmen könnten. Aber dennoch halte ich dafür, daß sie nicht nur meinem eigenen Wunsch entspringen, annähernde Beweggründe zu finden, um Jeremys Reaktion nicht nur als spontane Reaktion auf das Äußere blind und willkürlich stehen zu lassen. Raglan kümmert sich nicht um solch nachgetragene Explizierung. Er hat begriffen, welche Bedeutung Jeremys Idee einer Beerdigung für ihn hat, und er scheint auch zu sehen, daß er stellvertretend handeln muß. Deshalb auch kein „klärendes Gespräch".

Aus der Komposition der Erzählung heraus ist es sicherlich gerechtfertigt, die Entdeckung der Babyleiche als eine der Schlüsselszenen zu begreifen und ihr letzten Endes eine Stärkung der wechselseitigen Bezogenheit von Jeremy und Raglan zuzuschreiben. So ist es dann nur konsequent, daß in der Folge Jeremy während der Autofahrt auch Fürsorglichkeit für Raglan zugeschrieben wird, wenn er Zigaretten nicht nur für sich, sondern auch für ihn dreht, und auch, daß er in der Schlußszene nicht nur von sich aus Raglan die Whiskeyflasche rüberreicht, sondern auch Sorge für das Gemeinsame äußert: „Wir haben nicht genug Sprit, um wieder zurückzukommen, oder?" (S.15).

Rätselhaft an „Crusader Rabbit" bleibt mir, wie es dazu gekommen sein soll, daß Jeremy so bruch- und kampflos die abhängige Position übernimmt. Zweifellos ist Raglans Fürsorglichkeit sorgfältigst komponiert und auf Jeremys Subjekthaftigkeit und Individualität bezogen. Aber dennoch bleibt, daß Raglan ihn als Hilfsjobber die meiste Drecksarbeit erledigen läßt, um nur das Krudeste herauszugreifen, und Jeremy fügt sich, ordnet sich ein. Nichts erfahren wir von Auseinandersetzung oder Verweigerung. Ist das smarte Wunschpädagogik, die sich in einen Traum einfügt? Hier bleiben Fragen offen; und wir werden noch einmal darauf gestoßen, daß diese Erzählung zweifellos weder dazu gedacht ist noch dafür taugt, in toto ein pädagogisches Lehrstück zu sein. Was aber Mowry gestaltet, mag von der Intention getragen sein zu zeigen, was eine subjektiv signifikante Beziehung zwischen Individuen an Menschlichkeit freisetzen und in Entwicklung bringen kann. Insofern ist sie ein subtiler und beeindruckender Beitrag über Grenzen professioneller Pädagogik, die im Zweifel immer auch verwiesen ist auf glückliche und glückende Begegnungen und Ereignisse des Lebens.

Literatur

Interview mit Jess Mowry im Marcus Book Shop, Oakland, Januar 1995. Im Internet unter http://www.altavista.com/cgi.../query?pg=q&what=web&q=Jess+Mowr
Kohut,H.: Narzißmus. Frankfurt 1973.
Schäfer, G. E.: Von der Hinterwelt zur Zwischenwelt – über Psychoanalyse, Kreativität, Kunst und Kind. In: Schäfer, G.E. (Hg.): Riß im Subjekt. Würzburg 1993, S.65-89.

Joachim Schroeder

Nur schmutzige Jeans und Schuhe? –
Die Welt der Objekte in einer „Kultur der Armut"

Die Dinge des Lebens
Was besitzen die Armen? Ausgehend von dieser Fragestellung beginnt der us-amerikanische Anthropologe Oscar Lewis seine Annäherungen an die *Kultur der Armut* in den Slums verschiedener lateinamerikanischer Großstädte. Er schreibt: „Ein jeder erkennt Armut sofort, wenn er sich mit ihr konfrontiert sieht; doch es ist nicht einfach, sie in einer objektiven Weise zu definieren. Das Einkommen ist, für sich genommen, kein präziser Indikator, weil es nichts über die realen Lebensbedingungen der Menschen aussagt. Wir kommen deshalb einer Beschreibung der Armut näher, wenn wir sie definieren als die Unmöglichkeit, die materiellen Grundbedürfnisse befriedigen zu können. Ich bin deshalb auf den Gedanken gekommen zu fragen, ob es nicht interessant und nützlich sein könnte, den materiellen Besitz armer Menschen als realen Ausdruck ihrer Lebensführung zu untersuchen. (…) Eine Untersuchung diesen Typs ist, in vielen Aspekten, der archäologischen Erforschung von Überresten einer Kultur nicht unähnlich. Durch die Untersuchung von Objekten erfährt der Archäologe viel über die Geschichte, die Errungenschaften, den kulturellen Einfluß, die Werte und die Lebensweise eines Volkes. (…) Eine solche Untersuchung bringt eine Vielzahl interessanter Fragen hervor: Welchen Anteil ihres Einkommens geben arme Menschen für Möbel, Kleidung, religiöse Objekte, Luxusartikel oder Medikamente aus? Welcher prozentuale Anteil der Objekte ist neu bzw. alt? In welchem Umfang sind die Objekte Geschenke oder Second-hand-Objekte? Wie finanzieren arme Familien ihre Anschaffungen? Wo erwerben sie ihre Anschaffungen? In welchem Zustand befinden sich ihre Besitztümer? Wie lange bewahren sie Gegenstände auf?" (Oscar Lewis: Ensayos antropológicos, México 1986, S.581).

Die Besitztümer, die Lewis bei den Armen in México-City und San Juan findet, sind dem nicht unähnlich, wovon uns Mowry in seiner Erzählung anschauliche literarische Einblicke für die nordamerikanischen Verhältnisse gibt. *Jeremy* zum Beispiel: Der besitzt zerlumpte schmutzige Jeans, große Airwalks, ein rotes Halstuch, einen Ohrring, ein Schnappmesser und einen alten abgenutzten Erste-Hilfe-Kasten. Die „Archäologie" der wenigen

Dinge, die das Leben dieses dreizehnjährigen Jungen strukturieren, bringt in der Tat eine Reihe, gerade auch *pädagogisch* interessanter Fragen hervor:

Die *Jeans* – Wie ist Jeremy an die gekommen? Hat er sie gekauft, geschenkt bekommen (von wem?) oder mitgehen lassen? Sind sie geliehen; von wem? Waren die Jeans mal neu oder stammen sie aus einer Kleiderkammer, einem Second-Hand-Shop? Sind die Jeans die letzten „Reste", die auf eine Anwesenheit in einem Heim, in einem Drogen- oder Stricherprojekt, gar in einer Familie verweisen? Warum ist Jeremy nicht mehr dort?

Die *Airwalks* – Hat er die zum Geburtstag oder zu Weihnachten geschenkt bekommen, wie dies bei „normalen" Kindern üblich ist, oder hat er sie gar von seinem Taschengeld gekauft? Wohl kaum. Dennoch die Frage: Hat Jeremy Geld? Wie verdient er sich das? Was kommt da am Tag so zusammen? Wie viele solch „guter" Tage gibt es in der Woche? Und was macht er an den übrigen Tagen, an denen es nicht so gut läuft?

Das *Halstuch* – Welche Bedeutung würde Jeremy der roten Farbe des Tuches beimessen? Was würde da über seine Bilderwelt und Bildsprache zu erfahren sein? Will er sich mit dem Tuch schmücken? Benützt er es, um sich den Schweiß abzuwischen? Trägt er das Tuch immer um den Hals, oder schlingt er es sich auch um den Kopf oder um die Hüften? Wann trägt er das Tuch? Was erfährt man über seinen ästhetischen Geschmack, über seine Maßstäbe und Präferenzen zur Selbstinszenierung und Selbstdarstellung?

Das *Schnappmesser* – Wie hat er sich das beschafft? Von wem hat er dessen Handhabung erlernt? Wofür benützt er es? Als Waffe, um anzugreifen oder um sich zu verteidigen? Schneidet er mit dem Messer sein Crack zurecht? Benützt er es, um Dosen zu öffnen und um damit zu essen? Wozu benutzt er es noch? Ist in das Messer etwas eingraviert? Wenn ja, sind es Buchstaben, ein Name, ein Bild – was würde all das wohl über Jeremy oder über andere Personen erzählen?

Der *Ohrring* – Was will Jeremy damit sich oder seiner Umwelt zeigen? Möchte er etwas über seinen ästhetischen Geschmack mitteilen, über sein Bild von schön inszenierter Männlichkeit, über eine sexuelle Orientierung? Warum hat der den Ring an sein *linkes* Ohr gesteckt? Und wieder: Ist der Ohrring ein Geschenk (von wem?), ein Erinnerungsstück (an wen?)?

Der *Erste-Hilfe-Kasten* – Jeremy hat offensichtlich keine Tasche, keinen Rucksack, keine Plastiktüte, keinen Koffer, in dem er seine Besitztümer verwahren könnte. Dafür einen Erste-Hilfe-Kasten, in dem er seine Drogenutensilien herumträgt, aus dem er aber auch seinen Entzug organisiert. Man könnte sagen: In dem Kasten, da ist sein Leben drin ... Was würde dieser Kasten alles über Jeremy erzählen können? Was ist noch alles in dem Kasten, wovon wir nichts erfahren? Wieviel Verborgenes würde da zutage kommen? Welche „Geheimnisse" schleppt Jeremy in dem Kasten (und in sich) mit herum?

Üblicherweise führt die pädagogische Wahrnehmung und Deutung dessen, was Kinder und Jugendliche am Leibe tragen, womit sie sich schmücken und was sie an Gegenständlichem bei sich führen oder um sich versammeln, zu einer Zuordnung der jungen Leute zu einer der Sub- und Jugendkulturen. Doch in den Objekten werden auch zentrale Themen der Biographie in verdinglichter, vergegenständlichter Weise kommuniziert: Zu den einzelnen Objekten lassen sich fast immer biographische Bezüge herstellen, sie stehen in lebensgeschichtlichen Zusammenhängen. Obwohl bekannt ist, daß Objekte mehr beinhalten als einen schlichten Gebrauchswert oder eine Funktionalität; obwohl wir wissen, daß auch Objekte „Geschichte haben", daß sie symbolisch zu interpretieren sind und in Handlungs- und Kommunikationszusammenhängen stehen; obwohl klar ist, daß über Objekte soziale Beziehungen aufgebaut und zerstört werden können, daß sie in Zeitstrukturen und Raumordnungen eingebettet und somit eine vielschichtig und mehrdeutige Sprache sind; obwohl wir all dies wissen, ist das pädagogische Lesen und Entziffern dessen, was die Armen besitzen, ein vernachlässigtes Feld. Wenn es denn stimmt, daß wir im Anschluß an Bourdieu, im Sinne einer Soziologie der Objekte, die Kleidung und Gegenstände (ebenso wie das Interieur der Wohnungen) als Zeichensystem fassen können, in dem sich soziale Existenzbedingungen – vermittelt über den Habitus – weitgehend unbewußt objektivieren; und wenn es denn plausibel ist, daß in der Ästhetik und Symbolik der persönlichen Dinge eben immer auch ein verdichteter Ausdruck der Person, ihrer Lebensweise, ihres kulturellen Alltagslebens zu finden ist, dann hieße dies doch, daß sich die Pädagogik bedeutend intensiver mit der Objektwelt der Armutskulturen beschäftigen müßte, soll eine Annäherung an diese Lebenswelten und dadurch ein milieugerechtes pädagogisches Handeln in ihnen möglich werden.

Denn randständige Jugendliche, so ist zu vermuten, bestimmen nicht nur über die Gegenstände, die ihnen gefallen, die sie sich aussuchen, die sie tragen; sondern die Gegenstände bestimmen auch über die jungen Leute, weil sie auf die Existenzbedingungen verweisen, an die die Möglichkeiten zum Erwerb der Objekte rückgebunden sind. „Der Müll der armen Leute war erbärmlich ...", heißt es in der Erzählung (S.12). Was noch irgendwie brauchbar ist, wird nicht weggeworfen oder wird von anderen schnell wieder aussortiert. Die Dinge des Lebens, die in der Kultur der Armut zu finden sind, werden vermutlich nach ästhetischen Kriterien ausgewählt und sie sind somit auch eine Frage des persönlichen Geschmacks. Doch sie sind vor allem ein Hinweis auf die Lebensbedingungen, aus denen sie stammen und die durch die Objekte mit hervorgebracht und ausgestaltet werden.

Kulturen der Armut

Als Thomas nach einer Räumungsklage wieder einmal seine kleine Wohnung verliert und buchstäblich auf der Straße sitzt, da bleiben ihm noch drei Unterhosen, zwei T-Shirts, drei Paar Socken, zwei Hemden, zwei Sweat-Shirts, ein langärmeliges T-Shirt, zwei Wollpullover, eine Wildlederjacke, ein Anorak, eine gefütterte Winterjacke, zwei Jeans, eine Jogginghose, ein Paar Turnschuhe, ein Paar Lederstiefel, ein Paar Halbschuhe, ein Bademantel, vier Badehandtücher (klein), ein Badetuch (groß), ein Waschlappen, ein Geschirrtuch, vier Bettücher und zwei Kopfkissenbezüge. Obwohl er regelmäßig diese Sachen wäscht, sind sie in einem ramponierten Zustand. Durch die Zwangsvollstreckung der Wohnungsräumung hat sich der karge Besitzstand von Thomas noch um einiges verkleinert. Er besitzt eine Schlafcouch und ein kleines Sofa, etwas Geschirr, einige Aktenordner, zwei Fotoalben, drei Teddybären, einen Karton mit Dokumenten, Papieren, Briefen, Fotos, Flugtickets, Postkarten, Stadtplänen, und acht Bücher. Er hat keine Armbanduhr und auch keinen Wecker, er hat keinen Geldbeutel, er hat keinen Schmuck, keinen Spiegel und keinen Kalender. Telefonnummern trägt er auf Zettel geschrieben mit sich herum.

Mit seinem Konzept der *Kultur der Armut* versucht Oscar Lewis zu zeigen, daß Armut als eine kulturelle Praxis gedeutet werden kann, die durch spezifische Strukturen, Bewältigungsstrategien und Ordnungsmuster gekennzeichnet ist. Er faßt die Kultur der Armut als einen sich in Armutsverhältnissen entwickelnden Lebensstil auf, der sowohl in der Anpassung wie auch als Reaktion auf Randpositionen in einer hoch individualisierten, kapitalistischen Gesellschaft entsteht. In der Kultur der Armut zeige sich der „Versuch der örtlichen Lösung von Problemen, die von existierenden Institutionen und Behörden nicht angepackt werden". Die Kultur der Armut sei Folge wirtschaftlicher Entbehrungen, Mangelerscheinungen und Zerrüttungen; sie sei aber auch eine Praxis, ohne die die Armen kaum weiterexistieren könnten. Die kulturelle Praxis zeige sich in ihren sozialen Beziehungen, im Zeitverständnis, in den Wertsystemen, in den Gewohnheiten und Strategien der Lebensbewältigung (vgl. Oscar Lewis: Die Kinder von Sanchéz. Bornheim 1982, S. 26-31).

Gestalten der Kultur der Armut in diesem Sinne, sind in Deutschland nur mehr bei denen zu finden, die aus dem System sozialer Sicherung im wesentlichen „herausgefallen" sind (Obdachlose, aus der Arbeitslosenhilfe Ausgesteuerte, Junkies, Beschaffungsprostituierende), oder denen die Aufnahme in das Sozialsystem verweigert wird (wie beispielsweise vielen Flüchtlingen).

Thomas ist vermutlich einer, der in lebensweltlichen Verhältnissen lebt, die einer Kultur der Armut zugeordnet werden können. Bereits an seinem bescheidenen Hab und Gut ist dies ablesbar. Die Kultur der Armut als eine Praxis beginnt, als Thomas auf der Straße sitzt und es sich zeigen muß, wie er diese Situation bewältigt, welche psychischen und sozialen Ressourcen er freisetzen kann, welche Strategien er wählt, um wieder weg von der Straße zu kommen. Er hat es geschafft und bewohnt heute wieder eine kleine Wohnung. Es hat sich inzwischen sogar wieder so weit aufgerappelt, daß er anderen helfen kann, denen es noch dreckiger geht als ihm selbst. Die Kultur der Armut ist materiell und ökonomisch betrachtet eine bettelarme, darüber besteht kein Zweifel. Doch in ihr findet sich ein kultureller

Reichtum ganz eigener Art: Eine Vielfalt an Lebenspraxis und Überlebenskünsten, an Strategie- und Orientierungswissen, an Mut und Zuwendung, an Können und Erfahrung. Der Beitrag von Thomas in diesem Buch zeigt es (S. 36-40).

Bildungsgüter

Als Armaniel, ein siebzehnjähriger Äthiopier, tot in einem Abbruchhaus in der Stuttgarter Innenstadt gefunden wird, da besitzt er noch Jeans und Turnschuhe, eine Jacke und ein Hemd, ein goldenes Halskettchen, Schuhe, Strümpfe, eine Unterhose. Und ein fast leeres Portemonnaie, in dem sich ein kleines Kärtchen befindet, mit dem Namen und der Anschrift seines Lehrers. Die Stuttgarter Zeitung titelte: „Leiche eines 17jährigen lag zwischen Unrat und Müll – das Ende eines kurzen Lebens mit einer langen Drogenkarriere." Armaniel hat sich nicht mehr an seinen Lehrer gewandt, als er dessen Hilfe benötigt hätte; vielleicht wollte er es nicht, vielleicht war es bereits zu spät. Dennoch hat er, bis zuletzt, dieses Adressenkärtchen bei sich getragen. Läßt sich dieses Kärtchen nicht als ein Hinweis deuten, daß sich die professionelle Pädagogik aus dem Leben dieses jungen Mannes noch nicht ganz verabschiedet hat, als ein letzter objektivierter Rest des Angebots, für ihn da zu sein und ihn nicht aufgegeben zu haben?

So gesehen, sind Objekte auch Repräsentationen pädagogischer Programmatik: Welche „bleibenden" Güter und Sachen von Wert geben die Schule und die Sozialpädagogik ihren Schülern, Klienten, Betreuten mit in deren Leben, welchen Nutzen könnten diese davon haben und wie nutzen sie diese Dinge wirklich? In einer solchen „Spurensuche" nach materialisierten Überresten „versunkener" pädagogisch erzeugter und vermittelter Kulturgüter, in einer Rekonstruktion dessen, was empirisch (an-)faßbar den jungen Leuten von den pädagogischen Institutionen mit ins Leben gegeben wird, zeigt sich, gemeinhin, ein eher trostloses Bild: Was bleibt, sind einige Zeugnisse, als formalisierteste Bündelung einer Bildungspraxis; nostalgisch verklärt vielleicht ein Schulranzen, einige Hefte, ein Poesiealbum, vermutlich einige Schulbücher. Einer langen bildungstheoretischen Tradition folgend, zielt pädagogisches Handeln auf die Vermittlung spezifischer Wissensbestände sowie auf die Vermittlung von alltagsrelevanten oder berufsbezogenen Fähigkeiten und Fertigkeiten; und es beabsichtigt, zur Ausbildung von Werthaltungen und Tugenden beizutragen.

Pädagogisches Handeln zielt somit nahezu ausschließlich auf die Entfaltung individueller Dispositionen und auf die Vermehrung des „inkorporierten" Kapitals (Bourdieu), nicht jedoch auf die Produktion bleibender, verwertbarer, nützlicher Objekte, Gegenstände oder Güter. Die Historie und der Kulturvergleich lehren jedoch, daß verantwortungsvolle Eltern, Erziehungsberechtigte und Lehrmeister immer dafür Sorge trugen, neben der kognitiven, instrumentellen und moralischen Grundausstattung auch für eine materielle Ausstattung zu sorgen und sie den Zöglingen mit auf den Lebensweg zu geben: Erinnert sei an die etwas aus der Mode gekommene

„Aussteuer" mit Wäsche, Geräten, Vieh und Grundstücken; erinnert sei aber auch an wertvolle Manuskripte und Privatbibliotheken, Werkzeuge, Gesellenstücke usw., die von den Lehrmeistern mitgegeben wurden.

Zu fragen wäre, wie wohl zeit- und milieugemäße, in pädagogischer Arbeit zustande gekommene „Grundausstattungen" aussähen, die die randständigen Jugendlichen im Durchhalten schwieriger Lebenslagen unterstützen könnten. Jess Mowry gibt da in seiner Geschichte einen guten Hinweis: Ein Leinensack, gefüllt mit unendlich praktischen Dingen. Pädagogisch gewendet fallen einem noch ganz andere wichtige „Bildungsgüter" ein, die in der pädagogischen Arbeit hergestellt werden können, um diese aber zu überdauern: Das könnten Objekte sein, die für die Jugendlichen selbst wichtig sind, wie beispielsweise solche, mit denen Kinder und Jugendliche ihr eigenes Heranwachsen dokumentieren und verfolgen können: Dinge, die ihren Selbstwert erhöhen (beispielsweise, tolle Fotos von sich zu haben), auf die sie stolz sein können, die sie anderen zeigen oder schenken möchten. Das könnten Objekte sein, die zur Kontaktaufnahme und Kontaktpflege mit anderen Menschen beitragen, die die Kontakte mit den Müttern, vor allem mit den Vätern halten helfen, solange diese noch bestehen. Zu denken ist auch an Objekte, die das Sich-Einrichten unterstützen, die dazu beitragen, die technischen wie ästhetischen Grundlagen für ein selbstbestimmtes aber menschenwürdiges „Einhausen" zu schaffen. Oder Objekte, die das Zurechtfinden fördern, sei es ein Ordner für die persönlichen Unterlagen, sei es eine Handbibliothek für den Alltagsgebrauch, seien es Adressen- oder Telefonlisten.

Wenn Pädagogik am Rande schon nicht mehr zu leisten vermag, dann doch wenigstens dies: Eine letzte Verbindung in diejenigen Lebenswelten zu halten, in die sie sich offensiver nicht einzumischen traut. Ein Visitenkärtchen mit der Aufforderung: Ruf' mal an, wenn's brenzlig wird! könnte so etwas sein. Wenigstens *das* sollten die Armen besitzen dürfen.

Ursula Stinkes

„Ich weiß nicht." –
Versuch ungeregelter Überlegungen zur Ethik der Reversibilität

1. Hinausgang aus dem Eigenen

Die Figur Raglans im Text imponiert. Sie ist das idealisierte Bild eines guten Menschen, dessen Sensibilität und Güte nahe an Schilderungen des Menschen in religiös erbaulichen Heften heranrückt, deren ethisch mahnender Finger sich in der Erbaulichkeit und Betroffenheit verliert. Herauslesbar wäre auch ein didaktischer Impetus, eine Belehrung des Lesers übers Gute im Menschen, so deutlich alles sagend, vors Auge führend, daß kein Mangel, keine Leere bliebe, die wirklich auf etwas verweisen könnte. Skepsis der menschlichen Natur gegenüber kann dazu verleiten, in der Figur des Raglan ein wenig zuviel „Gutheit" literarisch vor Augen geführt zu bekommen, als daß der Geschichte noch irgendein realer Bezug zugestanden werden könnte. Wenn man Nietzsches Worten glauben mag, ist das, was geliebt werden kann am Menschen, daß dieser dem Anderen ein Übergang aber auch Untergang sein kann.

Dennoch: Die Geschichte stellt gerade mit ihrem literarischen Kitsch vor Augen, daß man Übergang sein kann durch eine gelebte Ethik der Gabe, die, um eine solche zu sein, eine religiöse Spur verfolgen muß. Religiös motiviert, könnte der Vermutung nachgegangen werden, ob das *dreimalige* Anfragen Jeremys, Raglan könnte doch sein Vater sein, Raglan in eine ethische Grundsituation stellt, die in ihrer existentiellen Dimension an die Verleugnung des Petrus aus der Passion (Joh. 18; 24-28 bzw. Mt. 26; 57) erinnert. Wie immer diese Situation auch interpretiert werden kann, sie motiviert mich zu der Frage, die von der Figur Raglan selbst formuliert wird: *warum* hilft er? Gleichzeitig gibt er einen Schlüssel zur Antwort an die Hand, indem er antwortet: „Ich weiß nicht" (S. 12).

Der Text provoziert, mich von ihm zu lösen und erneut der Frage nachzugehen, ob und warum eine Verpflichtung gegeben sein könnte, dem Anderen zu antworten. Oder anders: warum scheitern wir so unausweichlich an der Verpflichtung der Fürsorge dem anderen Menschen gegenüber? „Müssen" wir nicht scheitern an der Tragödie des Anderen, blind für seinen Anspruch?

Ich werde eine Fragehaltung einnehmen, wohlwissend, daß ich mich damit dem Geschmack des Obszönen nicht entziehen kann. Beeinflußt durch jüdische und leibphänomenologische Gedanken sollen die nachfolgenden Überlegungen eher „ungeregelt" bleiben. Sie wollen sich einer strengen Systematik entziehen, um dem Diktum ungebrochener Sinnproduktion zu entkommen – wissend, daß Sprache und Schrift der Ordnung des Sichtbaren und Darstellbaren gehorcht.

In einem privaten Treffen mit dem jüdischen Psychiater A. R. Bodenheimer diskutierten wir die Frage, durch welche Möglichkeit der Mensch in der Lage sei, die Dinge mit den Augen des Anderen zu sehen. Bodenheimer verwies auf Hannah Arendt, die am Fall Eichmann nachdrücklich aufzeige, wie die Selbstgerechtigkeit und Gedankenlosigkeit, verbunden mit einem scheinbar ungebrochenen „normalen" Blick, auf die fast völlige Unfähigkeit verweise, je die Sache vom Gesichtspunkt des Anderen her zu sehen.

Der vorliegende Text führt mit der Figur Raglans buchstäblich vor Augen, es gäbe ein Sehen „für den Anderen", das vom Anderen ausgehe. Die Pädagogik hat für diese Fähigkeit, die Sache vom Gesichtspunkt des Anderen her sehen zu können, die Begriffe „Empathie", „Einfühlung", „Betroffenheit", Anerkennung des „So-Seins" des anderen Menschen beansprucht und diese bis zur Leerformel hin strapaziert.

Die Frage bleibt jedoch bestehen: Welchen Platz, wieviel Recht räumen wir dem Anderen ein innerhalb unserer Koexistenz mit ihm?

Koexistenz mit anderen kann im günstigsten Fall dem Anderen soviel Platz einräumen, wie man sich selbst einräumt, aber auch dann entgeht man nicht der latent egologischen Struktur, die im Bemühen um das Wohl des Anderen noch enthalten ist, weil dieses Bemühen dennoch von *mir* herrührt.

Der Versuch, die Welt des Anderen nicht mit den eigenen, sondern mit dessen Augen zu sehen, ist ein Unterfangen, das in jene Dimension vorzustoßen sucht, welche sich nicht in den Alternativen von Eigenem und Fremdem verfangen darf. Es geht nicht um den eigenen oder fremden Blick, es geht um eine Öffnung hin auf ein Unsichtbares, das „für-den-Anderen" freisetzen könnte. Es geht bei diesem „für-den-Anderen" um eine Veränderung der Existenz bis in die Leiblichkeit hinein. In Merleau-Pontys Werk „Das Sichtbare und das Unsichtbare" (1986) zielt alles ab auf eine Aushöhlung des Sichtbaren durch das Unsichtbare; auf den Schatten des Sichtbaren als Leerstelle, die sich der Verfügung entzieht. Dies geschieht bei ihm als deutlicher Aufweis eines Überschusses der Wahrnehmung gegen eine bloß einseitig und verflachte physikalische Fassung der Wahrnehmung, wie sie innerhalb des Empirismus und des Intellektualismus zu finden ist (vgl. Merleau-Ponty 1966, S. 29; 44). Aber wie ist eine Veränderung der Existenz bis in die Leiblichkeit zu begreifen?

Gibt es eine Erschütterung des Eigenen, ja eine Durchdringung des Eigenen durch den Anderen, so daß eine Umkehr von der bisherigen Normalsicht – die mehr sein müßte als ein bloßer Einstellungswechsel zwischen verschiedenen Ansichten oder Perspektiven – möglich wird?

Gibt es ein Sehen, das sich einem blick- und bildlosen Sehen öffnen kann, welches eine Linie zum Unsichtbaren des Sichtbaren, zum Schatten des Sichtbaren, zur Leerstelle zieht? Und was hieße dann, sich zum *eigenen* Sehen zu befreien, zur *eigenen* Stimme zu befreien? Diese Fragen kulminieren in dem von Waldenfels (1994) im Anschluß an Levinas aufgezeigten Zusammenhang einer Verpflichtung zur Antwort. Diese Verpflichtung sei nicht frei gewählt: im Moment der Frage, die an mich ergeht, wäre unausweichlich zu antworten. Diese Verpflichtung stelle ein Verhältnis dar, in welchem wir ethisch scheitern könnten.

In der (ontologischen) Konzeption von Merleau-Ponty, der sich kritisch gegen die eingefahren traditionellen Muster der Fremderfahrung wehrt, kommt es bei der Wahrnehmung des Anderen stattdessen zu einer Überkreuzung, einem Chiasmus zweier Schicksale, die ein sich selbst „anderssehen-erlaubt". Hier setzt Merleau-Ponty jenes ungewöhnliche Vermögen an, durch den Anderem vom Eigenen gleichsam weggezogen zu werden, indem Risse in meine Eigenheit eingezeichnet werden, durch den die anderen Gedanken eindringen. Diese Einzeichnung von Rissen durch die andere Gedanken, Sichtweisen in Gewohntes eindringen, bezeichnet Merleau-Ponty als Reversibilität, als Umdrehung, Umkehrung (1986, S. 328-333). Es ist eine Umdrehung, Umkehrung durch den Anderen, die eine Veranderung der Identität durch den Anderen meint. Hier liegt in philosophischer Perspektive ein veränderter Subjekt-Begriff zugrunde, der dem des „sujet-Subjekts" von Foucault (1978/1986) nahe kommt. Foucault ging es um die Destruktion des Subjekt als einem Pseudo-Souverän, um den Kampf gegen das Ideal einer unverfälschten Einheit oder Selbigkeit. Damit geht es um eine Lösung, um ein Abtrennen vom Rahmen des positiv Sichtbaren, Bestimmbaren als alleinigem Erkenntnisgrund und damit um den Abschied von einem alles konstituierenden Subjekt. Der „Tod des Subjekts" bringt bei Foucault jenes „sujet-Subjekt" hervor, daß sich als ein Ich aktualisiert, indem Bewußtsein und Körperlichkeit ein Geflecht bilden, wo sich Eigenes, Fremdes, Vergangenes, Zukünftiges, Soziales und Individuelles durchdringen. Erinnert sei hier auch an Plessners Konzeption der Expressivität des Leibes (Plessner 1980), welche ebenso wie die Konzeption von Merleau-Ponty die Verflechtung der Sichtweisen hervorhebt, ohne jenen „solipsistischen Rest" zu negieren, der menschlichem Leben den Geschmack der Einsamkeit – aber eben auch der Unverfügbarkeit – beläßt. Für Merleau-Ponty war die Verkennung, Verdrängung dieser Möglichkeit der Veränderung durch den Anderen, eine Struktur, die sich permanent der Normalstimmigkeit des eigenen Blicks als Haltung versichert und somit letztlich von der Tragödie des Anderen unerschüttert bleibt.

2. Ethik der Reversibilität

Reversibilität meint nicht Reziprozität. Es ist eine Änderung durch den Anderen gemeint, die das Selbst existentiell betrifft. Nur durch die leibliche Existenz gibt es ein Ineinander von Innen und Außen, Eigenem und Fremdem. In ihm liegt ein ethisches Geschehen begründet. Denn die Offenheit für den Ausdruck des Anderen, für das Ineinandergreifen der Existenzen, ist zugleich eine Passivität oder Verwundbarkeit des Subjekts. Aber nur wenn der Mensch verwundbar ist, kann der Andere ihn angehen, kann ihn der Andere berühren, ihn mit oder ohne Absicht leiden machen, nur so kann er mitleiden. Unverwundbarkeit, Unempfindlichkeit des Menschen dagegen würde bedeuten, daß die Menschen einander nicht bräuchten. Sie könnten sich um nichts bitten und einander nichts geben, sie gingen sich im strengen Sinne nichts an. Das Subjekt hat nicht die Wahl zwischen Passivität und Selbständigkeit, zwischen Fremd- und Selbstbestimmung, zwischen Abhängigkeit und Autonomie, es ist stets beides zugleich im Knotenpunkt seiner Existenz, durch seinen Leib.

Im Text ist Raglan ergriffen von der Existenz des Jungen Jeremy, obgleich er „nicht weiß" (S.12), warum er sich fürsorglich um ihn kümmert. Im strengen Sinne ist die Grundlage der Fürsorge* nicht ins Wissen zu überführen. Diese Haltung kann nicht „gewußt" werden, weil sie *als Haltung* über sich hinaus geht. Eine Haltung, die über sich hinausgeht, zeigt Raglan, weil er von sich selbst absieht, er bietet *sich* selbst an, geht über seinen begrenzten Sichtrahmen hinaus durch die Zuwendung zum Anderen. Es ist ein ethischer Sinn auszumachen, der sich *unterhalb* normativ geregelter Zuwendung befindet. Dieses „Absehen von sich" bezeichnet Levinas als „des-inter-essement" oder Güte. Sie ist gekennzeichnet durch ein Ernstnehmen des Anderen und seiner Zeit, die Furcht um seinen Tod. Die Perspektive des Anderen einnehmen können – die Tragödie des Lebens von Jeremy „sehen" zu können – sich einnehmen lassen zu können von der existentiell formulierten Bitte um Einnahme der Vaterschaft als Figur, die sich sorgt, die behütet – verlangt eine Lösung von der Haltung desjenigen, der „weiß, was gut ist", der „erobert", hin zur Haltung der Geiselschaft, des Opfers: es ist eine Ethik der Reversibilität im Sinne der Umkehr der eigenen Sichtweise durch den Anderen.

„...Ich bin du, wenn ich ich bin ..." (P. Celan)

---

* Die thematische Struktur der Fürsorge im Heideggerschen Sinn hebt sich zentral von der Geiselschaft oder Stellvertretung nach Levinas ab. Nach Heidegger ist das Dasein ein Mitsein mit Anderen und wesenhaft umwillen Anderer. Indem jedoch der Andere ganz vom Dasein aufgefaßt wird, ist er ein Moment des Seinsverständnisses des Daseins, nicht jedoch der, der dieses Seinsverständnis stört, es unterbricht. Die Fürsorge bleibt hier eine veränderte Seinssorge (vgl. Heidegger § 26, Sein und Zeit). Diesem Verständnis schließe ich mich nicht an, gleichwohl nutze ich den Begriff der Fürsorge als Hilfe zum Verständnis des Levinasschen Begriffs der „Geiselschaft".

Literatur

Celan, P.: Gesammelte Werke. Bd. 1. Frankfurt 1983, S. 33.
Foucault, M.: Von der Subversion des Wissens; herausgegeben von W. Seitter. Frankfurt, Berlin, Wien 1978.
Foucault, M.: Sexualität und Wahrheit II. Der Gebrauch der Lüste; übersetzt von U. Raulff und W. Seitter. Frankfurt 1986.
Levinas, E.: Die Zeit und der Andere; übersetzt von L. Wenzler. Hamburg 1989.
Levinas, E.: Schwierige Freiheit: Versuch über das Judentum; übersetzt von E. Moldenhauer. Frankfurt 1992.
Levinas, E.: Totalität und Unendlichkeit. Versuch über die Exteriorität; übersetzt von W. N. Krewani. Freiburg 1987.
Levinas, E.: Die Spur des Anderen. Untersuchungen zur Phänomenologie und Sozialphilosophie; übersetzt, herausgegeben und eingeleitet von W. N. Krewani. Freiburg 1983.
Levinas, E.: Humanismus des anderen Menschen; übersetzt und eingeleitet von L. Wenzler. Hamburg 1989.
Levinas, E.: Wenn Gott ins Denken einfällt; übersetzt von Th. Wiemer. Freiburg 1985.
Levinas, E.: Jenseits des Seins oder anders als Sein geschieht; übersetzt von Th. Wiemer. Freiburg 1992.
Merleau-Ponty, M.: Die Struktur des Verhaltens; übersetzt und eingeleitet von B. Waldenfels. New York 1976.
Merleau-Ponty, M.: Phänomenologie der Wahrnehmung; übersetzt und eingeleitet von R. Boehm. Berlin 1966.
Merleau-Ponty, M.: Das Sichtbare und das Unsichtbare; übersetzt von R. Guiliani und B. Waldenfels. München 1986.
Meyer-Drawe, K.: Menschen im Spiegel ihrer Maschinen. München 1996.
Peperzak, A.: Einige Thesen zur Heidegger-Kritik von Emmanuel Levinas. In: Gethmann-Siefert, A., Pöggeler, O. (Hg.): Heidegger und die Praktische Philosophie. Frankfurt 1988.
Plessner, H.: Anthropologie der Sinne. Gesammelte Schriften III. Frankfurt 1980.
Waldenfels, B.: Antwortregister. Frankfurt 1994.
Weber, E. (Hg.): Jüdisches Denken in Frankreich. Frankfurt 1994.

Jürgen Strohmaier

„Warste hier schon mal?" –
Kleine Topologie des Vaters

„Eigentlich hatte es wenig Sinn, die übrigen Container noch zu durchstöbern; es war die schlimmste Gegend der Stadt, und der Müll von armen Leuten war erbärmlich ..." (S. 12)

In dieser feinsinnigen literarischen Milieu-Studie von Jess Mowry, die uns durch eine Wohlstandsmüll-Szenerie moderner Zivilisation führt, ist vieles von dem zu finden, was auch in unseren Breiten zu recyclen wäre: Es geht um das Verhältnis zwischen Vater und Sohn.

Bei Mowry wird nicht nur Müll getrennt, sondern auch der Mythos vom Vater. Der Text kann als Plädoyer für andere Vaterschaftsformen gelesen werden, die nicht unbedingt den biologischen Faktor zum (Über-)Leben brauchen.

So kaputt die Welt um Jeremy und Raglan auch sein mag, so fragil ihre Freundschaft ist – sie birgt die Chance für eine Entwicklung, die in den euro-amerikanischen Dominanzkulturen eher zum Scheitern verurteilt ist: Diese Beziehung kann ohne bürgerliches Erbe, ohne Stammhalter-Denken und ohne generationsübergreifende Delegationen von Vätern zu Söhnen auskommen. Das bedeutet auch, daß sie – entgegen eingespielten tradierten Umgangsformen – zur kreativen Beziehungsgestaltung, zur Offenheit und Potentialität ermutigt.

Das prekär-ambivalente Verhältnis zwischen Vater und Sohn läßt sich an Beispielen aus der modernen Literatur trefflich reflektieren, auch wenn die meisten Texte durch die Subjektivität ihrer Verfasser geprägt sind. Denn gerade darin besteht der Konflikt: Es bleiben individuelle Erfahrungen, persönliche Schicksale zuweilen tragischer Schriftsteller wie etwa Kafka („Brief an den Vater") oder Musil („Mann ohne Eigenschaften"), die sie zwar mit anderen teilen, von denen sie aber niemand befreit.

Stellvertretend für viele andere seiner Zeit setzt Kafka seinen Vater auf die Anklagebank: „Manchmal stellte ich mir die Erdkarte ausgespannt und Dich quer über sie ausgestreckt vor. Und es ist dann, als kämen für mein Leben nur Gegenden in Betracht, die Du entweder nicht bedeckst oder die nicht in Deiner Reichweite liegen" (1980, S. 158). Es blieb nicht mehr viel Platz für Franz, der Vater war zu übermächtig und allgegenwärtig; ein Imperator, der seinem Sohn die Luft zum atmen nahm. Kafka starb bekanntlich an Tbc. Auch Musils „Mann ohne Eigenschaften", im Roman Ulrich genannt, geht im hypermaskulinen Schatten seines Vaters durchs Leben, der sich erst nach dessen Tod zurückzieht und bis dahin ungeahnte Wünsche des Protagonisten blühen läßt.

Und so geht es weiter: Peter Härtling vergleicht seinen Vater in „Nachgetragene Liebe" mit dessen Schränken: „Vater lebt mit ihnen, obwohl er sie kaum einmal öffnet" (1980, S.11). Peter dagegen fühlte sich als Waschlappen: „Du hast mit diesem Wort zugeschlagen, es mir um den Kopf geklatscht, ein niederträchtiges, demütigendes Wort" (ebd., S.14).

Aus der Sicht der Schreibenden ist der Vater eine Weltmacht, die das kleine Territorium des Sohnes gänzlich okkupiert. Dies ist ein durchgängiges Erfahrungsmuster, das sich in vielen Romanen des 20. Jahrhunderts nicht nur von Männern nachzeichnen ließe.

Ein nicht minder auffallender, zweiter Typus ist der nicht vorhandene, der fehlende, abwesende Vater; der kontur- und eigenschaftslose Mann, über den es so schwer ist, etwas Passendes zu sagen. Bloch hat es auf seine (expressionistische) Art so ausgedrückt: „Ich hatte überhaupt keinen Vater!" Bloch war 36 Jahre alt, als ihm diese Erkenntnis kam. Es soll die unmittelbare Reaktion auf Gottfried Kellers „Grünen Heinrich" gewesen sein. Etwas sensibler beschreibt der Brooklyn-Citoyen Paul Auster die Leere der väterlichen Abwesenheit und deren Auswirkungen auf den Sohn: „Früheste Erinnerung: seine Abwesenheit. In den ersten fünf Jahren meines Lebens ging er frühmorgens, wenn ich noch schlief, zur Arbeit und kam erst wieder nach Hause, wenn ich längst im Bett lag. Ich war der Sohn meiner Mutter und lebte ganz in ihrer Sphäre. (…) Von ihm bekam sie ständig zu hören: Mach nicht so viel Umstände, du verdirbst den Jungen. Aber ich war ein wenig kränklich, und dies benutzte sie als Vorwand, mich zu verhätscheln. Wir verbrachten viel Zeit miteinander; sie in ihrer Einsamkeit und ich mit meinen Krämpfen, saßen wir in den Praxen der Ärzte und warteten, daß irgend jemand den Aufstand niederwarf, der immerzu in meinem Magen tobte. Und schon damals klammerte ich mich in einer Art Panik an diese Ärzte und wollte, daß sie mich festhielten. Von Anfang an, so scheint es, habe ich nach meinem Vater gesucht, habe ich verzweifelt nach jemand gesucht, der ihm ähnlich war." (1993, S.32). Damit schreibt Auster einer ganzen Generation aus der Seele, die den Vater nur an Wochenenden erlebte – „Samstags gehört Papi mir!"

Aber hat der Vater nicht auch andere Seiten? Gibt es nur die des Patriarchen, des Übervaters, des Gottähnlichen, des Strafenden und Autoritären oder des Abwesenden, Abstrakten, des Unsichtbaren? Sind Männer nur Mutter-Söhne?

Die literarische Subjektivität von Kafka bis Auster weist auf ein Dilemma hin, das der Sozialpsychologe Alexander Mitscherlich in seiner bahnbrechenden Analyse mit dem Titel „Auf dem Weg in die vaterlose Gesellschaft" als kollektive Erfahrung aufgedeckt hat. Er fragt: „Was haben wir eigentlich vom Vater, außer – möglicherweise – der Statur, und was erwerben wir von ihm? Was geschieht in der emotionellen Kommunikation mit ihm, und welche soziale Aufgabe ist an diese Beziehung geknüpft? Den Vater kann man bewundern; man kann bei ihm geborgen sein oder ihn fürchten – schließlich ihn mißachten. Man kann in verschiedenen Augenblicken alles zusammen tun. Neben diesem so schwankenden Gefühlsbezug gibt es aber den zweiten: Vom Vater kann man lernen, man kann von ihm eingeführt werden in die Praxis des Umgangs mit den Dingen, oder man entbehrt ihn dabei" (1992, S. 175).

Die Kritik am Vater ist immer zugleich Gesellschaftskritik, denn die modern(isiert)e Industriegesellschaft baut (nach wie vor) auf den ökonomischen Status des Mannes als des Ernährers seiner Familie und der damit einhergehenden Trennung von Produktion und Reproduktion. Das Bild vom guten Vater jedoch – dem Beschützer, Retter, dem Vertrauenswürdigen – ist viel älter als die Moderne. Es stammt aus der Bibel und fängt bei Abraham an. Dieses biblische Vaterbild prägt die patriarchalischen oder „paternistischen" Gesellschaften des Okzidents bis heute. Aber es scheint sich epochal zu verändern. An die Stelle des Vaters, der seine Söhne erzieht und auf ihre Heimkehr wartet, sind Fachleute in kommunalen und staatlichen Einrichtungen getreten; Lehrer, Erzieher und Vollzugsbeamte. Sie müssen sich mit dem Vater-Mythos auseinandersetzen und mit dessen Risiken und Nebenwirkungen, die in den Entwicklungs- und Polizeiberichten niedergelegt sind. Kurzum, es ist nicht mehr der verlorene Sohn, der zum Vater (als Topos) zurückkehrt und von ihm wieder aufgenommen wird; es ist der heute eher ortlose genealogische Vater (als Nicht-Ort), eine Figur, die kommt und geht oder ganz verschwindet. Es ist die modernistische Ortlosigkeit des Maskulinen schlechthin, die die Söhne in die Don-Quichotterie treibt („Ich glaub, er hatte ein Schwert und kämpfte gegen Drachen", S. 16), wenn sie in die Mühlen der männlichen Identifikationsangebote geraten. Identifikationen, so Mitscherlich, schaffen das Verhaltensrepertoire – die Unterweisung, „und wie affektiv sie geleitet wird", spielt eben eine tragende Rolle im Autonomiestreben des Kindes.

Nun klagt genau darüber eine nicht kleine Fachöffentlichkeit, wenn auch mit unterschiedlicher, zum Teil geschlechtsbezogener Intention. Nicht wenige Pädagogen sehen sich heute gewollt oder ungewollt in einen Männlichkeits-Diskurs privater oder wissenschaftlicher Natur verstrickt: Dabei schwanken die Männlichkeitsvorstellungen zwischen omnipotentem Heldentum und postmoderner Beliebigkeit und mann ist sich lediglich darüber einig, daß an allen Ecken und Enden männliche Vorbilder für Jungen (und auch für Mädchen!) fehlen. Mittlerweile trauen sich Männer zu sagen, daß die männlichen Herrschaftsformen auch ihre Paradoxien hervorbringen: Männer unterdrücken auch Männer und die Ohnmacht ist eine gute Bekannte, die zum Alltag dazugehört. Also: Auch Männer haben ein Geschlecht!

Im Vergleich zur Geschichte von Jeremy und Raglan nimmt sich dieser Diskurs elitär aus, hat gar den Geruch des Platonischen. Doch das Thema ist dasselbe, es wird nur in einer anomischen Müllandschaft verhandelt, die ihre eigenen Regeln kreiert. Die Frage nach der Relevanz des biblischen Vaterbildes verbirgt sich irgendwo im Überlebenskampf zwischen den Mülltonnen. Und doch treten altehrwürdige Attribute auch dort in den Vordergrund: Schutz, Vertrauen, Verständnis, Trost, Hoffnung. „Hm, und wann hört man auf, es zu wollen?" (S.11), fragt Jeremy. Raglan antwortet mit praktischer Philosophie: „Wenn du beschließt, daß dir etwas anderes wichtiger ist" (ebd.). Die Abhängigkeit von der Nadel wird hier unmittelbar mit der Suche (Sucht?) nach dem Vater verknüpft, denn Jeremy reagiert prompt: „Du mußt mein Vater sein, Mensch. Sonst wär' dir das doch scheißegal, oder?" (S.12).

Jeremy drückt aus, was er spürt. Jeremy spürt Nähe, er spürt in Raglan einen Ort, an dem er erwünscht ist. Und nur das zählt für ihn. Nach dem traurigen Fund des „kleinen, honigbraunen Körpers" beginnt sozusagen die Generalprobe für die sich anbahnende Adoption. Was passiert mit dem toten Säugling, was wird Raglan unternehmen? Jeremy ahnt und teilt mit dem Weggeworfenen eine existenzielle Verwandtschaft. Er greift nach seinem Schnappmesser. Daran zeigt sich seine Intuition und Kampfbereitschaft: Er will verhindern, daß das Baby ein zweites Mal entsorgt wird. Raglan reagiert mit viel Empathie, was Männern im allgemeinen abgesprochen wird, und bereitet ein menschenwürdiges Begräbnis in der Nähe des Ozeans vor.

Und dort verdichtet sich diese traurig-schöne Erzählung konnotativ zur Verortung einer Vater-Sohn-Beziehung, die romantischer nicht beginnen könnte – gerade, weil sie aus einem Überlebenskampf heraus entsteht. Der Vater-Mythos hat hier keinen Platz. Stattdessen werden Decken, Whiskey und etwas Eßbares herbeigeholt, und ein Lagerfeuer wird entfacht. „Is' das hier campen?" fragt Jeremy (S.15). Welcher Junge wünscht sich nicht genau so eine –- wenn auch archetypische – Atmosphäre, in der er sich der Nähe eines väterlichen Mannes sicher sein kann. Dieses väterliche Territorium muß nicht unbedingt an einem Ozean liegen, Nähe kann fast an jedem Ort möglich sein – so wie dies für die Distanz ja auch gilt.

Wichtig ist nur, daß an solchen Orten die Nähe von Vater und Sohn auch körperlich erfahrbar werden kann. Und dies gewährt Raglan seinem Schützling, der gut ohne Schwert bzw. Schnappmesser auskommen kann: „Raglan legte seinen Arm um den Jungen und zog ihn nah an sich heran" (S.16).

Mowrys warmherzige Geschichte veranschaulicht sehr eindrucksvoll, daß der längst fällige Wechsel vom drohenden Imperativ zum bejahenden Konjunktiv („Du könntest mein Vater sein." „Yeah. Könnte ich sein." S.9) vielen Jungen, die auf der Suche nach Männlichkeit und nach einem Vater sind, den Erste-Hilfe-Kasten ersparen würde. Einer der Kunstgriffe von Mowry besteht darin, daß er auch seine Leser an einen Ort führt, der ihnen irgendwie bekannt vorkommt, so daß sie sich fragen: „Warste hier schon mal?"

Rainer Trost

„Geruch des Lebens" –

Gedanken zum Problem des Verstehens von gelebtem Alltag

1.
„Crusader Rabbit" erzählt in einer knappen Episode, wie ein junger Drogenabhängiger, Jeremy, und sein Freund Raglan, ein Müllsammler, selbst früher drogenabhängig, die Gegend auf der Suche nach etwas Verwertbarem durchkämmen. Dem Autor, Jess Mowry, gelingt ein behutsames Porträt seiner Protagonisten, ohne sie – und dies ist zunächst die aus einem pädagogischen oder psychologisch-diagnostischen Blickwinkel belangvolle Leistung der kurzen Story – zu pathologisieren. Jenseits ihres gesellschaftlichen Scheiterns, jenseits ihrer Misere und der latent vorhandenen Gewalt, die sich im schnellen Griff zum Schnappmesser oder dem Vorhandensein einer Schußwaffe offenbart, sieht er Raglan und Jeremy in ihrem Außenseiterdasein agierend mit einem hohen Realitätsbewußtsein, gepaart mit Selbstvertrauen und Gelassenheit. Trotz – oder gerade in – der Illusionslosigkeit ihrer Situation läßt er sie Respekt, Zuneigung und körperliche Nähe, ja, eine gewisse Zärtlichkeit füreinander entwickeln. Vor dem Hintergrund eines dramatisch elenden Milieus, der „schlimmsten Gegend der Stadt", mit „Gassen kochend in Teer und fauligem Gestank", wo „Fliegen in Schwärmen über Müllcontainern summen" und Ratten vorbeiwitschen, „ohne es besonders eilig zu haben", gewinnt die Parteilichkeit für die beiden Handlungsfiguren besonders scharfe Kontur.

Dies geschieht unübersehbar, mehr als deutlich. Wird Mowrys Roman „Megacool" im „Spiegel" als „literarisches Höllenprotokoll", „infernalisch heraufdämmernder Nekrolog einer sterbensmüden Gesellschaft" bezeichnet, so heißt es dazu in einer im Internet kursierenden Besprechung: „Auch wenn einige Fakten und Charaktere völlig idealisiert sind und sich wie Rosen aus einem Haufen Scheiße abheben, erzählt Mowry seine Story sehr realistisch und glaubwürdig, die Message ist absolut pc" (politically correct, R.T.). Gleiches gilt – trotz drastischer Wortwahl dieser Rezension – für „Crusader Rabbit". Gleichwohl findet hier die pädagogische Rede von „Kompetenzorientierung", von der Notwendigkeit des Aufspürens eines subjektiv sinnhaften Handlungskerns eine eindrückliche und zugleich einleuchtende Konkretion. Die Geschichte ist Beispiel für den Ertrag des Interesses an den unentdeckten, unscheinbaren Lebensvollzügen Deklassierter, für den Ertrag eines verstehenden Zugangs, der einer traditionell individualisierend argumentierenden (Sonder-)Pädagogik häufig noch verschlossen bleibt, wenn sie von Verhaltensstörungen, Fehlverhalten oder Defiziten spricht und diese in der jeweiligen Person verortet.

2.
Ein so interpretierender Zugang bleibt allerdings vordergründig. Als Fiktion ist die Story letztlich nicht authentisch, sondern lediglich hypothetische, imaginierte Beschreibung, möglicherweise sogar ein eher sozialromantisierendes Bild der Lebenswirklichkeit von der Gesellschaft ausgestoßener junger Menschen, denn ein adäquates Erfassen ihrer Daseinsformen. Damit ist die Frage nach dem Verhältnis des Autors zur sozialen Realität von Outcasts in nordamerikanischen Großstädten, nach seinen Zugangs- und Verständnismöglichkeiten in Hinsicht auf deren gelebten Alltag aufgeworfen.

Mowry kennt das Milieu, über das er schreibt, wohl sehr gut aus eigener Erfahrung und Anschauung. Aufgewachsen als Sohn eines schwarzen Vaters und einer weißen Mutter in den Stadtrandslums von Oakland, lernte er sich in den Straßen durchzuschlagen, verdingte sich nach abgebrochener Schulausbildung immer wieder in Gelegenheitsjobs – auch als Müllsammler – und fand schließlich eine Anstellung als Sozialberater in einem Drop-in für gefährdete Jugendliche. Qualifiziert eine solche biographische Karriere dafür, authentisch und angemessen über Amerikas Ghettos zu schreiben?

Die Antwort auf diese literarische Frage mag offen bleiben, die parallele Fragestellung aber drängt sich auf: Was qualifiziert eigentlich – in der Regel mittelschichtsozialisierte – Pädagogen und Pädagoginnen, Professionelle und Sozialforscher, ein adäquates Verständnis von der Lebenswelt der von ihnen betreuten und untersuchten jungen Menschen mit abweichenden, mit herausfordernden Verhaltensweisen, mit Behinderungen, zu entwickeln? Inwieweit gelingt es ihnen, einen authentischen, „nicht-kolonialisierenden" Zugang, zu ihrer Klientel zu gewinnen, das heißt einen Zugang, der die Normgebundenheit des eigenen Blicks überwindet?

Ein in dieser Hinsicht zentrales Ergebnis der Diskussion der letzten Jahre in der (sonder-)pädagogischen Diagnostik – die sich ja genuin mit dieser Frage auseinandersetzt – und allgemeiner in der Sozialforschung ist sicherlich dies: Zum Gegenstand der Erziehungs- und Sozialwissenschaften, zu sozialem Leben, ist kein Zugang möglich, der sich auf die Elemente äußerlicher, quantifizierender Beobachtung und Beschreibung beschränkt, – will man nicht in Kauf nehmen, daß auf Kosten der Überprüfbarkeit von Aussagen ihre Bedeutsamkeit so eingeschränkt ist, daß die eigentlichen Intentionen der handelnden Subjekte letztlich fremd bleiben. Und ebenso: Leben, in den Kontext seiner eigenen Alltäglichkeiten gestellt, verliert seinen Charakter der Unverständlichkeit.

Eine solche Sichtweise verdankt ihre wissenschaftliche Anerkennung der Durchsetzung des „interpretativen Paradigmas" in den Sozialwissenschaften, nach dem vorrangiger und inhaltlich wichtigster Bestandteil diagnostischer bzw. wissenschaftlicher Analyse die mit dem Mittel der Interpretation gewonnene Herausarbeitung von Bedeutungsstrukturen im Lebenszusammenhang der Individuen ist. In groben Strichen zusammenfassend ist damit als Programm formuliert, die Lebenswirklichkeit der Individuen möglichst weit in den Erkenntnisprozeß hereinzuholen und gleichzeitig den in ihr sinnhaft gegebenen Konstitutionszusammenhang zu bewahren.

Dies kann und soll jedoch nicht heißen, sich auf eine bloße Auseinandersetzung mit den bewußtseinsmäßigen und individuellen Determinanten von sozialem Leben zu beschränken. Die diagnostische Auseinandersetzung mit dem „subjektiven Faktor" von Lebens- und Handlungssystemen kann nur sinnvoll sein auf dem Hintergrund ermittelter „objektiver" Bedingungsfaktoren und -konstellationen (Lebensverhältnisse, gesamtgesellschaftliche, ökonomische, soziale, kulturelle Rahmenbedingungen). Die Rekonstruktion von Zusammenhängen und Bedingtheiten sozialen Handelns erfordert darüber hinaus nicht nur, die Handlungsgründe der Individuen zu verstehen, sondern – auch unter Rekurs auf theoretische Analyse – die ihnen möglicherweise nicht bewußten Handlungsursachen zu erklären. Erst in der Vermittlung der beiden Paradigmen von Verstehen und Erklären würde sich so eine adäquate Zugangsweise zur Lebenswelt von handelnden Individuen ergeben, erst so kann die gesellschaftliche Formbestimmtheit und die subjektive Konstitution von individueller und kollektiver Alltagspraxis dechiffriert werden.

Wenn seit Ende der achtziger Jahre verschiedene Autoren die (Sonder-) Pädagogik in einer Umbruchsituation sehen, so wird aus verschiedenen Gründen der Begriff der „Lebenswelt" zu Recht als eine Markierung dieses Wendepunktes (der auch einen Wendepunkt im Selbstverständnis der Diagnostik impliziert) gesehen. Nicht zuletzt Speck hat in seiner Arbeit „System Heilpädagogik" den Lebensweltbegriff gebraucht, um „die alltags- und praxisdistanzierte Theorieproduktion in der heil- und sonderpädagogischen Forschung an ihren eigentlichen Wirklichkeitsbezug zurückzubinden, der sich im Zuge der fachlichen Spezialisierung in immer mehr Sonderbereiche merklich gelockert hat" (Gröschke). Der Begriff Lebenswelt impliziert so verstanden ein umfassendes Konzept, ein weitreichendes Forschungs- und Erkenntnisparadigma, das den ganzheitlichen Charakter des Erfahrungs- und Handlungsraumes der Individuen betont. Obwohl der Begriff der Lebenswelt mittlerweile eine relativ weite Verbreitung gefunden hat, kann keineswegs davon ausgegangen werden, daß er präzise definiert sei. Relativ übereinstimmend wird seine besondere Qualität aber in einem radikalen Perspektivenwechsel gesehen: Die Lebensweltanalyse verläßt ein vorgegebenes wissenschaftliches Relevanzsystem und orientiert sich an dem Relevanzsystem derjenigen, deren Alltag beschrieben, rekonstruiert und verstanden werden soll. Lebensweltanalyse fragt also danach, was dem Handelnden wichtig ist, was er als seine Wirklichkeit erfährt und gewinnt so Einblick in die subjektive Deutung, die der Betroffene seiner Situation gibt.

Der in diesem Sinne notwendige Bezug auf die Subjektivität und die individuelle Sinnhaftigkeit des Handelns eines Kindes, eines Menschen, in seiner Lebenswelt formuliert eine neue Qualität für diagnostisches Tun. Zu Recht fordert deshalb Jetter eine „Verstehende Diagnostik" und stellt fest, daß nicht vom Verstehen eines Menschen gesprochen werden kann, wenn man ihm ein eigenes Verständnis seiner Lebenswelt abspricht, wenn die Sinnhaftigkeit seines Tuns infragegestellt oder er sogar pathologisiert wird.

Und doch kann Lebensweltanalyse im skizzierten Sinn – bei aller zwingenden Berechtigung der Argumentation – zunächst nur eine Annäherung, tatsächlich nur Programm für das Gewinnen eines Verständnisses von gelebtem Alltag sein. Ohne die Geschichte von Raglan und Jeremy überstrapazieren zu wollen, wird an ihr und ihrem Autor ebenso deutlich, daß in keinem Fall Aussagen über handelnde Subjekte möglich sind, aufgrund von gewonnenen Daten oder Äußerungen „erster Ordnung". Diese sind statt dessen immer schon Ergebnis eines Prozesses der Verständigung. Interpretationen ergeben sich nicht aus Daten, die dem Interpretierenden als ganz und gar fremde begegnen. Eine solche Vorstellung würde über die eigene Beteiligung an ihrer Entstehung hinwegtäuschen. Es ist Devereux, der in seiner wegweisenden Studie „Angst und Methode in den Verhaltenswissenschaften" schon 1967 darauf verwiesen hat, daß Sozialforschung die Interaktion zwischen zu Untersuchendem und Untersucher nicht in der Hoffnung ignorieren könne, sie würde sich schon allmählich verflüchtigen, wenn er nur lange genug so täte, als existiere sie nicht. Die persönliche Verstrickung des Diagnostikers oder Wissenschaftlers mit seinem Untersuchungs- bzw. Forschungsgegenstand und die Realitätsverzerrungen, die damit einhergehen, zu reflektieren und in den Erkenntnisprozeß mit einzubeziehen, ist erst Voraussetzung für gelingende verhaltenswissenschaftliche Erkenntnis. Die affektive Verstrickung des Diagnostikers mit dem Phänomen, das er untersucht, die „Angst des Forschers vor seinem Gegenstand", wäre damit nicht eine Störung der Erkenntnis, sondern selbst ein elementares Datum, eine Erkenntnisquelle. – Und so führt mir als Diagnostiker die Geschichte von Raglan und Jeremy das komplexe und zugleich fragile Verhältnis zwischen Beobachter und Beobachtetem, zwischen gewonnener Erkenntnis und gelebtem Alltag vor Augen.

3.
Ein Drittes fällt auf: Mowry interessiert sich für die Sprache der Straße als Medium, in dem sich das Lebensgefühl der Kids kristallisiert, und er entwickelt daraus einen eigenen Schreibstil, der in den Worten eines Rezensenten „so schnell ist und so präzise wie die Gesänge der schwarzen Hip-Hop-Gruppen". In einem Interview bringt Mowry zum Ausdruck, wie schwierig es ist, diese Sprache zu finden, weil sie sich so schnell verändert und in gleicher Geschwindigkeit auch ihre Adaptation in der Werbung oder in trivialisierter Popkultur erfährt. Dies mag auch gelten, wenn die Gruppe Tic Tac Toe singt:

Laber, laber, laber

Intellekt, intellektuell
oh wow bist du schlau
nur ein bißchen grau
im Kopf

Ich quassel wie und was ich will
ich weiß vielleicht nicht viel
aber ich sag was ich fühl

Drum find dich damit ab
daß die Straße ihre eigene Sprache hat
und die ist nicht glatt
aber sie drückt mit drei Worten aus
wofür du 120 brauchst

Dieser Text thematisiert einen Punkt, den auch Mowry in der Sprache der Kids entdeckt und den er seinen Lesern nahebringt: Es ist eine Unmittelbarkeit und unverstellte Emotionalität des Erlebens, die als eine beträchtliche Stärke von Jeremy und Raglan imponiert. Es ist das Faszinosum einer Welt, die sich vor allem an Mustern der Stärke und Ungerührtheit, der Coolness, orientiert, in der kein Raum ist für Harmonievorstellungen, Betroffenheitsgefühle oder falsche Sentimentalitäten. Die entscheidendste Orientierung richtet sich nicht auf eine irgendwie geartete Zukunft und die Befriedigung kleinlicher Bedürfnisse nach Sicherheit und Komfort. Im Vordergrund steht die Direktheit, Authentizität und Ehrlichkeit des Augenblicks. Auch wenn die Zeit drängt, bleibt Raum für die Frage „Willste eine rauchen?" Wird oft zu wenig gelebt und zuviel verpaßt, so läßt Mowry seine beiden Protagonisten gegen jede Vernunft aus der Stadt hinausfahren, um ein totes Baby stilvoll zu bestatten. Ohne Geld, ohne Essen, ohne Benzin erreichen sie eine Gegend oberhalb des Ozeans, mit frischer und sauberer Luft, die nach Dingen riecht, die lebendig sind und wachsen. Auch wenn sich abzeichnet, daß sie dem Dreck, aus dem sie kommen, nicht werden entrinnen können, so ist doch so etwas wie der Genuß des Augenblicks möglich.

Raglan und Jeremy atmen den „Geruch des Lebens".
Und so ergibt sich aus der Subjektivität des Textes auch die Infragestellung einer mit der wissenschaftlichen Durchdringung solcher Lebensrealität unauflösbar verbundenen Kopfarbeit, die Erkenntnis nur nach dem Grad der damit einhergehenden Reflexion und Abstraktion anzuerkennen weiß. Es wird Zweifel genährt an eigenen, sich in komplizierten Reflexionsniveaus drehenden Versuchen des Zugangs zu Jugendlichen, deren Lebenswelt sich kraß kontrastiert mit mittelschichtorientierten Artikulationen und einer gesellschaftlich anerkannten Lebensweise.

... als sie an ein paar dreizehn- oder vierzehnjährigen Mädchen vorbeigefahren waren, die an einem Rasensprenger gespielt hatten. Sie hatten nur kurz abgeschnittene Shorts angehabt und nasse, enganliegende T-Shirts

Hans Weiß

„Wenn du beschließt, daß dir was anderes wichtiger ist." –

Oder: Ist das dann „Resilienz"?

Man mag den Untertitel als Beleg dafür ansehen, zu welch weit hergeholten Gedanken diese Kurzgeschichte provozieren kann. Was hat ihr Inhalt mit den neuerdings intensiver diskutierten Konzepten und empirischen Forschungen zu „Resilienz" und „Streßresistenz" von Kindern zu tun? Als ein „Königsweg" der Resilienzforschung werden – in der Tradition der schon klassischen Arbeiten von Emmy Werner über Lebensläufe von Kindern, die auf der zum Hawai-Archipel gehörenden Insel Kauai in psychosozial hochbelasteten Lebensumständen aufwuchsen – prospektive Längsschnittstudien angesehen. Damit sollen Risiko- und Schutzfaktoren in der Entwicklung von Kindern und Jugendlichen genauer eruiert werden. Inwiefern, so läßt sich fragen, vermag eine Geschichte aus der „alternativen Literaturszene Kaliforniens" dazu einen erkenntnishaltigen Beitrag zu leisten, wenn zudem der Verdacht des „pädagogischen Kitsches" naheliegt (vgl. Giel, S. 41-44 und Hiller, S. 23 in diesem Buch).

Vor allem aber: Wie und worin soll sich in dieser Geschichte „Resilienz" zeigen? Sind „resiliente" Kinder, Jugendliche und Erwachsene nicht jene mit der „dicken Haut", die auch widrigen Lebenssituationen trotzen, ja als „unverwundbar" gelten und *erfolgreiche* „Akteure ihrer Entwicklung", „Baumeister ihres Lebens" sind? Raglan und Jeremy aber, die „Akteure" dieser Geschichte, zählen – nach bürgerlichen Maßstäben – zu den „Modernisierungsverlierern". In der Terminologie der neueren (amerikanischen) Soziologie gehören sie zur sogenannten „underclass", zu den gesellschaftlich „Entbehrlichen" und Abgeschriebenen, zu jener wachsenden Zahl von Menschen, die in den Ghettos der Innenstadtbezirke US-amerikanischer Großstädte durch Verelendungsprozesse eine neue sozial geschlossene Gruppe der „Unterklasse" bilden – außerhalb des gesellschaftlichen Sozialgefüges und Wertekanons (Klocke/Hurrelmann 1998, S. 16f.). Meist in chronischer Armut lebend, werden ihnen ein hohes „Maß an sozialer Isolation, Hoffnungslosigkeit und Anomie" und ein hohes „Niveau von antisozialen und dysfunktionalen Verhaltensmustern" zugeschrieben (ebd., S. 17). Herausgefallen aus familiären und gesellschaftlichen Bindungen, hätten Menschen wie Jeremy und Raglan, wären sie – hypothetisch angenommen – jemals Probanden in einer längsschnittlichen Resilienzstudie gewesen, mit hoher Wahrscheinlichkeit zu den „Drop outs" der Studie gehört und somit aus der Reichweite der Forscher verschwunden. Von diesem *„forschungsmethodischen Problem"* abgesehen, ließe sich gleichwohl nach *inhaltlichen* Kriterien zur Beurteilung ihrer Lebensentwicklung fragen.

„Crusader Rabbit" kann als Geschichte eines resilienzfördernden Prozesses gelesen werden, wenn man die Frage nach den Kriterien eines gelingenden Lebens oder vorsichtiger: Überlebens, jenseits mittelschichtorientierter, bürgerlicher Lebenskonzepte und Objektivationen, (sub-)kulturspezifisch, letztlich individuell stellt.

Raglan und Jeremy suchen in den desolaten Bedingungen einer Existenz im Gestank des Mülls zu (über-)leben und sich dabei ein Stück Selbstachtung zu bewahren. Vielleicht eine Überschreitung der nicht objektivierbaren Grenze zum Kitsch hin riskierend, könnte man sogar von einem Zug Biophilie als Liebe zum Leben sprechen, der an verschiedenen Stellen aufscheint: „... den Geruch des Lebens. Es war ein gutes Zeichen" (S.13). – „Die Luft ... roch nach Dingen, die lebendig waren und wuchsen ..." (S.14). Dieser biophile Zug wird im Kontrast zum toten Säugling besonders deutlich.

Woher bezieht Raglan seine (Widerstands-)Ressourcen und die Liebe zum (Über-)Leben? Er hat sich in den Bedingungen einer Existenz an den Schrottplätzen nicht nur im pragmatischen Sinn eingerichtet (siehe die durchdachte, funktionelle Einrichtung des alten Chevys). Es wirkt vielmehr so, daß er dieser Art zu leben einen subjektiven Sinn zu geben vermag und sie, wie fragil auch immer, mit eigenen Wünschen und Bedürfnissen in Kohärenz bringen kann: „Wenn du beschließt, daß dir was anderes wichtiger ist" (S.11). Anscheinend ist er vom Gefühl der Gestaltbarkeit seiner Lebensumstände getragen, wie verletzbar dieses auch sein mag. Genau das aber sind Merkmale dessen, was Antonowsky (1987) als „Kohärenzsinn" bezeichnet und was „Resilienz" ausmacht. Unter welchen Bedingungen Raglan „Kohärenzsinn" entwickelt hat, erfährt man höchstens aus Andeutungen; daß er – „lang her" (S.11) – von der Spritze weggekommen ist, kann als Zeichen biophiler „Widerständigkeit" verstanden werden.

Hingegen werden resilienzfördernde Prozesse bei Jeremy gut transparent. Innerhalb von zwei Monaten, nachdem ihn Raglan in einem lebensbedrohlichen Zustand (S.12) fand, ist er nicht nur zu dessen „Geschäftspartner" geworden, sondern arbeitet – in der wissenden Ahnung um die Schwierigkeiten (S.11) – aktiv an der Reduzierung seines Spritzenkonsums. Man mag diese erstaunliche Entwicklung für wenig glaubwürdig erachten und für eine idealistische Wunschvorstellung des Autors halten. Es läßt sich aber auch fragen, welche Bedingungen diesen Prozeß ermöglicht haben könnten.

Bei Antwortversuchen kann die Resilienzforschung behilflich sein. Sie verweist auf die bedeutsame resilienzfördernde Rolle einer Halt und Sicherheit gebenden Bindungsbeziehung zu einer verläßlichen und kompetenten, inner- oder außerfamiliären Vertrauensperson. „Gerade jene ‚resilienten' Kinder aus den verschiedenen Studien verstanden es in besonderem Maße, solche Rollenmodelle und Vertrauenspersonen als Quelle von Orientierung und Unterstützung jenseits der eigenen Familie für sich zu nützen" (Göppel 1997, S. 285).

Raglan scheint für Jeremy in den zwei Monaten ihres Zusammen-Lebens und Zusammen-Arbeitens bereits ein Stück weit eine solche Vertrauensperson geworden zu sein. Inwieweit jedoch reicht diese kurze Zeitspanne zum Aufbau einer intensiveren, eine „sichere Basis" gebenden Bindungsbeziehung bereits aus? In der Tat bilden die Bemühungen des Jungen, sich seiner Beziehung zu Raglan zu vergewissern, ein zentrales Moment der Geschichte. Mit Raglan sucht er zu einer verbindlichen Beziehungsfestlegung in der Form einer Vater-Sohn-Bindung zu kommen: „Vater", verstanden als Chiffre für Verläßlichkeit und Fürsorge – oder auch als Ausdruck der Sehnsucht, einen „wirklichen" Vater zu haben. Dies soll hier offenbleiben. Erkennbar aber ist, daß Jeremys Versuche der Beziehungs-Vergewisserung immer drängender werden: vom wunschbesetzten Angebot: „Du könntest mein Vater sein" (S. 9) über: „Du mußt mein Vater sein, Mensch. Sonst wär' dir das doch scheißegal, oder?" (S. 12) bis zur fragenden Feststellung: „Du bist mein Vater, oder?" (S. 16) – „oder" als Ausdruck eines Rests von Unsicherheit auch am Ende der Geschichte.

Selbst Raglans Schlußantwort bleibt uneindeutig. Je nach ihrer Betonung kann sie unterschiedliche Bedeutungen umfassen: „Ich *möcht's* gern sein" – als Wunsch und vielleicht auch feste Absicht, eine „väterliche" Rolle (im engeren oder weiteren Sinn) für Jeremy zu übernehmen, eventuell verbunden mit der Sorge, diese längerfristig durchzuhalten. „Ich möcht's *gern* sein" – im Wissen darum, eine solche Rolle zwar faktisch bereits innezuhaben; der Wunsch jedoch, dies auch gerne tun zu wollen, impliziert noch Unentschiedenheit. – Doch drückt sich in dieser Zurückhaltung Raglans nicht auch Wahrhaftigkeit aus, und zeigt nicht gerade sie dem Jungen, woran er sich verläßlich halten kann?

Ein kritisches Moment in der Suche, sich der Beziehung zu Raglan zu vergewissern, stellt für Jeremy wohl der Fund des toten männlichen Säuglings in der Mülltonne dar. Raglans Hinweis, daß solche Kinder verbrannt oder von Bulldozern vergraben werden (S. 13), führt zu einer Aggression des Jungen: „Nein! Verdammt! Halt's Maul, du Wichser!" (ebd.). Allem Anschein nach identifiziert sich Jeremy mit dem toten Säugling. Buchstäblich als „Müll" behandelt zu werden, erlebt er dann nicht nur als Zeichen tiefster gesellschaftlicher und (mit-)menschlicher *Mißachtung* dieses Kindes, sondern auch seiner selbst. Umgekehrt wird mit der Inszenierung des Beerdigungsrituals über diesen Säugling hinaus auch Jeremy *Achtung* erwiesen – als existentielle Bedingung der Möglichkeit seiner Selbstachtung.

Beziehungs-Vergewisserungen zeigen sich in der „Tatverständigung" (Hiller) und auf der leiblichen Ebene, speziell im Blickkontakt. In der kritischen Situation, als der Junge den toten Säugling bemerkt, heißt es: „Jeremy drückte sich eng an Raglan. Raglan legte seinen Arm um ihn." „Die dunklen Augen fanden die Raglans" (S.12). Nach Jeremys Aggressionsausbruch legt Raglan, „eine Weile" schweigend, „schließlich seine Hand wieder auf Jeremys Schulter" (S.13). Wenn der Junge Schutz und Geborgenheit sucht, erlebt er, daß Raglan diesem Bedürfnis vor allem durch körperliche Zuwendung nachkommt. In einer für Jeremy sehr intimen und daher verletzbar machenden Situation wartet er taktvoll ab (S.13). Dies sind – trotz letztlicher Ungewißheit – Bedingungen von Halt und Sicherheit in der Beziehung. Sie gewinnt ihre Gestalt und bewährt sich in der gemeinsamen Sicherung des (Über-)Lebens und der kooperativen Bewältigung elementarer Alltagsanforderungen: „Drei Container müssen noch durchstöbert werden..." (S.9). Gleichwohl bewahrt sich Raglan den Blick, Bedürfnisse des Jungen wahrzunehmen: „Willste eine rauchen?" (ebd.).

Diese Kooperationserfahrungen sind für Jeremy ein Stück lebens*bildend* im Sinne eines Bildungsverständnisses, wie es Pestalozzi in seinem Brief an Nicolovius formuliert hat: „Die Art der Wahrheit, der ich mich also widmete, oder vielmehr, von der ich all mein Interesse verschlingen ließ, ist also nicht eigentlich das höchste Ziel der innern reinsten Veredelung des Menschen, es ist vielmehr bloß seine gute Bildung für die wesentlichen Bedürfnisse seines Erdenlebens. Ich kann und soll also nicht verhehlen: Meine Wahrheit ist an das Kot der Erde gebunden ..." (1793). – Zugleich können sich in diesen Erfahrungen eines Stücks gemeinsam bewältigten Lebens am *Kot der Erde* „geteilte Werte und ein Sinn für Zusammengehörigkeit" als bedeutsamer protektiver Faktor entwickeln (Werner 1997, S.200). Jeremys Frage „Hm, und wann hört man auf, es zu wollen?" und Raglans Antwort „Wenn du beschließt, daß dir was anderes wichtiger ist" (S.11) sind Ausdruck der Suche nach einer eigenen, subjektiven Bedeutungshierarchie und eines *in Ver-Antwort-ung nehmenden* Teilhaben-Lassens an Kohärenzsinn-Erfahrungen. Aus der Sicht der Resilienzforschung wird Raglan damit folgenden Kriterien resilienzfördernden Verhaltens gerecht: „den Kindern einen Sinn für Verantwortung und Fürsorge vorleben und ihre Hilfs- und Kooperationsbereitschaft belohnen" sowie „durch unser Beispiel ein Modell bieten für die Überzeugung, daß das Leben trotz der unvermeidbaren Belastungen, mit denen jeder von uns konfrontiert ist, einen Sinn hat" (Werner 1997, S.202).

Zeichnet die Geschichte damit aber nicht doch ein idealisiertes Wunschbild? Wie weit haben diese Kriterien resilienzfördernden Verhaltens Raum zur Entfaltung in einem Milieu, dem, wie eingangs erwähnt, ein hohes „Niveau von antisozialen und dysfunktionalen Verhaltensmustern" attestiert wird. Unterliegt der Autor nicht – aus seiner Vergangenheit im gesellschaftlichen Abseits und als Müllsammler – eigenem Wunschdenken, oder schreibt aus „verzweifelter Hoffnung"? Andererseits: Vermag möglicherweise nur einer wie er, der die „underclass" von innen her kennt, unabhängig von bürgerlichen Schablonen die partiellen und unscheinbaren

Anzeichen einer „Kultur der Armut" (Lewis, vgl. Schroeder, S.123-128 in diesem Buch) überhaupt – authentisch und nicht euphorisch verbrämt – wahrzunehmen und in Sprache zu fassen? Was aber müßte dies für die Resilienzforschung bedeuten, wenn sie den Anspruch hat, Resilienzprozesse jenseits letztlich doch bürgerlich bestimmter Erfolgskriterien nicht auszuklammern?

Zudem wäre die Frage zu stellen, inwieweit Vertreterinnen und Vertreter professioneller (Sozial-)Pädagogik, die zumeist Angehörige der Mittelschichten sind, überhaupt ein resilienzförderndes Modell im Sinne des zitierten Kriteriums von Werner für Kinder und Jugendliche wie Jeremy darstellen können. Hieße es nicht, die Belastungen eines Lebens außerhalb der bürgerlichen Gesellschaft zu verkennen, und müßte es für diese Menschen nicht geradezu wie Hohn klingen, wollten professionelle Pädagoginnen und Pädagogen ihnen glauben machen, daß „jeder von uns" (!) mit vergleichbaren Belastungen konfrontiert sei und Leben dennoch für *sie* Sinn habe?

Ferner wäre nach den Bedingungen zu fragen, die es ermöglicht haben, daß aus der ersten Begegnung zwischen Jeremy und Raglan eine tragfähige, enge Beziehung und Kooperation geworden ist. Ist es „nur" die auf Verantwortung gründende Fürsorge, resultierend aus dem lebensbedrohlichen Zustand, in dem Raglan den Jungen kennengelernt hat? Offensichtlich hat Jeremy für ihn auch eine körperliche und soziale Attraktivität, wohl hin bis zu einer erotischen Komponente: „Nicht zum erstenmal dachte Raglan, daß Jeremy ein schönes Kind sei" (S.9). Was aber wäre gewesen, wenn der Junge dieses „physische" und „soziale Kapital" (Bourdieu) nicht hätte einbringen können?

Die Geschichte regt also, nicht zuletzt aus der Resilienz-Perspektive, zu vielen Fragen an, ohne daß sie darauf „bündige" Antworten gibt. Ebenso bleibt der Schluß offen. Wird es Jeremy schaffen, seinen Konsum auf eine Spritze täglich zu reduzieren? Was wäre, wenn er dieses selbstgesteckte Ziel nicht erreicht? Wie wird sich die Beziehung zwischen beiden Akteuren längerfristig entwickeln? ... Spiegeln sich in diesen offenen, aber reflexionsgenerierenden Fragen nicht „Leerstellen" wider, die gute Literatur jenseits der sogenannten Kitsch-Dimension kennzeichnen?

Literatur

Antonovsky, A.: Unraveling the mystery of health. How people manage stress and stay well. San Francisco, Jossey-Bass, 1987.
Göppel, R.: Ursprünge der seelischen Gesundheit. Risiko und Schutzfaktoren in der kindlichen Entwicklung. Würzburg 1997.
Klocke, A., Hurrelmann, K.: Einleitung: Kinder und Jugendliche in Armut. In: Klocke, A., Hurrelmann, K. (Hg.): Kinder und Jugendliche in Armut. Umfang, Auswirkungen und Konsequenzen. Opladen, Wiesbaden 1998, S.7-24.
Pestalozzi, J.H.: Brief an Nicolovius (1793). In: Pestalozzi, J.H.: Sämtliche Briefe, Band 3. Zürich 1949.
Werner, E.: Gefährdete Kindheit in der Moderne. Protektive Faktoren. In: Vierteljahresschrift für Heilpädagogik und ihre Nachbargebiete 66, 1997, S.192-203.

Hermann Wenzel

„Ich glaub, er hatte ein Schwert und kämpfte gegen Drachen"

Annäherung an ein anderes Vaterbild

Da war zunächst etwas Sperriges, etwas das sich gegen spontanes Verstehen sträubte, als ich „Crusader Rabbit" von Jess Mowry zum ersten Mal las: Raglan, der in dieser Geschichte mit dem dreizehnjährigen Jeremy Zigaretten raucht, Whiskey mit ihm trinkt und es sogar zuläßt, daß dieser sich in seiner Gegenwart Rauschgift spritzt, der paßte mit diesem Verhalten zunächst nicht in ein gängiges Vaterbild.

Je mehr ich mich aber mit den beiden Akteuren der Geschichte auseinandersetzte, desto mehr wurden Erinnerungen an meine eigene „vaterlose" Kindheit und Jugend in mir wach und an das Vaterbild, das mir in einer frauendominierten Erziehung vermittelt wurde. Und etwas vom pädagogischen Sinn der Geschichte erschloß sich mir deshalb nach und nach in einem sehr persönlich gefärbten Vergleich des einst eigenen Vaterbildes mit dem, das in dieser Geschichte gezeichnet wird, und durch die Erinnerung an eigene Erlebnisse und Begegnungen in einem sozialen und kulturellen Umfeld, das mit jenem in Oakland vergleichbar sein mag, in dem Raglan und Jeremy, die beiden „Helden" der Geschichte, leben.

Dieser persönliche Umgang mit der Geschichte stellt zugleich den Versuch dar, mich an ein anderes Vaterbild anzunähern und die Frage zu beantworten, was Raglan in den Augen Jeremys als Vaterfigur so attraktiv macht und was mich als Jungen oder Jugendlichen in seiner Lage hätte bewegen können, mir ihn ebenfalls zum Vater zu wünschen.

„Ich glaub, er hatte ein Schwert und kämpfte gegen Drachen" (S.16), antwortet Raglan auf Jeremys Frage, ob er Crusader Rabbit je gesehen habe und wisse, wie er aussehe. Diese Antwort wird von Jeremy in eine gedankliche Verbindung zu seinem Versuch gebracht, von der Nadel wegzukommen: Das „wird ganz schön arg werden" (ebd.). Dazu bedarf es eines heldenhaften Mutes, so wie ihn der kleine, schwache und eigentlich wehrlose Crusader Rabbit besitzt. Jeremys Kampf gegen seine Drogensucht wird dem Kampf Crusader Rabbits gegen Drachen gleichen. Aber wie dieser hat er einen Freund, der ihn dabei unterstützt, sogar mit gleichem Namen, nämlich „Raglan" wie „Raglan T. Tiger". Und wegen der Art und Weise, wie er dies und auch anderes tut, wünscht ihn sich Jeremy zum Vater.

Aber dieses „er hatte ein Schwert und kämpfte gegen Drachen" hat mich zunächst an etwas ganz anderes denken lassen. Natürlich auch daran, daß Raglan als Rabbits Freund, zumindest in dieser Geschichte von Jess Mowry, gar kein Schwert braucht, um zu kämpfen und daß sein Mut darin besteht, sich ganz anderer Mittel zu bedienen. Ich habe zunächst an das Bild denken müssen, das ich als Kind und auch noch als Jugendlicher von meinem eigenen Vater hatte. Er war nach einem Unfall gestorben, als ich noch nicht ganz sieben Jahre alt war.

Zusammen mit vier Geschwistern wuchs ich in einem gemeinsamen Drei-Frauen-Haushalt von Großmutter, Tante und Mutter auf, die alles daran setzten, uns so zu erziehen, wie unser Vater „es gewollt hätte". So kam es, daß mein Handeln und mein Nichttun, selbst mein Wollen und meine Absichten, ob mir nur unterstellt oder von mir tatsächlich geäußert, stets „in seinem Geiste" kontrolliert und beurteilt, belohnt oder mehr noch geahndet oder bestraft wurden. Das heißt, daß ich eigentlich gar nicht „vaterlos" war. Mein imaginärer Vater war eine idealisierte Vaterfigur, die alles konnte, was ich nicht zuwege brachte, mit den Fähigkeiten und Gaben, die man in mir zu fördern trachtete, ohne Fehler, willens- und charakterfest. In mir festigte sich das Bild eines omnipräsenten und -potenten, gottähnlichen Vaters, der im Geiste wie ein Flammenschwert herniederfahren konnte, um das „Böse", wann und wo auch immer es sich in meinen Gedanken oder Taten zeigen mochte, zu bekämpfen und zu bestrafen. Noch heute höre ich das entsetzte, dreifache „Was würde dein Vater dazu sagen?" oder „Er würde sich im Grabe umdrehen!", natürlich von der Sorge getragen, ich könnte auf die „schiefe Bahn" geraten oder es könnte infolge mangelnden Fleißes aus mir „nichts Rechtes" werden. Noch schlimmer war: „Wenn du so weitermachst, landest du einmal in der Gosse." Oder die Bemerkung, die ich zuweilen auch von Lehrern zu hören bekam: „Man merkt eben, daß du keinen Vater hast." Dies alles machte einerseits den erlittenen Verlust immer wieder schmerzlich bewußt, steigerte andererseits die Furcht vor der ständigen Anwesenheit der imaginären Vaterfigur. Selbstgewißheit und -sicherheit, sowie selbständiges Urteilen und Handeln konnten sich im Widerstreit solcher Gefühle kaum entwickeln. Daß Worte und unbedachte Äußerungen wie ein Schwert sein können, das tief verletzt, und daß man danach trachten muß, sich vor solchen Verletzungen möglichst zu bewahren, ist eine Grunderfahrung meiner Kindheit und Jugend gewesen.

Ein prinzipielles Mißtrauen gegenüber dem Menschen, das Liebe und Güte in der Erziehung weitgehend ausschließt und eher auf Strenge und Strafe setzt, ist Ausdruck einer pessimistischen Anthropologie, wie sie zum Beispiel die Romanfigur des Glüphi in Pestalozzis „Lienhard und Gertrud" verkörpert, für den der Weg zur Sittlichkeit über die „Furcht" und den „Angstschweiß" führt. Ein entsprechendes Menschen- und Vaterbild mag leitend gewesen sein für die Erziehungsbemühungen, die ich in meinen Kinderjahren an mir erfahren habe.

Obwohl sie „in der Gosse" im oben gemeinten Sinne leben, begegnet uns in den beiden Figuren von Mowrys Geschichte ein ganz anderes Menschen- und Vaterbild: Da ist zum Beispiel die Sache mit dem toten Säugling, den Raglan in einer Mülltonne findet. „Er hatte so was schon früher gesehen, aber das war etwas, woran er sich nie gewöhnt hatte" (S. 12), heißt es in der Geschichte, und daß er versuchte, den „Jungen zurückzuhalten", damit er nicht sehen mußte, was da in der Tonne lag. „Aber Jeremy sah das Baby trotzdem" und er fragt „Warum so was?" (ebd.).

Mit dieser Frage und was nun geschehen soll, setzen sich die beiden im folgenden auseinander. Jeremy ist nicht bereit, es als Realität seiner elenden Lebenswelt zu akzeptieren, daß dieser tote Säugling wie andere auch verbrannt wird oder einfach auf der Müllhalde landet und von Bulldozern vergraben wird. Deshalb fragt er Raglan, ob es da nicht „so 'ne Art kleinen Sarg ... und Blumen und so?" (S. 13) gibt, und zeigt damit, daß mitmenschliche Gefühle und der Glaube an die Würde des Menschen und das Gute in ihm noch nicht ganz erloschen sind. Und dies trotz der bedrückenden Armut und lebensbedrohenden Drogenabhängigkeit, die sein eigenes Leben bestimmen. Und Raglan meldet den grausigen und traurigen Fund nicht der Polizei. Er unterläßt dies nicht nur deshalb, weil er weiß, daß es letztlich zu nichts führen würde, sondern weil er Jeremys Glauben nicht zerstören will. Dadurch, daß er mit Jeremy hinausfährt ans Meer und dort den Säugling bestattet, gibt er ihm das Gefühl, die Würde des toten Kindes geachtet und damit menschlich gehandelt zu haben.

Ich erinnere mich an ein Erlebnis, das ich Anfang der achtziger Jahre in New York hatte. Da die Verhältnisse in Oakland wohl nicht grundsätzlich andere sind, scheint es geeignet zu sein, den sozialen und kulturellen Kontext etwas zu erhellen, in dem sich so etwas wie die in der Geschichte von Jess Mowry geschilderte Begebenheit mit dem toten Säugling abspielen kann. Beim Besuch eines Krankenhauses am East River erfuhr ich, daß wegen fehlender Krankenversicherung viele Eltern in Harlem und in der Bronx, vornehmlich illegale Einwanderer aus Lateinamerika und Schwarze, ihre kranken Kinder irgendwo am Straßenrand aussetzten und ihnen einschärften, ihre Herkunft nicht zu verraten, damit sie von der Polizei aufgegriffen und zur ärztlichen Behandlung in ein Krankenhaus gebracht würden. Auf der Polizeistation in Harlem wurde dieser Sachverhalt bestätigt, ein Polizist fügte hinzu, daß manchmal auch tote Kinder und ermordete Erwachsene in den Straßen der Slums gefunden würden. Die Aufklärungsquote bei solchen Todes- und Mordfällen sei allerdings sehr gering. Auf die Frage, wie dies zu erklären sei, wies er stolz darauf hin, daß die Vereinigten Staaten ein freies Land seien und daß es deshalb kein Einwohnermeldeamt wie bei uns und keine polizeiliche Meldepflicht gebe. Man wisse also nicht genau, wer wo in Harlem und in der Bronx wohne. In dieser Polizeistation in Harlem fand ich auch unter den Kritzeleien an der Wand einer Zelle, in der nachts delinquente Jugendliche und Drogenabhängige verwahrt wurden, den Satz: „Warum gibt mir niemand eine Chance, gut zu sein?"

In unserer Geschichte wäre es wohl Raglan gewesen, der sie dem Jungen, der dies geschrieben hat, hätte geben können. Jeremy erhält von ihm eine solche Chance: „Nein! Verdammt! Halt's Maul, du Wichser!" (S.13). Mit diesem heftigen Gefühlsausbruch zeigt Jeremy, wie sehr er sich gegen die Vorstellung wehrt, der gefundene kleine Leichnam könnte einfach verbrannt werden oder auf einer Müllhalde landen. Raglan hätte genügend Argumente gehabt, mit denen er hätte versuchen können, Jeremy zu erklären, warum es hierzu eigentlich keine Alternative geben konnte. Stattdessen tut er alles, was in seinen Kräften steht und seine eigene wirtschaftliche und soziale Lage nur verschlimmern kann, um Jeremys Vorstellungen von Menschlichkeit nicht zu enttäuschen. Er opfert einen Teil der Leinenplane, mit der er seinen alten Chevy in Regennächten abdeckt, als Ersatz für den kleinen Sarg, an den Jeremy gedacht hat, und eines seiner beiden schwarzen T-Shirts, um den nackten Körper des toten Säuglings darin einzuwickeln. Dann fährt er mit dem alten, klapprigen Laster, von dem er nicht weiß, ob er unterwegs liegenbleibt, „zuerst über die Bay Bridge nach San Francisco hinein, dann über die Golden Gate nach Norden" (S.14) bis in die Nähe von Novato und dann über eine Landstraße nach Westen, „durch Felder mit hohem Gras und den bunten Blüten von wildem Senf" (ebd.), bis sie abends ans Meer kommen. Das sind über hundert Kilometer. Der Sprit reicht nicht mehr für eine Rückkehr. Die beiden müssen im Freien übernachten und können nur hoffen, irgendwo am nächsten Morgen die im Müll gesammelten Dosen abliefern zu können, um das nötige Geld zum Tanken zu haben.

Aber dort draußen, wo die „Luft ... frisch und sauber" war, wo es „nach Dingen" roch, „die lebendig waren und wuchsen" (S.14), konnten sie den toten Säugling begraben, fast so, wie es sich Jeremy zuvor gedacht und gewünscht hatte und wo er „ein paar von den wilden Senfblumen und dem Löwenzahn" pflücken und sie „auf den kleinen Erdhügel" (S.15) legen konnte.

Und es geschieht noch mehr dort draußen: Als Gegenstück zu einer zerstörerischen und zerstörten urbanisierten Welt, wo in den Slums der Städte ein menschenwürdiges Leben gar nicht mehr möglich ist, erlebt Jeremy zum ersten Mal auch etwas in dieser Welt, von dem er „gar nicht gewußt" hat, „daß es so was gibt, echt ohne Menschen und Autos und Zeugs" (S.14) und von dem er spontan sagen kann: „Es ... gefällt mir" (ebd.). Ja, es gefiel ihm so sehr, daß er zunächst „zu vergessen" schien, „warum sie gekommen waren" (S.15). Hier, in der sauberen und „heilen" Umgebung am Meer wird er sich – auch in übertragenem Sinn – des eigenen Schmutzes bewußt: Er zieht sich aus und steht so „nackt vor dem Meer und der Sonne" (ebd.).

Hier wird der Leser der Geschichte in die Idylle einer noch heilen und unverbrauchten Natur mit „grünen Hügeln", „sprudelndem Wasser", einem „heranschäumenden winzigen Flüßchen" (S.14) und einem „gegen die Felsen brandenden und widerhallenden Meer" unter einer „immer größer und röter werdenden, sinkenden Sonne" (S.15) entführt, und er mag sich mit Recht fragen, ob Jess Mowry mit einer solchen Häufung symbolträchtiger Klischees die Grenze zum Trivialen und zum Kitsch hin nicht überschreitet.

Allerdings fällt mir zur Frage, ob er auf diese Weise die Wirklichkeit, die er beschreiben will, nicht unzulässig verzerrt oder gar gänzlich verfehlt, etwas ein, was ich 1986 in Chicago erlebte. Zusammen mit einem Reutlinger und einem amerikanischen Kollegen, der dort ein sozialpädagogisches Projekt leitete, besuchte ich Cabrini Green, ein Schwarzen-Ghetto im Norden der Stadt, ganz in der Nähe des Seeufers. Wir konnten uns zwischen und in den heruntergekommenen, riesigen Wohnblocks nur in Begleitung des Anführers einer Jugendgang sicher bewegen, weil dieser die unsichtbaren Reviergrenzen der Jugendbanden kannte, „looters and snipers", wie er sagte, die bei Grenzüberschreitungen auf uns schießen oder uns ausrauben würden. Von ihm erfuhren wir, daß hier fast nur Frauen mit Kindern und Jugendlichen lebten, weil die ausnahmslos arbeitslosen Männer das Weite gesucht hatten, um für den Unterhalt ihrer Familien nicht aufkommen zu müssen und weil dies der einzige Weg war, ihnen die notwendige staatliche Unterstützung zu sichern. So war es auch mit seiner Familie, die wir besuchten. Wo sein Vater sich aufhielt, konnte er uns nicht sagen. Und so sicher und selbstbewußt sich unser jugendlicher Begleiter auch gab, er hatte Cabrini Green noch nie verlassen, einen Ort, an dem in den nicht mehr funktionierenden Liftkabinen der Blocks neben anderem Unrat die Bestecke von Fixern auf dem Boden lagen und die Balkone der Wohnungen mit dickem Maschendraht vergittert waren, damit von dort „nicht Sachen oder Menschen", wie er uns sagte, hinuntergeworfen werden könnten. Er versicherte uns glaubhaft, daß er noch nie in seinem Leben am nur wenige hundert Meter entfernten Lake Shore Drive am Michigan-See, noch sonst wo in der Stadt außerhalb der eng begrenzten Lebenswelt des Ghettos gewesen sei. Ein Jahr später erfuhr ich, daß er einen Jungen aus einer anderen Bande erschossen hatte und ins Gefängnis gekommen war, den ersten Ort außerhalb Cabrini Greens, den er inzwischen kennengelernt hatte.

Zum einen zeigt dies, daß Vaterlosigkeit in einem vergleichbaren Milieu nichts Außergewöhnliches ist und daß es in den Slums amerikanischer Großstädte viele „Jeremys" geben mag. Zum anderen aber macht dieses Beispiel deutlich, daß Raglan etwas sehr Wichtiges tut, indem er Jeremy mit der Fahrt ans Meer die Chance gibt, etwas kennenzulernen, von dem dieser „gar nicht gewußt hat, daß es so was gibt" (S. 14). Vielleicht hat Jeremy in dem Milieu, das ihm vertraut ist und in dem allein er gelernt hat, sich zu bewegen, noch gar nichts finden können, um aufzuhören, „es zu wollen" (S. 11). Und da könnte dann das, worauf Raglan schweigend seine „Augen ... weit jenseits der zerbröckelten Ziegel ... gerichtet" (S. 13) hat und was er von früher her noch kennt, Jeremy in seinem Entschluß bestärken, mit dem Fixen aufzuhören, weil ihm „was anderes wichtiger ist" (S. 11).

Natürlich ist es nicht nur die Begebenheit mit dem toten Säugling, die Jeremy insistieren läßt: „Du bist mein Vater, oder?" (S. 16). Es ist etwas

Grundsätzlicheres im Wesen und im Verhalten Raglans, das ein Vater-Sohn-Verhältnis begründen könnte, wie Jeremy es sich vorstellt und wie er es sich offensichtlich so sehr wünscht. Sicherlich spielt dabei eine Rolle, daß Raglan ihn in einem Zustand „aufgelesen" hat, in dem er „keine Woche mehr zu leben gehabt hätte" (S.12), und daß er ihm jetzt hilft, aus der Drogenabhängigkeit herauszukommen. Wichtig dabei ist aber, wie er dies tut: Da ist die selbstverständliche Akzeptanz des Jungen in allem, was dieser sagt oder tut, die Ruhe und Verläßlichkeit, die vertrauliche Nähe einerseits und die nötige Distanz andererseits, die das Schamgefühl und die Würde des anderen nicht verletzt. Da Jeremy es nicht schafft, ohne Rauschgift auszukommen, hilft Raglan ihm sogar, welches zu beschaffen und mit Zigaretten und Whiskey als Surrogaten in kleinen, mühevollen Schritten die Abstände bis zur nächsten Spritze etwas zu vergrößern. Er bewertet Jeremys Verhalten dabei nicht als richtig oder falsch, nimmt ihn und die Dinge einfach so, wie sie sind, und zeigt, daß er ihm, auch so wie er jetzt ist, gefällt und daß er ihn mag, den „schönen" Jungen, mit „große(n) Hände(n) und Füße(n) wie die Pfoten eines Welpen, und ein(em) schwarze(n) Wuschelkopf" (S.9). „Du hast gute Venen. Deine Muskeln drücken sie richtig raus" (S.11), ist sein Kommentar, als Jeremy sich einen Schuß setzt. Dies alles, und daß Raglan in seinen spärlichen Äußerungen zeigt, daß er selbst einmal drogenabhängig war und deshalb genau weiß, wie es Jeremy gerade ergeht und was ihm bevorsteht, läßt diesen zum Schluß kommen: „Du mußt mein Vater sein, Mensch. Sonst wär' dir das doch scheißegal, oder?" (S.12).

Die Geschichte „Crusader Rabbit" führt anschaulich vor Augen, was Herman Nohl mit „pädagogischem Bezug" gemeint hat und worauf Vertreter der Reformbewegung im ersten Drittel unseres Jahrhunderts wie August Aichhorn, Karl Wilker, Walter Herrmann und Curt Bondy ihren erzieherischen Umgang mit „verwahrlosten" und delinquenten Kindern und Jugendlichen zu gründen trachteten. Die vorbehaltlose Annahme des anderen, so wie er ist, als tragfähige Grundlage für pädagogisch sinnvolles und moralisch richtiges Handeln auch jenseits herkömmlicher Bewertungsmaßstäbe, macht den entscheidenden Kern eines möglichen Vater-Sohn-Verhältnisses aus, wie es hier gezeichnet wird. Wenn ich dies mit dem eingangs skizzierten Vaterbild meiner eigenen Kindheit und Jugend vergleiche, hätte ich mir in der Tat an Jeremys Stelle ebenfalls Raglan zum Vater gewünscht.

Hans-Siegfried Wiegand

„... schön arg"

Jess Mowrys Erzählung „Crusader Rabbit" erscheint mir wie ein Vexierbild, und verdeutlichen möchte ich diesen Eindruck des Changierend-Nichtfaßlichen an einem bestimmten, dieser Erzählung meines Erachtens eigenen Moment: dem Moment der „Überschönung":
Daß Jeremy, der dreizehnjährige, vor noch nicht allzulanger Zeit fast bis auf den Tod heruntergekommene, jetzt in einem Müllcontainer stehende und nach leeren Bierdosen wühlende Straßenjunge schön sei, darauf wird unser Blick gleich zu Beginn der Erzählung wiederholt gelenkt:
 „... sein drahtiger, staubfarbener Körper glänzte
 ... ein schönes Kind
 ... kleine Muskeln, die sich unter der straffen Haut abzeichneten
 ... ein schwarzer Wuschelkopf
 ... ein Ring blitzte golden und grell in seinem linken Ohr
 ... seine Augen leuchteten wie Obsidian
 ... seine Zähne blitzten stark und weiß."

Und über Raglan, den Sechsundzwanzigjährigen, der Jeremy kurz vor dessen sicherem Tod aufgelesen und gerettet hat, früher ebenfalls drogensüchtig war, jetzt in einem alten Chevy haust, sich mit dem Sammeln von Bierdosen für eine Recycling-Stelle durchschlägt und dessen Blick auf Jeremy wir soeben gefolgt sind, über diesen Raglan also lesen wir unmittelbar danach: „Raglan hätte eine größere Ausgabe des Jungen sein können, doppelt so alt, was man aber nur an der Größe sah, und ohne Ohrring ...". – Im Elend schön auch er?

Und in der Mitte der Erzählung, wie in einer von Raglan (26) über Jeremy (13) sich ereignenden Verjüngung und Steigerung, Raglans Blick auf den Neugeborenen: „... den kleinen, honigbraunen Körper, die perfekten, schönen Finger und Zehen, den ganzen wunderschönen Jungen ...": den toten Säugling im Müllcontainer, so überschön, daß sich mir ein Gegenbild aufdrängt: das Kind von Müll verdreckt, von Fliegen besudelt, das fahle Gesichtchen verzerrt, Wundmale am Körper und hier: die Zeichen seiner Tötung.

Autorinnen und Autoren

Ralf Brandstetter
Dipl. Päd., Sonderschullehrer, Oberkirch

Elisabeth Braun
Dipl. Päd., Professorin für Rhythmisch-musikalische Erziehung in der Sonderpädagogik, Pädagogische Hochschule Ludwigsburg/Reutlingen

Waltraud Falardeau
Dipl. Päd., M.A., Sonderschullehrerin, Oberboihingen

Thomas Gabbe
Förderschüler, Ausbildung zum Bäcker, Barkeeper in Hamburg, danach mehrere Jahre auf Sri Lanka. Lebt und schreibt seit 1986 wieder in Hamburg; arbeitet dort als „Streetworker aus freien Stücken" in der Stricherszene.

Klaus Giel
Dr. phil. habil., em. Professor für Allgemeine Pädagogik, Universität Ulm

Rudolf Giest-Warsewa
Dipl. Päd., Sozialberater, Lehrbeauftragter an der Evangelischen Fachhochschule für Sozialwesen, Reutlingen

Bernd Götz
Dr. phil., Professor für Soziologie der Behinderten, Pädagogische Hochschule Ludwigsburg/Reutlingen

Gotthilf Gerhard Hiller
Dr. phil., Professor für Lernbehindertenpädagogik, Pädagogische Hochschule Ludwigsburg/Reutlingen

Ingeborg Hiller-Ketterer
Dr. phil., Professorin für Allgemeine Pädagogik und Schulpädagogik, Pädagogische Hochschule Ludwigsburg/Reutlingen

Thomas Hofsäss
Dr. phil., Professor für Lernbehindertenpädagogik, Pädagogische Hochschule Ludwigsburg/Reutlingen

Hansjörg Kautter
Dr. phil., Dipl. Psych., Professor für Sonderpädagogische Psychologie,
Pädagogische Hochschule Ludwigsburg/Reutlingen

Gerhard Klein
Dr. phil., em. Professor für Lernbehindertenpädagogik, Pädagogische
Hochschule Ludwigsburg/Reutlingen

Klaus-Dieter Kübler
Dipl. Päd., Sonderschullehrer, Wissenschaftlicher Mitarbeiter in der
Fachrichtung Geistigbehindertenpädagogik, Pädagogische Hochschule
Ludwigsburg/Reutlingen

Friedrich Kümmel
Dr. phil. habil., em. Professor für Philosophie, Pädagogische Hochschule
Ludwigsburg, apl. Professor für Philosophie, Universität Tübingen

Walther Munz
Dipl. Psych., Akademischer Oberrat für Sonderpädagogische Psychologie,
Pädagogische Hochschule Ludwigsburg/Reutlingen

Werner Nestle
Dr. phil., Professor für Lernbehindertenpädagogik, Pädagogische Hochschule Ludwigsburg/Reutlingen

Jörg Petry
Dr. rer. nat., Geschäftsführender Gesellschafter der Textilchemie Dr. Petry
GmbH, Reutlingen

Berhard Rank
Dr. phil., Professor für Deutsche Sprache und Literatur, Pädagogische
Hochschule Heidelberg

Herbert Schaible
Oberstudienrat, Fachrichtung Lernbehindertenpädagogik, Pädagogische
Hochschule Ludwigsburg/Reutlingen

Hans Schell
Dr. phil., Dipl. Psych., Professor für Sonderpädagogische Psychologie,
Pädagogische Hochschule Ludwigsburg/Reutlingen

Volker Schmid
Dipl. Psych., Professor für Verhaltensgestörtenpädagogik, Pädagogische
Hochschule Ludwigsburg/Reutlingen

Joachim Schroeder
Dr. rer. soc., Wissenschaftlicher Assistent, Arbeitsbereich Interkulturelle Erziehung, Universität Hamburg

Christine Stein
Sonderschullehrerin, Diplomandin, Tübingen

Ursula Stinkes
Dr. paed., Professorin für Geistigbehindertenpädagogik, Pädagogische Hochschule Ludwigsburg/Reutlingen

Jürgen Strohmaier
Dipl. Päd., Sozialberater in der Jugendhilfe, Lehrbeauftragter an der Pädagogischen Hochschule Ludwigsburg/Reutlingen

Rainer Trost
Dr. rer. soc., Dipl. Psych., Dipl. Päd., Professor für Geistigbehindertenpädagogik, Pädagogische Hochschule Ludwigsburg/Reutlingen

Hans Weiß
Dr. phil., Professor für Körperbehindertenpädagogik, Pädagogische Hochschule Ludwigsburg/Reutlingen.

Hermann Wenzel
Dr. phil., Professor für Erziehungswissenschaft, Pädagogische Hochschule Ludwigsburg/Reutlingen

Hans-Siegfried Wiegand
Dipl. Psych., Lehrbeauftragter an der Pädagogischen Hochschule Ludwigsburg/Reutlingen

Gotthilf Gerhard Hiller Werner Nestle (Hg.)	**Ausgehaltene Enttäuschungen** Geschichten aus den Arbeitsfeldern der Lernbehindertenpädagogik 14,2 x 21 cm, 136 Seiten, 6 Abbildungen, 18,00 DM ISBN 3-88360-123-3
Gotthilf Gerhard Hiller (Herausgeber)	**Jugendtauglich Konzept für eine Sekundarschule** 14,2 x 21 cm, 104 Seiten, 19,80 DM ISBN 3-88360-113-6
Gotthilf Gerhard Hiller	**Ausbruch aus dem Bildungskeller** Pädagogische Provokationen 4. Auflage 14,2 x 21 cm, 272 Seiten, 33 Abbildungen, 29,00 DM ISBN 3-88360-065-2
Hiller, Kautter (Hg.)	**Chancen stiften** Über Psychologie und Pädagogik auf den Hinterhöfen der Gesellschaft 14,2 x 21 cm, 224 Seiten, 29,00 DM ISBN 3-88360-074-1
J. Schroeder, M. Storz (Herausgeber)	**Einmischungen** Alltagsbegleitung junger Menschen in riskanten Lebens- lagen 14 x 21 cm, 304 Seiten, 29,00 DM ISBN 3-88360-112-8
M. Storz, Chr. Stein- Siegle (Hg.)	**Alltagsbegleitung konkret** Ein Leitfaden für die Praxis 21 x 29,7 cm, 64 Seiten, 14,00 DM ISBN 3-88360-114-4
Werner Baur	**Zwischen Totalversorgung und der Straße** Langzeitwirkungen öffentlicher Erziehung 14,2 x 21 cm, 256 Seiten, 34,00 DM ISBN 3-88360-119-5
Wolfgang Langer	**Zwischen Biographie und Kultur** Umgang mit Texten und Bildern im Unterricht 14,2 x 21 cm, 148 Seiten, farbige Abbildungen, 24,80 DM ISBN 3-88360-061-X
Joachim Schroeder	**Zahlen Welten** Bausteine für einen interkulturellen Mathematikunterricht 16,9 x 23,7 cm, 176 Seiten, 139 Abbildungen, 34,00 DM ISBN 3-88360-111-X
Bernd Lehmann (Hg.)	**Hauptschule konkret** Impulse für einen lebensnahen Unterricht 16,9 x 23,7 cm, 240 S., 164 Abb., 36,00 DM ISBN 3-88360-108-X
Ludwig Duncker (Hg.)	**Frieden lehren?** Beiträge zu einer undogmatischen Friedenserziehung 14,2 x 21 cm, 256 S., 28 Abb., 29,00 DM ISBN 3-88360-057-1

Armin Vaas Verlag   Osterstetter Straße 20   89129 Langenau - Ulm
Telefon 07345/7736   Fax 07345/5451